식민지 비망록 1

일러두기

1. 이 책에 수록된 글들은 민족문제연구소의 회보인 『민족사랑』을 통해 발표했던 원고를 모은 것이다. 책으로 묶는 과정에서 원래의 내용을 크게 수정 보완한 것들이 많으며, 그 출처는 각 꼭지의 말미에 따로 적어두었다.
2. 최초의 원고는 대개 각주 없이 발표하였으나, 이번에 새로 책으로 꾸미는 과정에서 후속 연구자들을 위해 추가적인 자료를 제공하고자 각주 부분도 크게 보충하였다.
3. 이 책에 무수하게 등장하는 일본인들의 인명표기에 관해서는 자료의 충실도를 제고하기 위해 국어표기법의 방식을 따르지 않고 최대한 원래의 음가를 반영하여 표기하는 것을 원칙으로 삼았다. (예; 가토 → 카토, 다나카 → 타나카, 도고 → 토고)
4. '민족문제연구소 소장자료'로 표시된 참고도판들은 연구소 후원회원들의 소중한 후원금과 자료기증에 힘입어 확보된 것이므로 이에 따라 감사의 표시를 덧붙여 둔다.
5. 이 책에 게재된 자료사진들에 대해서는 인용출처 또는 소장처를 충실히 밝혀 표기하였으나, 혹여 누락된 경우가 있다면 추후 합당한 절차를 통해 이를 보완할 예정이다.

책머리에

1

『세조실록』 세조 9년(1463년) 7월 30일 기사를 보면, 임금이 분판(粉板)을 옆에다 두고 일을 만나면 번번이 적어두었다가 이를 승정원(承政院)에 내보인다는 내용이 등장한다. 이를 '비망(備忘)'이라 하였는데, 글자 그대로 "잊어버리지 않기 위한" 장치인 셈이다. 이것이 아니더라도 조선왕조실록의 전반에 걸쳐 역대 국왕이 내린 '비망기(備忘記)'라는 용어는 숱하게 언급되어 있는 것을 확인할 수 있다.

2

하도 오래 전의 일이라 기억조차 가물가물하지만 '국민학교' 시절 국어교과서에 「세상에서 제일 무서운 것」이라는 내용의 글 한 꼭지가 실려 있었던 생각이 어렴풋이 난다. 언덕 위 고목나무 아래에 모여든 동네 아이들끼리 심심풀이 논쟁이 붙어 누구는 호랑이가 제일 무섭다 하고 또 누구는 홍수라고 하고 다른 누구는 불이라고 하다가 지나가는 사람을 붙들어 물어보기로 하였는데, 이들에게서 수소폭탄이다, 무식(無識)이다, 굶주림이다, 늙는 것이다, 죽음이다 …… 이런 대답을 죽 들었으나 종내 마땅치 않던 차에 땅거미가 질 무렵 지팡이를 짚고 나타난 노인네가 하는 말씀이 "그건 망각(忘却)이란다. 시간이 흐르면 마치 빛깔이 바래듯이 점점 잊어버리는 것, 죽음보다도 굶주림보다도 늙음보다도 무서운 것은 헛된 인생이 되어 버리는 '망각' 이것이야." 뭐, 대략 이런 내용이었다.[1]

3

돌이켜보면 민족문제연구소의 회보인 『민족사랑』에 매달 원고를 게재한 것이 벌써 10년이 다 되었다. 지난 2014년 9월에 처음 「미리 보는 식민지 역사박물관 전시자료」 코너를 맡았다가 이듬해인 2015년 5월부터는 글감을 좀 더 풍성하게 꾸미고자 편집체제를 교체하였는데, 그때 정해진 제목이 ─ 전해 듣기로는 당시 박한용 교육홍보실장과 강동민 자료팀장의 아이디어에 따라 ─ 「식민지 비망록」이었다. 그 이후 8년이라는 세월에 걸쳐 총 94회의 연재물을 생성한 다음 2023년 9월에 이르러 이를 마무리하고 지금은 「이 땅에 남아있는 저들의 기념물」이라는 제목 아래 새로운 연재를 이어오고 있는 상태이다.

이들 가운데 용산 지역과 관련된 내용은 2022년에 펴낸 『용산, 빼앗긴 이방인들의 땅』(전2권)의 기초원고로 이미 사용하였고, 잔여분에 해당하는 72꼭지의 글을 새로 다듬고 보충하여 정리한 것이 이번에 첫선을 보이는 『(그 시절을 까맣게 잊고 사는 사람들을 위한) 식민지 비망록』(전3권)이다. 처음 쓴 원고가 그때그때 생각나는 주제를 정리하거나 근대 사료를 탐독하다가 새로

---

1) 언젠가 옛 신문자료를 훑어보던 도중에 『경향신문』 1960년 5월 10일자의 조간(朝刊) 4면에서 「제일 무서운 것은」이라는 기고문이 눈에 띄었다. 무척이나 반갑게도 이것이 바로 옛 교과서에서 보았던 딱 그 내용이었다. 여기에 필자로 표시된 '신지식'이란 이는 암만 봐도 이화여고 국어교사이면서 아동문학가로 활동했던 신지식(申智植, 1930~2020) 선생이 아닌가 한다. 그가 이 글의 원작자인지 아닌지는 잘 가늠하기 어려우나, 아무튼 이때 신문지상에 소개된 것이 계기가 되어 교과서에 수록되는 기회를 얻게 된 것인지도 모르겠다.

알게 된 사실을 소개하는 방식으로 구성된 것이긴 하지만, 책의 가독성과 짜임새를 고려하여 비슷한 내용끼리 묶어 각권마다 4개의 파트로 재배치하였다. 여기에는 우리 주변에 남아 있는 일제잔재, 고단했던 식민지의 일상, 항일의 현장과 친일군상의 면면, 혹독한 전시체제기와 침략전쟁의 광풍, 일제의 기념물과 여러 공간에 얽힌 기억들, 그리고 식민통치기구와 학원통제의 실상에 관한 얘기 등 이 땅에서 무수하게 벌어졌던 뼈아픈 고초들과 별스러운 일제침탈사의 흔적들이 두루 포함되어 있다.

새삼 강조하지 않더라도 역사의 흔적을 잊지 않고 잘 기억하는 것은 정말 중요하다. 어쩌면 지팡이 노인의 얘기처럼 시간이 흐르면 마치 빛깔이 바래듯이 점점 잊어버리게 되는 '망각'이야말로 정말 세상에서 제일 무서운 일인지도 모르겠다. 그리고 제대로 기억하기 위해서는 ― 그것이 아무리 자질구레한 것일지라도 ― 많은 기록을 정리하여 남겨두는 것도 매우 절실하다. 아무쪼록 '비망록'이라는 이름을 달아 이 책에 담아놓은 일제강점기에 대한 기록과 이야기 하나하나가 기억의 연결고리가 되어 좀 더 길게 후대로 이어지기를 희망할 따름이다.

4

2년 전에 『용산, 빼앗긴 이방인들의 땅』(전2권)이 나왔을 때도 마찬가지였지만, 이번에 나오는 세 권의 책이 다시 꾸려지기까지 우리 연구소의 여러 구성원들에게서 많은 도움을 받았다. 무엇보다도 원고집필과정은 물론 연구소의 일상생활에서 곧잘 격려와 배려의 말씀을 주시곤 하는 조세열 상임이사님이 가장 큰 힘이 되었고, 박수현 사무처장님을 비롯한 상근직원들 모두의 관심과 응원에도 감사의 뜻을 전하고자 한다. 또한 하루의 대부분을 공유하는 강동민 자료실장과 자료실 식구들에게도, 그리고 책을 다듬기까지 큰 수고를 해주신 유연영 사무차장과 손기순 편집디자이너께도 특별한 고마움을 표시한다.

끝으로 내 삶의 활력소이자 존재이유이기도 한 예쁜 두 여자, 아내 김경미와 딸 상미에게 한결 같은 사랑의 마음을 전한다.

2024년 7월의 마지막 날에
이순우

식민지 비망록 1

목 차

제1부 여전히 우리 주변에 출몰하는 일제잔재들

01 서울 거리에 버젓이 남아 있는 조선총독들의 글씨 흔적들 ·········· 12
　　식민통치자들의 휘호가 새겨진 정초석과 기념비의 잔존 상황

02 일제의 잔존 기념물 가운데 유독 사각뿔 모양이 많은 이유는? ·········· 28
　　사각주(四角柱)에 방추형(方錐形)인 일본군 묘비석 양식의 기원

03 일제잔재로 곧잘 오인되는 응원구호 '파이팅'의 어원 유래 ·········· 42
　　투지(鬪志)의 유사어 투혼(鬪魂)이야말로 전형적인 군국주의식 용어

04 군부대 소재지를 일컬어 '○○대(臺)'라는 별칭이 생겨난 연유는? ·········· 52
　　1937년에 일본천황이 육군사관학교에 '상무대'로 하사한 것이 최초 용례

05 일제 때 '25주년' 단위의 기념행사가 유달리 성행했던 이유는? ·········· 62
　　사반세기(四半世紀)라는 표현을 남겨놓은 그들의 언어습성

06 한강리(漢江里)가 느닷없이 한남정(漢南町, 한남동)으로 둔갑한 까닭 ·········· 74
　　일제가 이 땅에 남겨놓은 고질적인 지명 왜곡의 몇 가지 사례들

제2부 참으로 고단했던 식민지의 일상

07 일제의 폭압정치를 상징하는 총독부 관리의 패검(佩劍) ·········· 90
　　한때 제복은 폐지되었으나 전시체제기에 '국민복'으로 부활

08 경성소방서의 망루에서 울리는 싸이렌 소리의 의미는? ·········· 101
　　소방출초식(消防出初式)으로 시작되던 일제 치하의 새해 풍경

09 일제의 대륙침략과 조선인 강제동원의 연결 창구, 관부연락선(關釜連絡船) ·········· 114
　　'현해의 여왕'으로 일컫던 금강환(金剛丸)과 흥안환(興安丸)의 흔적

10 병합기념일을 제치고 시정기념일이 그 자리를 차지한 까닭 ·········· 129
　　일제강점기의 공휴일에는 어떤 날들이 포함되어 있었나?

11 4년 새 4.5배의 살인적인 담배값 인상이 자행되던 시절 ·········· 142
　　조선총독부의 연초 전매에 얽힌 생활풍속사의 이면

12 일본천황에게 바쳐진 헌상품 행렬은 또 다른 지배종속의 징표 ········ 155
　　성환참외와 충주담배에서 호피(虎皮)와 비원자기(秘苑磁器)까지

제3부 잊혀진 항일의 현장을 찾아서

13 아무런 흔적도 없는 '안국동' 이준 열사의 집터를 찾아서 ········ 170
　　헤이그특사의 출발지이자 최초의 부인상점이 있던 역사 공간

14 권총을 지닌 그는 왜 이완용을 칼로 찔렀을까? ········ 192
　　이재명 의사의 정확한 의거장소에 대한 재검토

15 이토 특파대사가 탄 열차를 향해 돌을 던진 한국인의 항거 장면 ········ 208
　　술 취한 농민의 고약한 장난으로 치부된 원태우 투석 사건의 내막

16 단재 신채호 선생의 집터에 표석을 세우지 못하는 까닭은? ········ 218
　　'삼청동(三淸洞)' 집터의 실제 위치는 '팔판동(八判洞)'

17 통감부 판사였던 이시영 선생이 거소불명자가 된 까닭은? ········ 230
　　한국병합기념장을 끝까지 수령하지 않았던 사람들

18 항일의 터전을 더럽힌 홍파동 홍난파 가옥의 내력 ········ 238
　　베델의 집터이자 신채호 선생의 조카딸이 살던 공간

제4부 결코 잊어서는 안 될 친일군상의 면면

19 이토 통감 일가족은 왜 한복을 입었을까? ········ 256
　　조선귀족 이지용과 그의 부인 홍옥경(洪鈺卿)의 친일행적

20 뼛속까지 친일로 오염된 애국옹(愛國翁)들의 전성시대 ········ 267
　　일장기 밑에서 세상을 하직한 청주 노인 이원하(李元夏)의 추태

21 조선문화공로상(朝鮮文化功勞賞), 전시체제를 독려하는 교묘한 통치수단 ···· 282
　　유일한 조선인 수상자는 '신바라 카츠헤이(眞原昇平, 신용욱)'

22 죽어서도 호사를 누린 친일귀족들의 장례식 풍경 ········ 291
　　용산역전, 독립문 앞, 동대문 등은 영결식장으로 애용하던 공간

23 근대사의 현장마다 단골로 등장했던 어느 일본인 순사의 일생 ········ 302
　　『백범일지』에도 언급된 와타나베 타카지로(渡邊鷹次郞)의 행적

24 왜곡된 시선으로 근대 한국을 담아낸 무라카미사진관 ········ 318
　　통감부의 어용사진사로 출세한 무라카미 텐신(村上天眞)의 행적

제1부 여전히 우리 주변에 출몰하는 일제잔재들

01

서울 거리에 버젓이 남아 있는 조선총독들의 글씨 흔적들

식민통치자들의 휘호가 새겨진 정초석과 기념비의 잔존 상황

서울 마포구 공덕동에 있는 마포경찰서 앞에서 100미터 남짓 북쪽으로 걸어 올라가면 근년에 재개발공사로 새로 생겨난 마포 래미안 푸르지오 아파트단지(아현동)로 들어가는 진입로가 나타난다. 거기에서 다시 방향을 돌려 약간 경사진 언덕길을 따라 진입로의 끝자락에 이르면, 거기에는

마포 래미안 푸르지오 아파트단지의 진입로 끝자락에 설치되어 있는 '선통물(善通物)' 휘호석판(복제품)의 모습이다. 이 글자를 쓴 이는 조선총독 우가키 카즈시게이지만, 이러한 설명은 누락되어 있다.

'선통물(善通物)'이라고 새겨진 색다른 기념조형물(복제품)이 설치된 것을 발견할 수 있다. 이것이 뭔가 하고 살펴보면, 그 옆쪽에는 친절하게도 다음과 같은 설명을 담은 안내판이 기다리고 있다.

마포 아현 3구역 주택재개발정비사업지구 내에 자리한 선통물 표시석은 이곳에 옛 물길인 선통물천(善通物川)이 있음을 알려주는 역할을 하

였습니다. 선통물천은 물건이 먼저 통과(通過)하는 개천(開川)이라는 뜻으로 언제부터인지 먼저 선(先)자가 착할 선(善)자로 바뀌어 표시가 되었습니다. 선통물천은 원래 아현동에서 공덕동을 지나 한강으로 합류했던 개천이었으나 일제강점기 현재의 위치인 봉원천 쪽으로 터널을 뚫어 물길을 돌렸습니다. 이 표시석은 그 당시에 만들었던 것으로 추정됩니다. 해방 이후 1950년대에는 서울시에서 이곳 선통물천과 그 주변의 준설(浚渫)공사를 하였으며, 1968년에는 선통물천이 흘렀던 대흥동에서 염리동 구간까지 복개(覆蓋)공사를 하고 그 위를 사람들이 다닐 수 있도록 길로 활용하였습니다. 현재 표시석이 있는 이 지역을 포함한 지역은 마포구 아현 3구역 주택재개발정비사업지구로 마포 래미안 푸르지오 아파트가 건설되었습니다. 원래 표시석이 있었던 곳은 현재 아파트 단지를 통과하는 도로가 개설되었고, 물길이 흘렀던 그 아래는 터널형 하수관거를 만들어 아파트 주민이 계속 이용하는 관계로 땅속에 묻힐 수밖에 없는 처지에 있었습니다. 이에 부득이 원래의 선통물천 표시석은 보존시설을 완비하여 땅속에 그대로 묻었으며 표시석의 존재를 알리기 위하여 원형 그대로 복제하여 지금의 자리로 이전하여 전시하였습니다.

그런데 외람된 표현이지만 이 설명문안은 엉터리 투성이다. 무엇보다도 북아현동 쪽에서 굴레방다리를 거쳐 공덕동을 지나고 마포포구로 흘러내리는 물길을 일컬어 능내천(陵內川, '의령원'에서 파생된 명칭으로 추정)이라고 하거나 통상 아현천 내지 공덕천으로 부른다는 얘기는 들어봤어도, 결코 선통물천이라고 통용된 적은 없었다. 더구나 물건이 먼저 통과한다는 뜻으로 선통(先通)이었던 것이 선통(善通)으로 둔갑했다고 한 부분 역시 비약이 무척 심한 해석일 뿐더러 실제로 그 어떠한 입증자료도 존재

하지 않는다.[1]

그렇다면 이곳을 선통물천이라고 오인하여 부르는 직접적인 까닭은 무엇일까? 이것은 일제에 의해 마포배수터널이 조성될 때 입구 상단에 '선통물(善通物)'이라고 쓴 기념휘호석판을 만들어 부착했던 데서 비롯된 일이었다. 그러니까 선통물천이니 하는 표현 자체가 일제강점기 이후의 소산물인 셈이다. 또 한 가지 우려할 만한 점은 이 글씨를 쓴 이가 하필이면 식민통치권력의 정점에 있던 조선총독이라는 사실을 여느 사람들이 명확하게 인지하지 못하고 있다는 대목이다.

글자판 왼쪽을 살펴보면 희미하게나마 '조선총독 우가키 카즈시게(朝鮮總督 宇垣一成)'라는 글자의 판독이 가능하므로 이를 통해 우가키 총독의 글씨라는 것이 저절로 드러난다. 또한 지금은 매몰처리된 원래의 글자판 아래에는 '소화 7년(1932년) 5월 준성(竣成)'이라고 새긴 별도의 소형 표지석이 하나 더 있었는데, 이것이 우가키 총독의 재임시기(1931.6.17~1936.8.5)와 고스란히 겹치는 것을 확인할 수 있다.

---

[1] 경의선숲길공원을 따라 걷다 보면 서강대 정문 앞에 약간 못 미처 백여 미터 남짓 인공수로가 조성된 구역이 있고, 이 앞에도 역시 '선통물천(先通物川)'에 관한 안내판이 설치되어 있는 것이 눈에 띈다. 하지만 이곳에도 "한강을 따라 마포에 물건이 많이 들어오면 작은 배로 옮겨 이곳에 먼저 풀었기 때문에 '물건이 먼저 유통되는 하천'이라는 뜻의 이름이 붙었다. …… 선통물천터널 입구에 먼저 선(先)자를 착할 선(善)으로 바꾸어 '善通物川'을 새겼는데, 이는 '냇물처럼 원활하게 잘 소통하라'는 뜻이라고 한다"는 엉터리 일색의 내용이 서술되어 있다. 일제강점기에 뚫린 지하배수터널을 일컬어 "배가 지나 다닌다 … 운운"하는 것이 그러하고, 중국 고전에서 유래한 '선통물(善通物; 사물의 통달에 능하다)'이라는 글귀를 취하여 우가키 조선총독의 글씨로 터널 입구 상단에 붙여놓은 것이 명확하기늘 거기에서 무슨 "먼저 선(先)이 어떻고, 이것이 착을 선(善)으로 잘못 바뀌었다"라고 하는 식의 발상이 나온 것인지 참으로 얼토당토 않은 설명이라 하지 않을 수 없다. 그리고 '통물(通物)'이란 것은 "물건을 통과시키다"와 같은 뜻이 아니라 "사물에 통달하다"라는 의미를 지닌 표현이라는 점에 유의할 필요가 있다.

경기도에서 편찬한 『경성교외간선도로개수공사』(1935)에 수록된 마포 행화교(杏花橋) 부근 마포배수 터널의 입수구(入水口) 주변 모습이다. 말발굽형 터널 입구 상단에 부착된 편액이 바로 '선통물'이라고 쓴 우가키 총독의 기념휘호이다.

예로부터 마포나루와 그 하류 일대는 여름만 되면 홍수로 인해 침수가 잦은 곳이고, 더구나 북아현동 골짜기에서 쏟아져 내리는 빗물들이 합치면서 수해가 가중되는 상황이 지속되었기 때문에, 조선총독부는 일찍이 마포 일대의 강변에 제방을 쌓는 공사를 지속적으로 추진한 바 있었다. 여기에 더하여 넘쳐나는 빗물의 부담을 분산하기 위해 이 물길의 중간을 잘라 쌍룡산(雙龍山) 아래를 뚫어 배수터널을 건설하게 되면 상당한 수량의 빗물이 산 건너편으로 곧장 흘러가게 되어 공덕리 일대의 침수피해 우려를 덜 수 있다는 아이디어를 짜내기에 이르렀던 것이다.

『동아일보』 1930년 11월 26일자에 수록된 마포 일대의 수해방지계획에 관한 보도는 이 배수터널의 조성규모를 다음과 같이 소개하고 있다.

…… 부대공사로 경성형무소 앞으로부터 서북 동막하리에 향하여 대

수도(大隧道)를 개착하여 고지의 비와 물을 전부 유집하여 언덕을 잠통(潛通)케 하여 서강(西江)으로 흘러내리게 하게 되었으므로 내외의 방수가 된다고 한다.

[고지배수(高地排水)]는 고양군 용강 창전리(高陽郡 龍江 倉前里)로부터 동막하리(東幕下里), 공덕리(孔德里)를 경유(經由)하여 신공덕리(新孔德里)에 지(至)하는 총연장(總延長) 3,260미(米, 미터)의 배수로(排水路)를 개착(開鑿)하는데 내(內) 약 600미(米)를 수도(隧道, 터널)로 함. 개거(開渠)는 저폭(底幅) 2.50미(米) 내지(乃至) 5미(米), 깊이는 1.5미(米) 내지(乃至) 4미(米)로 하고, 수도(隧道)는 마제형(馬蹄形), 폭(幅) 4미(米), 고(高) 4미(米)로 한다. …… (하략)

그러니까 이런 방식 자체가 제 딴에는 나름으로 기발한 착상이라는 식의 의미를 담아내기 위해 우가키 총독이 '선통물(善通物)'이라는 구절을 기념휘호로 채택했던 것으로 보인다. 이 말의 출처는 송나라 때 사람인 강절공 소옹(康節公 邵雍)이 지은 『황극경세서(皇極經世書)』의 관물외편 연의 권구(觀物外篇 衍義 卷九)로 "사물의 통달에 능하다" 또는 "사물의 이치에 밝은 사람"이라는 뜻을 지니며, 그 자체가 장자(莊子)를 일컫는 표현이기도 하다.

장자(莊子, 장주)와 혜자(惠子, 혜시)가 호수(濠水)의 징검다리 위에서 노니는데, 장자 가로되, 피라미가 한가로이 헤엄치고 있으니 이게 물고기의 즐거움이로다. 이는 자기의 성(性)을 다한 것이고 능히 사물의 성(性)을 다한 것이리라. 비단 물고기만 그런 것이 아니라 천하의 사물이 모두 그러하도다. 장자와 같은 사람은 가히 통물(通物; 사물의 통달)에 밝다고 할 수 있으리라(莊子與惠子遊於濠梁之上 莊子曰 儵魚出遊從容 是魚樂也 此盡己之性能盡物之性也 非魚則然 天下之物則然 若莊子者 可謂善通物矣).

(왼쪽) 저 멀리 마산에 자리한 '월영아파트' 앞 도로변 공원에도 배수로 터널 위에 '선통물(善通物)'이라고 쓴 석판 편액 하나가 남아 있다. 왼쪽에 새겨진 '호당(浩堂)'이라는 표시로 이것이 하세가와 요시미치의 글씨라는 것을 알 수 있다. (오른쪽) 『매일신보』 1918년 1월 1일자(신년호)에 수록된 하세가와 조선총독의 신년휘호를 통해 그의 호인 '호당(浩堂)'과 낙관(落款)의 모습을 확인할 수 있다.

    들자 하니 경남 창원시의 마산 가포에 있는 월영아파트(국군통합병원 터) 앞 도로변 공원의 배수구 위쪽에도 역시 '선통물(善通物)' 휘호 편액이 부착된 것이 하나 남아 있는 모양이다. 현장을 찾아가서 해당 실물을 살펴보니 이 글씨를 쓴 이가 '호당(浩堂)'으로 표시되어 있는데, 여기에 나오는 호당은 바로 제2대 조선총독 하세가와 요시미치(長谷川好道)의 호(號)이다.[2] 이걸 보더라도 '선통물'은 마포지역을 흐르는 개천의 명칭과는 애

---

2) 월영아파트가 들어선 위치는 원래 국군통합병원(마산)이 있던 지역이며 지난 1995년에 부지 일체가 매각되면서 지금의 아파트 단지로 변모하였다. 일제강점기로 거슬러 올라가면 이 일대는 진해만요새사령부(鎭海灣要塞司令部, 1913년 12월 19일에 진해 좌천리 신축청사로 이전)와 마산중포병대대(馬山重砲兵大隊, 1936년에 중포병연대로 확대 개편)가 있던 공간인데, 이 글씨는 마산 자복동(滋福洞, 자복리)에 건설중이던 진해만요새사령부(나중의 마산중포병대대 자리) 구내 돌다리의 홍예(虹蜺) 위쪽에 부착하기 위해 한국주차군사령관 시절(재임 1904.9.8~1908.12.21)의 하세가와가 써서 내려 보낸 것으로 드러난다. 참고로 말하면 이 돌다리의 원래 모습은 마산 키쿠야(馬山 幾久屋)에서 발행한 '한국 마산 자복동 요새사령부 관사(韓國 馬山 滋福洞 要塞司令部 官舍)' 사진엽서를 통해 확인이 가능하다. 또한 이 엽서와 동일하게 제작된 '전영축하회 당일의 마산요새병사(轉營祝賀會 當日之馬山要塞兵舍)' 사진엽서에서도 선통물 편액이 부착된 돌다리의 위치가 잘 드러나 있다. 여기에서 나오는 '한국'이라는 표기는 경술국치 이전 대한제국 시기를 가리키므로 그것만으로도 이 엽서가 1910년 강제병합 이전에 발행된 것이라는 사실을 파악할 수 있다. 실제로 이것과 동일한 광경을 담고 있는 또 다른 실물엽서에는 '진해만요새 이전기념,

당초 번지수가 전혀 다르다는 것을 알 수 있다. 여하튼 다른 것도 아니고 조선총독의 글씨를 구태여 돈을 들여 복제품까지 만들어 전시할 이유가 있었던 것인지는 선뜻 동의하기 어려운 부분이 아닌가 한다.

조선총독의 휘호가 새겨진 기념조형물 목록 (서울지역)

글씨내용	휘호자	제작시기	원위치	비고
定礎	이토 전 통감	1909년 7월	한국은행 본점	연호표시변경
定礎	사이토 총독	1920년 7월	조선총독부 신청사	독립기념관
定礎	사이토 총독	1923년 5월	서울역	
蠶靈供養塔	사이토 총독	1926년 11월	원잠종제조소	인천시립박물관
定礎	사이토 총독	1927년 11월	서울시립미술관	
善通物	우가키 총독	1932년 5월	마포배수터널	재현품 제작
東亞靑年團結	미나미 총독	1939년 9월	인왕산 병풍바위	글씨 파쇄
興亞維新記念塔	미나미 총독	1941년 12월	연세대학교	언더우드 동상

그런데 실상 서울 시내에는 이곳뿐만이 아니라 역대 총독의 글씨가 새겨진 정초석 또는 기념조형물이 버젓이 남아 있는 사례가 여러 군데 더 있다.

예를 들어 서울역에는 옛 경성역사(京城驛舍)를 신축할 당시 1923년 5월 20일에 사이토 마코토(齋藤實) 총독의 글씨를 받아 부착한 정초석이 비록 글쓴이를 나타낸 부분은 뭉개졌지만 여전히 현존하고 있다.[3] 그리

42년(1909년) 9월 10일'로 새긴 일부인(日附印)이 찍혀 있는 것이 확인된다.

3) 경성역사 정초석이 사이토 총독의 글씨라는 사실은 조선총독부 철도국에서 펴낸 『조선철도사십년약사(朝鮮鐵道四十年略史)』(1940), 322쪽에 "그밖에 정면 입구 좌측면 요석(腰石)에 박아 넣은 정초석의 문자(文字)는 당시의 사이토 총독이 쓴 것이다"라고 확실히 서술되어 있다. 지금은 일제의 연호와 사이토 총독의 이름 부분은 글씨가 뭉개진 상태인데, 서울시립미술관에 남아 있는 '정초석'의 내용에 비춰보아 원래 "조선총독 자작 재등실(朝鮮總督 子爵 齋藤實), 대정 12년 5월(大正 十二年 五月)"과 같은 식의 구절이 있었을 거라

현존하는 역대 조선총독의 글자 흔적들이다. 왼쪽은 위에서부터 서울역 정초석(사이토 총독), 흥아유신 기념탑(미나미 총독), 조선총독부 신청사 정초석(사이토 총독)이고, 오른쪽은 위에서부터 잠령공양탑(사이토 총독), 서울시립미술관 정초석(사이토 총독), 인왕산 병풍바위 '동아청년단결' 각석(미나미 총독)이다.

고 짐작할 수 있다. 참고로, 이 경성역의 정초식은 1923년 5월 20일에 거행되었다. 이에 관해서는 『매일신보』 1923년 5월 19일자에 수록된 「경성정거장 정초식(京城停車場 定礎式)」 제하의 기사에 "5월 20일 오후 2시부터 경성역에서 목하(目下) 건축중의 경성정거장 정초식을 거행한다더라"는 내용이 남아 있다.

고 서울시립미술관에는 옛 경성법원청사(京城法院廳舍)를 신축하면서 1927년 11월 9일에 거행한 정초식을 통해 역시 사이토 총독의 글씨로 제작한 석판이 또렷한 글씨체로 남아 있는 상태이다.[4]

또한 1926년 11월에는 사람들을 위해 번데기의 신세로 생을 마감해야 하는 누에의 영혼을 달래기 위한 일종의 위령탑으로 잠령공양탑(蠶靈供養塔)이 원잠종제조소(原蠶種製造所, 씨누에 보급기관)가 자리한 서울 제기동의 선농단(先農壇) 터에 만들어 세워진 일이 있었다. 이 비석의 전면 아래에는 작은 글씨로 '고수(皐水)'라고 쓴 표시가 함께 새겨져 있는데, 이것이 곧 사이토 총독의 호(號)이다.[5] 이 공양탑은 1938년에 경기도 농사

---

4) 이곳에 남아 있는 정초석에는 "정초(定礎), 소화 2년 11월(昭和 二年 十一月), 조선총독 자작 재등실(朝鮮總督 子爵 齋藤實)"이라는 구절이 그대로 남아 있으므로 이 글씨는 사이토 총독이 휘호한 것임을 확인할 수 있다. 이 당시 사이토 총독은 제네바 군축회담에 일본대표로 참석하였다가 막 총독의 자리에 귀임하였으며, 그 직후 건강상 요양을 이유로 총독의 자리에서 물러났다. 『조선』 1927년 12월호의 '휘보란(彙報欄)'에 수록된 「경성법원 신청사(京城法院 新廳舍)의 정초식(定礎式)」 제하의 기사에는 정초식과 관련한 소식과 아울러 공사진행사항에 대한 내용도 함께 수록하고 있으므로 이를 참고하여도 좋겠다. "목하(目下) 경성부 정동(京城府 貞洞)에 건축중인 법원청사는 공비 60만원, 3년 계속사업으로서 착착 진척중에 있는데, 지난 11월 9일 오후 2시 30분에 정초식을 거행했다. 신축청사의 부지정리 및 지균(地均, 땅고르기)은 서대문형무소(西大門刑務所)가 이를 인수하여 대정 15년(1926년) 10월 31일 기공, 소화 2년(1927년) 6월 16일 준공하였고, 그로부터 곧장 본공사에 들어가 경성 타다구미(京城 多田組)가 이를 청부(請負)하여 소화 2년(1927년) 6월 10일 기공했던 것이다. 그리고 이 청사는 지방법원, 고등법원, 복심법원의 3재판소 병합의 대청사로, 부지(敷地) 4,860평, 간구(間口, 마구치, 정면의 폭) 33간(間), 1간은 약 1.8미터), 오행(奧行, 오쿠유키, 앞뒤의 거리) 22간(間), 지하실까지 4계건(四階建)이며, 총연건평은 1,900여 평이라고 하는 굉장한 것이다. 이밖에 전기, 급수, 내부장식, 난방장치, 부속건물 등의 건축 등은 공사의 진척에 따라 이를 시공하며, 소화 3년도(1928년도) 내에 전부를 완성하여 이청(移廳)할 예정으로 되어 있다."

5) 이 비석의 후면에는 "대정(大正) 15년 11월 건립(建立), 설립발기인 총대(設立發起人 總代) 농학박사 우메타니 요사부로(農學博士 梅谷與三郞)"라는 글자가 새겨져 있다. 여기에 나오는 우메타니는 그 당시 원잠종제조소장이었다.

식민지 비망록 1

 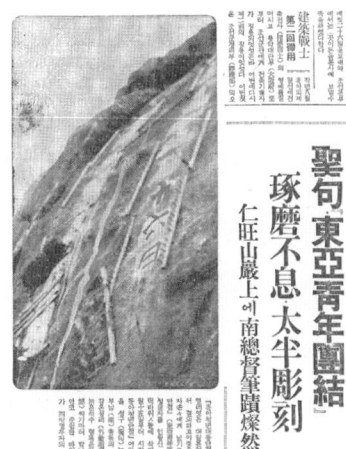

왼쪽) 『매일신보』 1926년 11월 25일자에 수록된 완공 당시의 잠령공양탑이다. 처음 설치장소는 서울 제기동의 선농단(先農壇)이었으나 1939년 4월에 부천 소사로 옮겨졌다가 지금은 인천시립박물관 야외전시구역에 수습되어 있다.

오른쪽) 1939년 9월에 경성에서 개최된 '대일본청년단대회'를 기념하기 위해 미나미 총독의 글씨를 받아 인왕산 병풍바위의 암벽에 '동아청년단결'이라는 큰 글자를 새기고 있는 장면이 수록된 『매일신보』 1940년 6월 28일자의 보도내용이다.

시험장과 더불어 원잠종제조소가 경기도 부천 소사로 이전한 것을 계기로 그 이듬해에 그곳으로 함께 옮겨갔다가 지금은 인천시립박물관(송도)의 야외전시구역에 수습되어 있다.

일제패망기에 이르러서는 1939년 9월에 경성에서 개최된 '대일본청년단대회'를 기념하고자 그 당시 미나미 지로(南次郞) 총독의 글씨를 받아 인왕산 병풍바위에 동아청년단결(東亞靑年團結)이라는 큰 글자를 새기기도 했다.

이 자리를 선정한 이유는 '서울을 한눈에 굽어볼 수 있는 곳'이기 때문이었다는데, 그러한 탓인지 해방 이후 이 글자들을 깎아냈음에도 불구하고 지금도 고개만 들면 그 흔적이 쉽사리 눈에 띌 만큼 흉한 몰골

적성국가(敵性國家)의 것이라고 하여 연희전문학교 언더우드 교장의 동상을 끌어내리고 그 자리에 미나미 총독의 글씨로 새긴 '흥아유신기념탑'을 건립했다는 소식을 알리고 있는 『매일신보』 1942년 4월 25일자의 보도내용이다.

이 된 채로 남아 있다.[6]

미나미 총독의 글씨가 새겨진 것으로는 연세대학교 구내 수경원(綏慶園) 터에 옮겨놓은 '흥아유신기념탑(興亞維新記念塔)'이란 조형물도 존재한다. 이 탑은 1941년에 12월에 연희전문학교에 서 있던 언더우드 교장의 동상이 적성국가(敵性國家)인 미국에 속하는 것이라고 하여 이를 철거하고 바로 그 동상의 기단 위에 미영격멸(米英擊滅)의 뜻을 담아 세운 대체물로 생겨난 것이었다.

---

6) 인왕산 병풍바위에 새겨진 '동아청년단결' 바위글씨의 조성 연혁과 해방 이후의 처리과정에 대해서는 이순우, 『통감관저, 잊혀진 경술국치의 현장(일그러진 근대 역사의 흔적을 뒤지다 3)』(하늘재, 2010), 66~80쪽에 수록된 「누가 인왕산에 '동아청년단결'이란 바위글씨를 새겼나? 1939년 제15회 대일본청년단대회가 남긴 뼈아픈 상처」 제하의 글에 이미 자세히 소개한 바 있다. 그리고 『시사저널』 제1091호(2010년 9월 21일자)에 게재한 이순우의 연재기고문 「서울의 '이마'에 새겼던 일제의 광기」에는 인왕산 암벽에 바위글씨를 새길 당시의 장면이 포착된 유리원판(국립중앙박물관 소장자료)도 함께 소개되어 있으므로 이를 참고하여도 좋겠다.

여기에서 한 가지 사례를 더 추가하면, 한국통감 이토 히로부미(伊藤博文)의 글씨로 새긴 한국은행 본점의 정초석도 결코 빼놓을 수 없다. 원래 이 건물은 제일은행 한국총지점(第一銀行 韓國總支店)의 용도로 착공되었다가 한국은행으로 전환된 것인데, 1909년 7월 11일에 정초식이 거행된 바 있었다.[7]

한국은행 본점에 남아 있는 정초석의 모습으로 한국통감에서 막 물러난 이토 히로부미가 이임인사 차 한국에 다시 들어왔을 때 그의 글씨를 받아 새긴 것이다. 자세히 보면 왼쪽 부분에 원래의 글씨를 갈아낸 흔적이 그대로 드러나 있다.

『더 서울 프레스(The Seoul Press)』 1909년 7월 13일자의 기사에 수록된 「제일은행의 정초식(Corner-stone Laying of the Dai Ichi Ginko)」 제하의 기사에 따르면, 때마침 폭우가 쏟아지는 가운데 진행된 이날의 행사에는 통감의 자리에서 막 물러난 이토가 참석하여 직접 정초석을 설치했던 사실이 드러난다.[8]

---

7) 지하 1층, 지상 3층의 규모로 건립된 조선은행 본점(朝鮮銀行 本店, 남대문통 3정목 110번지)은 원래 제일은행 한국총지점(第一銀行 韓國總支店)의 용도로 1907년 11월에 착공하여 4년 3개월 간의 공사기간을 거친 끝에 1912년 1월 10일에 낙성식이 거행된 바 있다. 그 사이에 한국은행(韓國銀行, 1909년 10월 창립)으로 변했다가 다시 경술국치 이후 1911년 8월 15일부터 조선은행으로 정식 개칭되었다.

8) 『황성신문』 1909년 7월 13일자에 수록된 「정초치우(定礎值雨)」 제하의 기사에도 다음과 같은 내용이 채록되어 있다. "제일은행 한국총지점(第一銀行 韓國總支店) 신축행사(新築行舍) 정초식(定礎式)을 기보(旣報)와 여(如)히 재작일(再昨日)에 거행(擧行)하고 한일 각 고등관(韓日各高等官), 각 신문기자(各新聞記者) 급(及) 기타 일반신사(其他 一般紳士)가 다수회집(多數會集)하였으나 적기시(適其時) 폭우대강(暴雨大降)하여 예식(禮式)을 불필(不畢)하고 각자퇴산(各者退散)하였다더라."

토요일 가든파티를 벌이기에 유리했던 흐린 날씨가 일요일에는 궂은날로 변했고, 이 비는 그날 오후에 벌어진 제일은행의 정초식 행사에 대해 심각하게 훼방을 놓았다. 하지만 신도의식(Shinto rites)에 따라 이뤄진 기념식은 이토 공작, 소네 후작, 그리고 기타 고위 인사들의 참석 하에 예정대로 진행되었다. 오후 4시에 억수 같은 비에도 불구하고 이토 공작은 기념식단에 올라서서 정초석을 안치했다. 식순에는 이 은행 한국총지점의 지배인인 이치하라 박사가 연설을 하고 나서 소네 후작의 축사 낭독과 이토 공작의 연설이 이뤄질 예정이었다. 그러나 비 때문에 이들 순서는 생략되었다. 수백에 달하는 내빈들은 지하공간에서 가장 호화로운 방식으로 응대를 받았다.

이 비가 비록 행사 참석자들에게 대단한 불편을 야기하기는 했으나, 일본에서 통용되는 신앙으로는 이것이 축하할 일로 간주된다는 것도 지적되어야 할 것이다. 일본인들 사이에서는 이와 같은 경우에 내리는 비는 해당 건물의 번영을 지속시키는 아주 좋은 징조가 된다는 생각이 있었다. 또한 일본의 속담에 이르기를, "비 온 뒤에 땅이 굳는다"라고 했다. 따라서 곧 한국의 중앙은행이 되어 결국 이 건물을 넘겨받게 되겠지만, 제일은행으로서는 앞으로 견고한 토대 위에 설 것임을 예언하는 경사스러운 조짐으로 해석되므로 정초식을 하는 때에 비가 내린 것은 축복 받을 일이다.

이치하라 박사가 하기로 되어 있던 연설문에는 이 나라에서 벌어진 제일은행의 역사에 관한 아주 흥미로운 연혁, 건축물에 대한 간략한 설명, 그리고 제일은행의 영업이 한국은행으로 이전하게 되는 상황에 대한 설명을 담고 있다. 우리는 그 내용의 전문을 다음과 같이 옮겨두고자 한다. …… (하략)

RECEIPTION ROOM
The picture on the wall is that of Prince Ito by whom the plan for the establishment of the Bank of Chosen was first conceived, and the corner stone of the present building, bearing his hand writing and shown in the lower left corner, was laid. The bronze statue below the picture is that of Baron Shibusawa who surrendered, as President of the Dai Ichi Ginko, his banking business in Korea in favour of the Bank.

이토 히로부미의 초상이 걸려 있는 조선은행 접견실의 모습이다. 사진 왼쪽 아래를 보면 정초석의 왼쪽 부분에 원래 '명치 42년 7월 11일 공작 이등박문(公爵 伊藤博文)'이라고 썼던 사실이 확인되지만, 지금은 그 부분을 갈아내고 '융희 3년 7월 11일'이라는 표시로 대체되어 있다.

이때에 조성된 정초석은 지금도 여전히 한국은행 본관의 동쪽 모서리 외벽에 부착되어 있는데, 이곳에는 "정초(定礎), 융희(隆熙) 3년(年) 7월(月) 11일(日)"이라는 글씨가 남아 있다.[9] 그런데 현장에 직접 가서 정초석의 표면을 살펴본즉 연호(年號)를 새긴 부분의 주위에는 무슨 글자를

---

9) 『매일신보』 1919년 6월 6일자에 수록된 「공회당기지(公會堂基地) 결손(缺損), 보상(補償)은 곤란(困難)」 제하의 기사에는 "조선은행의 정초식에는 이토공(伊藤公)의 휘호를 득(得)하였으나 …… 운운"하는 구절이 있으며, 이를 통해서도 이것이 이토 히로부미의 글씨라는 것을 간접적으로 확인할 수 있다.

지워낸 듯 온통 깊게 갈아낸 흔적이 역력하다.

여기에는 어떤 비밀이 숨어 있는지가 궁금하여 관련자료를 뒤져보았더니, 1918년에 조선은행에서 펴낸 영문판 안내책자인 『조선과 만주의 경제 개관(Economic Outlines of Chosen and Manchuria)』에 수록된 조선은행 내부의 응접실(Reception Room)을 담은 사진 한 장이 포착된다. 여기에는 정초석의 원래 모습과 함께 다음과 같은 내용의 설명문이 곁들여져 있다.

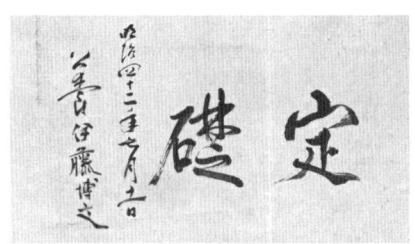

한국은행 본관의 설계자인 일본인 건축가 나카무라 요시헤이(中村與資平, 1880~1963)의 소장유물 자료집에 포함된 '제일은행 한국총지점' 정초석의 원본 사진이다. 정초석을 새긴 이후 나카무라에게 특별 하사된 것이라고 하며, 이것으로도 이토 히로부미의 존재를 뚜렷이 확인할 수 있다. (ⓒ 일본 하마마츠시립중앙도서관)

벽에 걸린 초상화는 조선은행의 창설 계획을 처음으로 구상했고 자신의 필적을 담아 이 건물의 정초석(왼쪽 아래의 사진)을 직접 설치했던 이토 공작의 모습이다. 초상화의 아래쪽에 놓인 청동상은 조선은행을 위해 한국에 있어서 자신의 은행업을 양도했던 제일은행 총재 시부사와 남작의 것이다.

여기에 수록된 정초석의 사진을 자세히 살펴보니, '정초'라는 글씨 부분은 전혀 다를 바 없으나 그 왼쪽 여백에는 다름 아닌 "명치(明治) 42년(年) 7월(月) 11일(日), 공작 이등박문(公爵 伊藤博文)"이라고 쓴 글씨가 또렷이 드러나 있다. 그러니까 이 자리에는 원래 일제의 연호와 이토 히로부미의 이름이 새겨져 있었으나, 짐작컨대 해방 이후의 시기에 왜색(倭色)이 노골적으로 남아 있는 부분이라 하여 이 부분을 갈아내고

그것을 대한제국 시기의 연호로 대체하여 써 놓았던 것임을 파악할 수 있다.[10]

식민통치시기의 찌꺼기라 하여 무턱대고 없애고 지워버리는 것이 능사는 아닌 시대에 살고 있다고는 하지만, 그렇더라도 일제가 패망한 지 70년이 넘도록 역대 조선총독의 글씨가 새겨진 껄끄러운 흔적들이 서울 거리의 곳곳에 여전히 남아 있다는 사실은 자못 씁쓰레한 여운을 남겨주고 있다.[11]

● 이 글은 『민족사랑』 2016년 5월호에 게재하였던 것을 수정 보완하였다.

---

10) 정초석의 글씨 일부를 인위적으로 갈아내고 '융희' 연호로 내용을 바꾼 때에 대해서는 현재까지 구체적으로 확인되거나 드러난 관련자료는 없는 상태이다. 대개 한국전쟁 시기에 파괴된 한국은행 본관 건물을 수리복원하던 때가 아니겠냐고 추측하는 견해도 일부 있으나, 이것 역시 확실한 입증자료가 없기는 마찬가지이다.

11) 『민족사랑』 2016년 5월호를 통해 일제시기 조선총독의 글씨를 비롯하여 이토 히로부미가 남긴 정초석 따위가 서울지역 여러 곳에 버젓이 남아 있다는 글의 내용이 알려진 직후, 이 소식은 다시 '연합뉴스', '중앙일보', 'KBS', 'SBS' 등 여러 언론매체를 통해 널리 보도된 바 있었다. 이 글이 계기가 되었는지 한국은행 시설관리과와 서울시청 등 유관 기관에서 자료협조요청도 잇따랐고, 특히 정기국회 당시 국정감사장에서 한국은행 정초석의 휘호자 확인과 철거요청 등에 대한 몇몇 국회의원의 문제제기로 인해 이에 대한 보존논란이 공론화되었다. 그 결과 이것이 일제침탈의 흔적이긴 하지만 이를 남겨두는 것으로 과거를 기억하고 역사의 교훈으로 삼는다는 취지에 따라 2021년 6월 22일에 개최된 '문화재위원회 근대문화분과위원회 제5차 회의'에서 한국은행 정초석에 대한 안내판 설치 안건을 가결 채택하였고, 그해 9월 15일 안내판 설치작업이 완료된 상태에 이르게 되었다.

02

일제의 잔존 기념물 가운데 유독 사각뿔 모양이 많은 이유는?

사각주(四角柱)에 방추형(方錐形)인 일본군 묘비석 양식의 기원

해강 김규진(海岡 金圭鎭, 1868~1933)이라고 하면 근대시기에 아주 이름난 서화대가(書畵大家)의 한 사람이다. 창덕궁 희정당에 그려진 벽화('내금강 만물초 승경도'와 '해금강 총석정 절경도')가 그의 손에서 나왔고, 금강산 구룡폭포의 절벽에 새겨진 '미륵불(彌勒佛)' 큰 바위글씨도 그의 작품이다.

일찍이 그는 궁내부(宮內府)에서 주사, 비서관, 시종의 자리를 지내면서 영친왕(英親王)의 서예 스승으로도 있었고, 워낙 많은 글씨를 남긴 탓에 지금도 전국의 여러 사찰에는 그가 쓴 편액(扁額)과 주련(柱聯)이 수두룩하게 남아 있는 편이다. 그는 또한 사진가(寫眞家)인 것으로도 유명한데, 서울 석정동(石井洞, 지금의 소공동)에 천연당사진관(天然堂寫眞館)을 개업하고 이곳에 고금서화관(古今書畵觀)을 함께 운영했던 사실은 잘 알려져 있다.

그런데 그의 사업영역은 여기에만 그치질 않고 서예에 관한 자신만의 확고한 필력을 바탕으로 '석공장(石工場)'을 부설(附設)하여 꾸려왔던 모양이었다. 이와 관련하여 『매일신보』 1916년 6월 30일자에는 다음과 같은 내용의 광고 문안이 수록되어 있다.

『매일신보』 1915년 3월 26일자에 게재된 천연당사진관(天然堂寫眞館)의 신축 확장 광고이다. 이곳에는 서화가 김규진이 운영하던 사진관을 겸한 고금서화관(古今書畫觀)이 나란히 자리하였다.

본관(本館)에서 고금서화매매(古今書畫賣買)와 현판(懸板), 주련(柱聯), 표장조각(裱粧彫刻)의 다년 수응(多年 酬應)함은 일반임지이금우(一般稔知而今又) 석공장(石工場)을 부설(附設)하고 남포오석(藍浦烏石), 강화애석(江華艾石), 화강석(花岡石)으로 입비(笠碑), 무립비(無笠碑), 상석(床石), 지석(誌石), 공동묘지 표석(共同墓地 標石) 급(及) 양옥문미(洋屋門楣), 석각자(石刻字) 등(等) 제반부속석물(諸般附屬石物)을 교묘조제(巧妙彫製)하며 전(篆), 예(隷), 해(楷), 행(行), 초(草), 안(顔), 유(柳), 구(歐), 유(劉) 등(等) 각가법체(各家法軆)로 본인(本人)이 친서(親書)하여 사일등선수(使一等善手)로 지정전각(至精鐫刻)하여 수구수응(隨求需應)하오며 원근(遠近)을 불구(不拘)하고 입석(立石)까지 의청구시행(依請求施行)하오니 선로기차(船路汽車)의 운수편리(運輸便利)한 차시(此時)에 위선사업(爲先事業)의 유지(有志)하신 경향 첨군자(京鄕 僉君子)는 속속청구(速速請求)하시요. …… (중략)

경성 장곡천정(京城 長谷川町) 고금서화진열관(古今書畵陳列館) 김규진 고백(金圭鎭 告白).

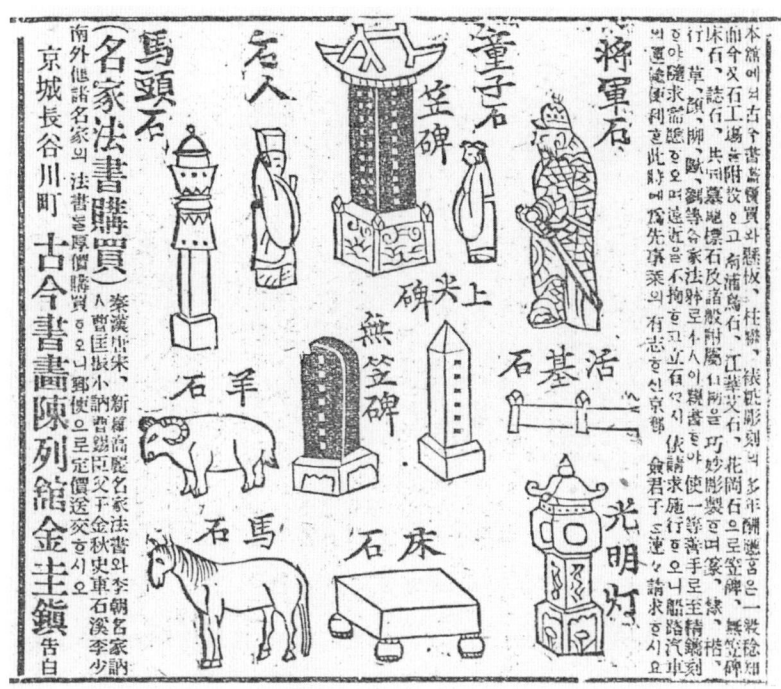

『매일신보』 1916년 6월 30일자에는 김규진의 고금서화진열관이 내건 석공장(石工場) 관련 광고문안이 수록되어 있다. 여기에는 여느 묘역에서 사용되는 석물의 도안과 함께 특이하게도 '상첨비(上尖碑)'라는 외래양식의 묘비석이 소개되어 있다.

여기에는 이 석공장에서 생산하는 여러 종류의 석물도안을 함께 그려놓고 있는 것도 흥미롭다. 예를 들어 장명등이라든가 무인석, 문인석, 동자석, 상석 등 여느 묘역에서 흔히 사용하는 석물들의 모습이 여기에 포함되어 있고, 비석으로는 비두(碑頭, 갓)가 있는 것과 없는 형태가 소개되어 있다. 그리고 특이하게도 '상첨비(上尖碑)'라고 하여 기존의 전통양식과는 전혀 다르게 사각기둥 위쪽에 사각뿔 모양을 한 비석이 그려진 것도 눈에 띈다.

이런 형태의 석물은 대개 그 원형이 흔히 '방첨탑(方尖塔)' 또는 '방첨주(方尖柱)'라고 표기하는 오벨리스크(Obelisk)에서 온 것으로 이해하는 경향이 없지 않으나, 자세히 살펴보면 위로 올라갈수록 좁아지는 형태의 사각기둥이 아니라는 점이 약간 다르다. 어쨌거나 신문광고에까지 이러한 도안의 그림이 등장한다는 것은 이미 외래양식의 묘비석이 널리 퍼지고 있다는 사실을 말해주는 대목인 듯하다.

우리 주변에 남아 있는 오벨리스크 양식의 기념물이다. 왼쪽 위부터 시계방향으로 (1) 헤론 묘비석(1890년, 양화진외국인묘지) (2) 을축대홍수기념비(1926년, 송파근린공원) (3) 미나미 총독 휘호 흥아유신기념탑(1941년, 연세대학교 수경원 터) (4) 이규연 장학기념비(시기미상, 용인 구성초등학교)이다.

일반적으로 묘비석이나 기념비의 제작에 있어서 오벨리스크 형태가 채용된 것은 그 시기로 보나 지역으로 보더라도 전 세계에 걸쳐 이미 널리 확산된 현상으로 간주된다. 예를 들어, 서양 각국은 말할 것도 없고 일본과 같은 경우에도 명치시대(明治時代)의 초기에 건립된 오벨리스크 양식의 존재를 어렵잖게 확인할 수 있다. 또한 우리나라에서도 양화진외국인묘지의 최초 피장자(被葬者)인 의료선교사 헤론(John W. Heron, 蕙論; 1856~1890)의 묘역에 조성된 묘비석이 전형적인 오벨리스크 모양으로 만들어졌던 것으로 드러난다.

그런데 이러한 묘비석이나 기념비가 아무리 오벨리스크 양식의 영향을 받았다고 하더라도, 이것과는 구분되는 일본 고유의 비석 형태가 별도로 존재했다는 사실은 명확히 기억할 필요가 있다. 이를 테면, 오벨리스크가 위로 올라가면서 좁아지는 형태라면, 이것과는 달리 위 아래의 크기가 동일한 사각기둥 모양의 비석도 매우 흔하게 남아 있다는 것이다.

아닌 게 아니라 근대시기에 이 땅에 남겨진 갖가지 일제 잔존물을 살펴보면, 그 가운데 유달리 "단면이 정사각형(正四角形)인 사각주(四角柱, 네모기둥)에 꼭대기가 방추형(方錐形, 사각뿔 모양)인 모습"의 기념물이 자주 눈에 띈다는 것을 발견할 수 있다. 이러한 형태의 기원이 늘 궁금하던 차에 몇 가지 자료를 뒤져보니, 일본 해군의 매장지 묘표(墓標, 묘비석)와 관련한 규정집에서 이러한 내용이 퍼뜩 눈에 띈다.

질의한 해군매장지(海軍埋葬地)에 매장하는 하사졸(下士卒)의 묘표(墓標)는 지금부터 별지(別紙) 추형(雛形)에 조준(照準)하여 석제(石製)로 건설할 것.
— 하사 묘표 약도(下士墓標略圖) : 비신은 높이 2척(尺) 5촌(寸), 사방 6촌 / 윗 기단은 높이 7촌, 사방 1척 2촌/ 아랫 기단은 높이 5촌, 사방 2척 (정면에는 무슨 관 누구의 묘라고 적고 또 훈등이 있는 자는 관명 아래에 이를 기재하며, 측면에는 연월일을 적을 것).

― 졸 묘표 약도(卒墓標略圖) : 비신은 높이 2척, 사방 5촌 / 윗 기단은 높이 6촌, 사방 1척 1촌/ 아랫 기단은 높이 5촌, 사방 1척 9촌(정면에는 무슨 관 누구의 묘라고 적고 또 훈등이 있는 자는 관명 아래에 이를 기재하며, 측면에는 연월일을 적을 것).

[자료출처 : 해군대신관방(海軍大臣官房), 『해군제도연혁(海軍制度沿革)』 권(卷)7, 1940]

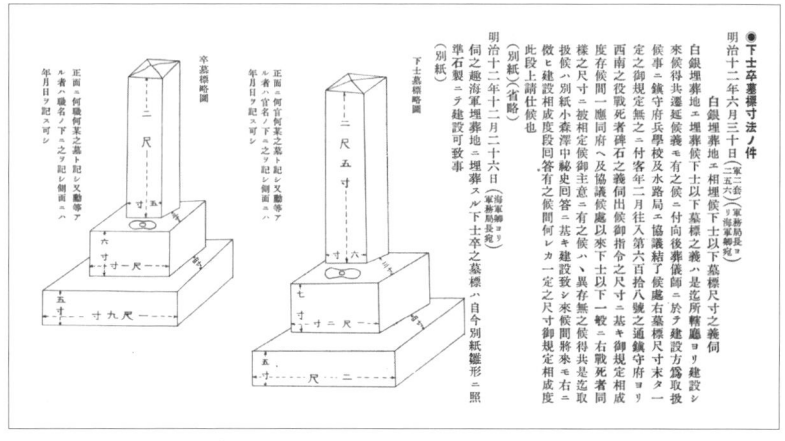

1879년 12월 26일에 제정된 「하사졸묘표촌법(下士卒墓標寸法)의 건(件)」에는 "정사각형 단면의 돌기둥에 사각뿔 모양"에다 기단부까지 갖춘 일본 해군의 묘비석 도안이 제시되어 있다. 일본 육군에서는 일찍이 1874년에 「하사관병졸매장일반법칙(개정)」에 따라 처음 묘표 양식이 만들어지나 기단부가 없고 나무기둥으로 이를 만든 것이 서로 다르다.

이것은 1879년 12월 26일에 일본제국의 해군경(海軍卿)이 군무국장(軍務局長) 앞으로 보낸 「하사졸묘표촌법(下士卒墓標寸法)의 건(件)」에 관한 회신 내용이다. 이것과 동일한 내용의 묘표 양식은 1886년 6월 3일에 제정된 해군성령 제41호 「해군생도하사졸용부사망자취급규칙(海軍生徒下士卒傭夫死亡者取扱規則)」에도 그대로 다시 등장하는 것을 확인할 수 있다. 이들 자료에는 모두 묘비석의 도안까지 잘 그려져 있으므로 '사각기둥에

우리 주변에 남아 있는 '사각기둥에 사각뿔 형태'의 비석과 표지석 등의 모습이다. 왼쪽 위부터 시계방향으로 (1) 경주 천군리 삼층석탑 보물지정 표주석(1938년 추정) (2) 봉림사 진경대사보월능공탑비 원위치 표지석(1919년, 경남 창원) (3) 미나미 총독 휘호 팔굉일우비(1940년, 목포근대역사관 2관) (4) 이원식 선생 송덕비 외(시기미상, 서울 봉은사 비석군)이다.

'사각뿔 모양'의 묘비석이 일찍이 일본해군묘지에서 사용되고 있었다는 사실은 명확하게 드러난다.

그렇다면 일본 육군(陸軍)의 경우는 어떠했을까?

이에 관하여 가장 빠른 시기의 기록으로는 1873년 12월 25일에 육군성(陸軍省) 포(布) 제315호로 제정된 「하사관병졸매장일반법칙(下士官兵卒埋葬一般法則)」이다. 여기에 포함된 '육군매장지에 장사지내는 법칙(陸軍埋葬地ニ葬ルノ法則)'에는 묘표의 설치에 대해 다음과 같은 내용이 담겨 있다.

> 묘표(墓標)는 목주(木柱)로써 이를 만들고 사자(死者)의 위기관등성명(位記官等姓名) 및 연세월일(年歲月日)을 기입하며, 기타는 대개 구규(舊規)에 따

름. 묘표노후(墓標老朽)한 것은 새로이 이를 만들고 서법(書法)은 옛 것에 따르며, 이를 위해 정칙매장료(定則埋葬料)의 여잔(餘殘, 잔액)을 적치(積置)하여 미리 인당(引當, 충당)할 것.

목주(木柱)로써 묘표를 만드는 것은 일반의 정칙(定則)이지만 혹(或)은 지방(地方)에 있어서 물가하직(物價下直)으로써 매장료정칙(埋葬料定則)에 따라 석주(石柱)로 제작하는 것은 이 제한에 구애되지 않음.

일본 육군에서 이러한 매장규칙이 마련된 계기는 「징병규칙」(1871)과 「징병령」(1873)의 시행에 따라 징집된 병사들 가운데 영내에서 질병이나 사고로 죽는 사례가 늘어나게 되자 이에 대한 현실적인 수습대응책으로 등장한 것이었다. 이때까지만 하더라도 육군매장지에 묘표를 세운다는 내용만 들어 있고 구체적인 규격이나 양식에 대해서는 아무런 언급도 없었는데, 그 이듬해인 1874년 10월 5일에 나온 육군성 포(布) 제369호 「하사관병졸매장일반법칙(개정)」에 이르러 처음으로 다음과 같은 내용이 구체적으로 명시되었다.

> 묘표(墓標)는 하사(下士)에 있어서는 고(高, 높이) 2척(尺) 5촌(寸), 방(方, 사방) 6촌(寸), 병졸(兵卒)에 있어서는 높이 2척, 사방 5촌의 목주(木柱)로써 이를 만들어 사자(死者)의 관위성명묘(官位姓名墓)라고 적고, 그 측면에 연월일(年月日)을 기입하며 기타는 대개 구규(舊規)에 따름. (하략)

여기에는 별도의 도안(圖案)이 제시되어 있지 않으므로 단지 묘표가 사각기둥으로만 이뤄졌다는 것을 알 수 있고, 특히 꼭대기 부분이 어떤 모양으로 마무리되어 있는지에 대해서는 아무런 설명이 없다. 아무튼 이 규정을 기점으로 하여 육군매장지에 사용되는 묘비의 기본 형태가 만들어졌으며, 그 이후에 관련 규칙의 잇따른 제개정(制改正)과 청일전쟁 및 러일전쟁 등을 겪으면서 피장자(被葬者)의 대상이 사관생도, 준사관(準士官), 사관(士官, 위관), 상장관(上長官, 좌관), 장관(將官) 및 동 상당관(同相當官)의 범위까지 계속 확장되는 과정이 이어졌다.

「육군매장규칙」에 따른 각 신분별 묘지구획 및 묘표 촌법(1897년 8월 17일 제정)

구분	묘지구획(墓地區劃)	묘표 촌법(墓標 寸法)
장관동상당관(將官同相當官)	세로 2칸반, 가로 1칸반 (3평 7합 5작)	높이 5척, 사방 1척
상장관(上長官, 좌관)	세로 2칸반, 가로 1칸 (2평 5합)	높이 4척 5촌, 사방 9촌
사관(士官, 위관)	세로 2칸, 가로 1칸 (2평)	높이 4척, 사방 8촌
준사관(準士官)	세로 1칸반, 가로 1칸 (1평 5합)	높이 3척, 사방 7촌
하사(下士)	세로 1칸, 가로 1칸 (1평)	높이 2척 5촌, 사방 6촌
병졸(兵卒)	세로 1칸, 가로 1칸 (1평)	높이 2척, 사방 5촌

이 대목에서 일제패망의 시점에 이르기까지 육군매장지 또는 육군묘지에 사용된 각 계급단위별 묘표와 관련한 제도의 변천 연혁을 총정리하면, 그 내용은 대략 다음과 같다.

일본 육군의 군인묘지(軍人墓地) 및 묘표(墓標) 관련 제도의 변천 역혁

일자	관련규칙 제개정과 묘표 관련 내용	비고
1873.12.25	육군성 포(布) 제315호 「하사관병졸매장일반법칙」 제정: 여기에 포함된 '육군매장지에 장사지내는 법칙'에 따라 "묘표(墓標)는 목주(木柱)로 하고 사자(死者)의 위기관등성명(位記官等姓名) 및 연월일을 기입"하는 것을 원칙으로 하며, 물가여하에 따라 "석주(石柱)로 제작해도 무방"	징병규칙 제정(1871) 및 징병령 시행 (1873)

1874.10.5	육군성 포(布) 제369호 「하사관병졸매장일반법칙」 개정: '육군매장지에 장사지내는 법칙'에서 "하사(下士)는 높이 2척 5촌, 사방 6촌, 병졸(兵卒)은 높이 2척, 사방 5촌의 목주(木柱)로 묘표를 제작하여 관위성명묘(官位姓名墓)라고 적고, 그 측면에 연월일을 기입"하는 것으로 변경, 물가사정에 따라 "석주(石柱)로 제작해도 무방"	묘표의 규격과 양식 통일 결정
1886.7.24	육군성령 갑(甲)제34호 「육군대부(陸軍隊附) 하사졸매장규칙」 제정으로 종전의 「하사관병졸매장일반법칙」은 폐지; "묘표는 목주(木柱)로 만들며, 하사(下士), 사관생도(士官生徒)는 높이 2척 5촌, 사방 6촌, 졸(卒), 제공(諸工), 제생도(諸生徒)는 높이 2척, 사방 5촌으로 하여 표면에 관위훈씨명묘(官位勳氏名墓)라고 적고, 측면에는 사거 연월일을 기입"하며, "지방에 따라 비석(碑石)을 세우는 것도 무방"	매장자의 신분 확대
1894.7.17	육군성령 제15호에 따라 종전의 「육군대부 하사졸매장규칙」을 「육군대부 준사관하사졸매장규칙」으로 변경; "준사관(準士官)의 묘표는 높이 3척, 사방 7촌"으로 하는 내용이 추가	매장대상자에 준사관을 추가
1894.7.17	육군성령 제16호 「전시육군매장규칙」 제정; "묘표는 목주(木柱)로 만들고 장관(將官)은 높이 5척, 사방 1척, 상장관(上長官)은 높이 4척 5촌, 사방 9촌, 사관(士官)은 높이 4척, 사방 8촌으로 하며, 지방의 사정에 따라 재료를 변경하거나 척도를 조절하는 것은 가능"하다는 구절이 신설	청일전쟁
1897.8.17	육군성령 제22호 「육군매장규칙」 제정으로 종전의 「육군대부 준사관하사졸매장규칙」과 「전시육군매장규칙」은 일괄 폐지; "묘표의 촌법(寸法, 치수)은 각각 장관(동 상당관), 상장관, 사관, 준사관, 하사, 병졸로 나누고 크기는 종래와 동일"하며, "표면에는 관위훈공작씨명묘(官位勳功爵氏名墓)라고 적고 좌측면에 사망 연월일을 기입하고, 후면 및 우측면에는 필요한 비문(碑文)을 적어도 무방"	매장대상자에 장군과 장교를 포함
1904.5.30	육달(陸達) 제100호 「전장소제 급 전사자매장규칙(戰場掃除 及 戰死者埋葬規則)」 제정; 전사자(적군 포함)의 매장 및 화장에 관한 처리방침 등을 포함	러일전쟁
1938.5.5	육군성령 제16호에 따라 종전의 「육군매장규칙」을 「육군묘지규칙」으로 변경; "각 위수지별로 매 1개소의 육군묘지를 설치"하며 "1전역(戰役) 또는 1사변(事變) 별로 1기(基)의 합장묘탑을 건설"하고 "표면에는 '무슨무슨전역전몰자합장지묘'라고 기입"	육군묘지 설치 및 합장묘탑 건설
1941.7.19	육군성령 제28호 「육군묘지규칙」 개정; "육군묘지에 1전역(戰役) 또는 1사변(事變) 별로 1기(基)의 충령탑(忠靈塔; 묘비)을 건설"	충령탑 건설

이상에서 취합한 자료들에 따르면, 애당초 석비(石碑)를 사용했던 일본 해군과는 달리 일본 육군에서는 초기에 목주(木柱; 비석은 예외적인 경우)로 묘표를 만드는 것이 원칙이었다가 청일전쟁(淸日戰爭)이 끝나고 차츰

비석으로 바뀌었으며, 또한 해군 쪽은 이중의 기단부가 있었던 것에 반해 육군 쪽은 사각기둥 하나로만 이뤄져 있다는 것이 달랐다. 하지만 일본 쪽의 연구자료에 따르면, 그 어느 것도 모두 기본 형태가 "사각주(四角柱, 네모기둥)에 방추형(方錐形, 사각뿔 모양)"이었던 것이 틀림이 없다.

일본군의 묘지석에 있어서 꼭대기가 사각뿔 모양을 지니게 된 것에 대해서는 여러 가지 해석이 있는 모양인데, 요코야마 아츠오(橫山篤夫, 관서대학 비상근강사)가 정리한 「군대와 병사 — 여러 가지 죽음의 모습(軍隊と兵士 — さまざまな死の姿)」이라는 글에 다음과 같은 논지로 설파한 대목이 눈에 띈다.

> 묘비(墓碑)의 형상(形狀)이 사각주(四角柱)인 이유는 목주(木柱)의 형상을 본뜬 것이라 생각 된다. 규정(規定)에는 두부(頭部)의 형상에 대해서는 설명이 없다. 두부를 방추형(方錐形, 사각뿔 모양)으로 통일한 이유는 검선(劍先, 칼끝)을 본 땄다고 하는 설명이랑 유교(儒敎)와 신도(神道)의 영향이라는 설명도 있다. 필자(筆者)는 목주(木柱)의 선두(先頭)의 부식을 방지하고자 사각추의 모양으로 자른 형태를 비석(碑石)이 취한 탓이라고 판단한다. 검토 과제의 하나이다.
> [자료출처 : 小田康德, 橫山篤夫, 堀田曉生, 西川壽勝 編著, 『陸軍墓地がかたる日本の戰爭)』(ミネルヴァ書房, 2006), 28쪽]

이러한 일본군 묘비석에 관한 글을 정리하다보니까 한 가지 퍼뜩 떠오르는 것이 저명한 영국인 여행작가 이사벨라 버드 비숍(Isabella Bird Bishop, 1831~1904)이 남긴 『한국과 그 이웃나라들(Korea and Her Neighbors)』(1897)에서 읽은 다음과 같은 내용의 평양 탐방기의 한 대목이다.

…… 1894년 9월 15일 오후에 좌 장군(General Tso Pao-kuei)은 묵덴(Mukden, 만주 봉천)을 출발할 때 5,000명에 달했으나 탈주와 전사에 의해 급격히 줄어든 그의 병력을 거느리고 칠성문(七星門)을 통과하여 아래쪽의 평지로 이어지는 가파른 갈지자형 내리막을 내려가면서 그의 운명적인 기습공격을 감행했으나 이 문에서 대략 300야드 못 미치는 지점에서 최후를 맞이하였다. 조선 사람들이 전언하는 바에 따르면, 그의 부하들이 시신을 거두었으나 그것을 옮기는 동안 일본군의 총격이 이뤄지면서 대량살육의 와중에 유실되었다고 한다. 둥글게 난간이 쳐진 깔끔한 오벨리스크(obelisk)가 일본군에 의해 그의 전사 추정 지점에 세워졌으며, 한쪽 면에는 이러한 비문이 새겨져 있다.

"봉천군사령관 좌보귀(左寶貴) 전사지"

그리고 다른 한쪽에는

"평양에서 일본군과 교전 중에 사망"

이렇게 되어 있다. 탁월한 능력의 적장에게 보내는 우아한 찬사라고 하겠다.

이 글을 보고나서 '오벨리스크'라고 묘사된 이 비석의 정체가 과연 어떤 것이었을까 하고 그저 상상만 하고 있었는데, 어느 날 옛 자료를 뒤지다가 『관광자료 유경의 이야기(觀光資料 柳京の話)』(평양관광협

1938년에 평양관광협회에서 펴낸 『유경의 이야기(柳京の話)』라는 소책자에 수록된 청국군 봉천군사령관 좌보귀(左寶貴)의 전사지소비(戰死之所碑) 모습이다. 버드 비숍 여사의 책에는 평양 칠성문 앞쪽에 세워졌던 이 비석의 목격담이 등장한다.

제1부 | 여전히 우리 주변에 출몰하는 일제잔재들

회, 1938)라는 소책자에서 마침내 이것의 모습을 담은 사진을 마주하게 되었다. 여길 보면 우선 한쪽 면에 "좌보귀전사지소(左寶貴戰死之所)"라는 글자가 보이고, 전체 비석의 형상이 바로 "정사각형 단면의 돌기둥에 사각뿔"을 올린 일본군 묘비석의 양식을 그대로 닮아있다는 것을 알 수 있다.

버드 비숍 여사의 책이라고 하니까 또 하나 생각나는 것이 여기에 수록된 한 장의 사진자료이다. 청일전쟁 시기에 걸쳐 여러 차례 우리나라를 찾아왔던 그였기에 그 시절의 목격담을 생생하고 전해주는 것이 이 책이 지닌 장점 중의 하나이기도 한데, 바로 여기에 제물포(濟物浦) 지역의 어느 언덕 위에 백여 기(基) 남짓 빼곡하게 조성해놓은 일본군 묘지의 모습이 등장한다.

표목(標木)의 앞쪽에 전사자의 이름이 적혀 있고 측면에 '보병 제21연

저명한 영국인 여행작가 이사벨라 버드 비숍이 지은 『한국과 그 이웃나라들』(1897)에 수록된 청일전쟁 당시 제물포 지역에 조성된 일본군 묘지의 전경이다. 여기에 포착된 '묘표(墓標)'는 1874년에 일본 육군성에서 처음 제정한 규격과 양식을 그대로 따르고 있는 듯이 보인다.

대(步兵 第二十一聯隊)'라고 표시된 걸로 보면 이들의 신분이 오시마혼성여단(大島混成旅團)의 주력부대(보병 제11연대 및 보병 제21연대)에 소속된 군인들이었다는 것을 알 수 있다. 여기에 나오는 묘표의 모습을 보아 하니 「육군대부(陸軍隊附) 하사졸매장규칙」에 묘사된 것과 동일한 형태이며, 나무 기둥의 꼭대기 부분이 '사각뿔 모양'으로 처리되어 있었다는 사실도 또렷이 드러난다.

일제강점기를 거치는 동안 이러한 양식의 비석은 비단 묘지석뿐만이 아니고 송덕비(頌德碑)라든가 기념비(記念碑)라든가 충혼비(忠魂碑)라든가 하는 각종 기념시설물의 기본 양식으로 서서히 정착되기 시작했고, 심지어 조선총독부가 전국 각지의 폐사지(廢寺址)에서 석조유물을 옮겨온 다음에 그 터에다 원위치 표지석(原位置 標識石)을 세울 때에도 이 양식을 그대로 채택한 바 있었다. 그리고 1933년 8월 9일에 제령 제6호로 제정된 「조선보물고적명승천연기념물보존령(朝鮮寶物古蹟名勝天然記念物保存令)」에 따라 각종 문화재의 지정대상지에 세운 표주석(標柱石)도 이것과 동일한 양식이었다.

해방 이후 시기에 이르러서도 이러한 비석의 기원에 대해 정확히 인지를 못한 탓인지 이를 본떠 만든 기념비 종류도 다수 제작되었던 것으로 알려진다. 이러한 종류의 비석에 대해 간혹 오벨리스크 양식에서 나온 것이라고 설명하는 견해도 없지 않고 때로 혼용하여 사용된 흔적도 없지 않으나, 역사적 유래로 살펴보자면 이것과는 무관하게 일본군 매장지에 세운 '묘표'에서 직접 그 연원이 맞닿아 있는 만큼 그 자체가 명백한 일제잔재의 한 갈래인 것은 분명하다고 하겠다.

• 이 글은 『민족사랑』 2021년 11월호에 게재하였던 것을 수정 보완하였다.

03

일제잔재로 곧잘 오인되는 응원구호 '파이팅'의 어원 유래

투지(鬪志)의 유사어 투혼(鬪魂)이야말로 전형적인 군국주의식 용어

지금의 국립국어원이 '국립국어연구원'으로 불리던 시절인 지난 2004년 9월, 일상용어의 하나로 깊이 자리매김한 '파이팅(화이팅)'에 대한 우리말 대체어를 공모한 결과 '아자'라는 말을 사용할 것을 제시한 적이 있었다. 이를 계기로 한때나마 여러 매체를 통해 '아자 아자'라는 표현이 크게 부각되기도 했으나, 그나마도 최근에 와서는 '아자 아자 파이팅'의 형태로 회귀하는 바람에 이 시도는 결국 도로아미타불이 되고 말았다. 한번 굳어진 언어습성을 고치기란 그만큼 어렵다는 것을 보여주는 대표적인 사례가 아닌가 한다.

이 당시 '파이팅'이라는 말을 고치려고 했던 것은 그것이 당최 국적불명의 용어였던 탓이었다. 영어권에서는 대개 응원구호로 "고 포 잇(Go for it!)"이라거나 "킵 잇 업(Keep it up!)" 정도의 말을 사용하며, 일본과 같은 경우에도 "간바레(がんばれ)" 또는 기껏 "화이토(ファイト; Fight)"라고 하는 것이 보통이라고 알려진다. 따라서 "파이팅(Fighting!)"이라고 하는 경우에는 비록 영어식 표현이기는 하나 그 어느 나라에서도 그 뜻이 제대로 통하지 않는다는 점이 문제였던 것이다.

여기에 덧붙여 이 용어가 일제잔재라는 얘기도 종종 제기된 바 있었다. 이를 테면 카미카제특공대(神風特攻隊)가 최후 출격을 앞두고 외치는 구호가 바로 '파이팅'이었기 때문에 그러한 뜻도 모르고 함부로 이 말을 사용하는 것은 곤란하다는 지적이었다. 이 점에 있어서는 사실여부에 대한 고증이 미흡하여 정말 그러했던 것인지를 단정하기는 어려운 상태이다.

그렇다면 이 파이팅이라는 말은 도대체 어디에서 유래한 것일까? 그것이 일제잔재와 결부된 결과물이라는 지적은 과연 사실일까?

이에 관한 흔적을 뒤져보면 독립신문 영문판인 『디 인디펜던트(The Independent)』 1897년 2월 20일자에 수록된 석전(石戰, stone fight) 혹은 편전(便戰, 편싸움)을 금지시키는 것과 관련한 논설(論說)에서 다음과 같은 구절을 찾아낼 수 있다. 여기에 나오는 '파이팅 스피릿'은 간단하게는 '투지(鬪志)'를 말하며, 좀 더 그럴싸하게는 상무정신(尙武精神)과 같은 것을 지칭하는 표현으로 풀이된다.

> …… 돌로 하는 싸움은 일반 대중에게 위험하므로 석전은 엄격히 금지되어야 한다. 하지만 막대기로 하는 싸움이라면 왜 정부가 금지해야 하는지에 대해 어떠한 이유도 우리는 찾아낼 수 없다. 물론 이들은 대중의 통행을 방해하지 않는 빈 공터에서 싸움을 벌여야 할 것이다. 조선인들 사이에는 거의 '파이팅 스피릿(fighting spirit)'이 존재하지 않으므로, 각자에 의해 서로가 이러한 영향을 받고 있다. 설령 참가자들이 조금은 위험하더라도 이러한 종류의 스포츠는 장려되어야 한다.

다음으로 소개할 것은 『동아일보』 1926년 9월 5일자에 수록된 '동아일보사 주최 구락부야구연맹전' 관련 후속보도내용이다. 여기에는 휘문고보 운동장에서 열린 대회에서 3위를 차지한 중앙구락부의 서상국(徐相國) 감독이 남긴 경기후 소감이 이렇게 적혀 있다.

…… 나는 이번 리그전에 선수의 한 사람으로 나갔었기 때문에 비평을 하기는 어렵고 우리 중앙(中央)구락부에 대한 이야기나 하려고 합니다. 이번 우리 중앙이 대패한 원인은 첫째로 '파이팅 스피리트'가 부족하였던 것과 둘째로는 연습이 충분치 못하였던 것인데 연습에 있어서 우리만 아니라 다른 구락부들도 모두 그러하여 스코어에 실책이 많은 것은 가장 유감이었습니다. …… (하략)

다음으로 『동아일보』 1932년 1월 13일자에는 황을수(黃乙秀) 선수의 기고문인 「이역(異域)에 빛난 권투계 회고(拳鬪界 回顧)」라는 글이 있는데, 여기에도 '파이팅 스피리트'라는 표현이 등장한다. 특히 이 기사에서는 그

왼쪽) '파이팅 스피리트'의 초기 용례가 수록된 『동아일보』 1926년 9월 5일자 관련기사이다.
오른쪽) 『동아일보』 1932년 1월 13일자에 수록된 황을수의 기고문에는 '파이팅 스피리트'를 '열렬한 투지'라는 뜻이라고 적고 있다.

뜻이 '열렬한 투지'에서 나온 것임을 적어둔 대목이 확연히 눈에 띈다.

> 전수대학(專修大學)의 신태영(申太泳) 군은 6대학 리그전에도 출장(出場)하여 군(君)의 독특한 '파이팅 스피리트[열열(熱熱)한 투지(鬪志)]'를 수만 관중에게 보여주었으며 정영길(鄭寧吉) 군도 중경(中京)까지 원정하여 군의 신기한 묘기로 무수한 관객의 가슴을 시원하게 하여 주었다. …… (하략)

이밖에 『조선중앙일보』 1935년 3월 11일자에서는 「파이팅 스피릿으로 무보당당(武步堂堂)히 진출(進出)」 제목의 글이 수록되어 있는 것도 확인할 수 있다. 이보다 약간 앞서 『동아일보』 1935년 1월 1일자(신년호)에서는 관서축구심판협회의 양병지(楊秉祉)가 쓴 「선수자격(選手資格)을 엄선(嚴選)함이 가(可)함」 제하의 기고문에는 '파이팅'에 관한 구절이 나오는데, 이

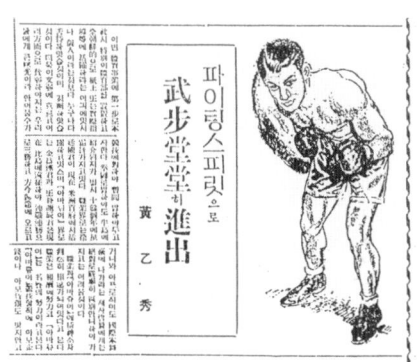

『조선중앙일보』 1935년 3월 11일에도 '파이팅 스피릿' 제하의 기사가 남아 있다. 이 글에는 그 뜻이 '투지'라는 구절이 분명히 표시되어 있다.

즈음에 이르러 투지라는 표현이 그냥 '파이팅' 한 마디로 축약되어 사용되기 시작했음을 엿볼 수 있는 대목이 아닌가 한다.

> …… 그 다음으로는 선수(選手)가 너무 투지(鬪志) 즉 '파이팅'이 결핍(缺乏)하다고 본다. 그리고 선수의 운동정신(運動精神)에 있어서는 권투(拳鬪)는 오히려 다른 나라에 비해서 좋은 편이라고 본다(이는 특히 아마추어임을 말함). …… (하략)

또한 『동아일보』 1938년 10월 25일자에 이문호(李文鎬)가 쓴 「신궁경기총평(神宮競技總評) ⑴ 농구대회」 제하의 기고문에도 마찬가지로 '파이팅'이라고만 적은 표현이 포함되어 있다.

…… 제1회전(第一回戰)에 루씨(樓氏)에게 무념(無念)의 석패(惜敗)를 한 경성여사(京城女師)팀은 부상 중의 선수가 있었으며 라스트의 파이팅이 약(弱)하여 그 노련한 기술을 완전히 발휘치 못하고 둘러간 것은 큰 유감(遺憾)이라 않을 수 없다. 또 부산고녀(釜山高女)에게 패한 호남대표 광주대화고녀(光州大和高女)의 건투(健鬪)를 상찬(賞讚)한다. …… (하략)

그리고 『동아일보』 1938년 10월 28일자에 수록된 「소강부대 지휘관(遡江部隊 指揮官) 곤도소장약력(近藤少將略歷)」 제하의 단신기사에도 '화이팅 스리트'라고 적은 용례의 흔적이 포착된다.

…… 이 동안 견외함대사령부, 참모해군병학교 간사, 봉상함장(鳳翔艦長), 제3함대참모장, 지나특별육전대사령관에서 현직(現職)에 보(補)된 자 성준민(資性俊敏)하여 화이팅 스피리트에 부(富)하고 침용과감(沈勇果敢)으로써 알려있어 주지(住支; 중국 주둔) 경험의 풍부하기로 '장왕(長汪)의 주(主)'라고 한다.

이상의 용례들을 살펴보면 파이팅이란 말은 그 자체가 일제잔재라고 보기는 어렵고 원래 투지(鬪志)의 번역어인 '파이팅 스피리트'에서 시작되었다고 보는 것이 자연스럽다. 그러다가 점차 시간이 흐르면서 그냥 '파이팅'이라고만 단축하여 부르는 현상이 우세해졌고, 대개 스포츠용어로 사용되다가 차츰 일상생활어휘의 하나로 정착된 것이라고 정리할 수 있겠다.

그렇다면 이것이 응원구호(應援口號)로 정착된 것은 언제부터의 일일까? 짐작컨대 일제강점기에도 응원구호로써 사용되었을 개연성이 크다고 여겨지지만 구체적인 흔적을 찾기는 어려운 상태이다. 그 대신에 좀 더 세월이 지나 1964년 동경올림픽 때의 신문기사를 보면, 응원구호로서 '파이팅 코리아'라는 것이 확실히 등장했던 사실이 드러난다.

이에 관해서는 우선 『동아일보』 1964년 10월 12일자에 수록된 「파이팅 코리아', 관중들 우뢰(雨雷)의 응원」 제하의 기사에서 다음과 같은 내용을 확인할 수 있다.

> 우루과이와의 대전에서 일패도지한 한국선수들은 경기가 끝난 후 힘이 없는 모습으로 퇴장했는데 돌연 관중석에서 '파이팅 코리아'라는 소리가 터져 나왔다. 그 소리가 너무나 큰 탓인지 관중석에는 어리둥절한 채 덩달아 박수로 호응해주었다.

곧이어 『동아일보』 1964년 10월 14일자에는 수록된 「'파이팅' 한국연발(連發)」 제하의 올림픽 관련 단신기사에도 이러한 내용이 보인다.

> 한국남자배구팀이 일본팀과 시합을 한 13일 요코하마(橫濱) 문화체육관에는 한국여자배구선수들이 '파이팅 코리아'를 소리높이 외치는가 하면, '송아지 송아지'라는 노래까지 합창하고 때로는 '3, 3, 7'박수를 보내어 빽빽이 들어찬 일본사람들을 어리둥절케 했다. 일본 관중들은 한국여자선수들이 워낙 야단을 치기 때문에 질려 제대로 응원도 못하고

있는 형편이었다.

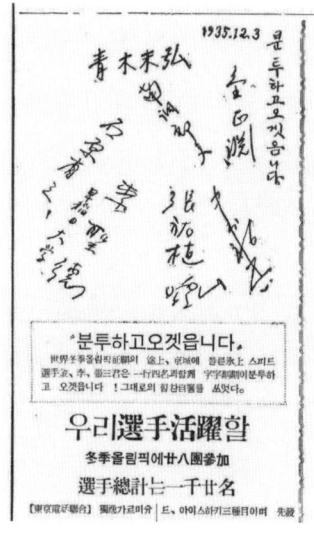 

왼쪽)『동아일보』1935년 12월 4일자에는 독일에서 개최될 제4회 동계올림픽 출전선수로 김정연(金正淵)이 남긴 '분투하고 오겠습니다'라는 자필서명이 수록되어 있다.

오른쪽)『매일신보』1943년 3월 13일자에 수록된 육군항공사관학교 탐방기사에는 '전투혼(戰鬪魂)'이라는 군국주의식 용어가 등장하고 있다.

한편, '파이팅'의 뜻을 담은 것으로 종종 '투지'와 거의 동일시되는 단어는 바로 '투혼(鬪魂)'이다. 그러나 이 '투혼'이라는 표현은 금기시해야 할 대상이라는 사실을 꼭 지적해두고자 한다.

그 뜻으로만 보자면 '투지'나 '투혼'이나 상통하는 것으로 받아들여지기 십상이나, 우리의 전통적인 언어용법으로 보건대 투지의 경우만 풍부하게 그 용례들을 찾아낼 수 있기 때문이다. 가령『조선왕조실록』과 같은 고문헌(古文獻) 자료를 뒤져보면 투지는 말할 것도 없고 이와 비슷한 뜻으로 건투(健鬪), 분전(奮戰), 분지(奮志), 전의(戰意) 등도 곧잘 눈에 띈다. 하지만 유독 투혼이라는 표현은 그 흔적을 찾기 어렵다.

여기에서 말하는 투혼이라는 용어가 무더기로 등장하는 때는 일제패망기에 전시체제가 한창 판을 치던 시절이라는 점에 주목할 필요가 있다. 이 당시에 발간된 『매일신보』와 같은 총독부 기관지의 지면에는 '불굴(不屈)의 투혼(鬪魂)'이니 '전투혼(戰鬪魂)'이니 '감투혼(敢鬪魂)'이니 '대화혼(大和魂, 야마토다마시)'이니 '특공혼(特攻魂)'이니 '군인혼(軍人魂)'이니 '황군혼(皇軍魂)'이니 '옥쇄투혼(玉碎鬪魂)'이니 '옥쇄충혼(玉碎忠魂)'이니 하는 따위의 표현들이 하루가 멀다 하고 수록된 바 있었다.

이렇게 이식된 일제의 유산은 해방 이후에도 사람들의 머릿속에 일상용어의 하나로 고스란히 남아 '맨발의 투혼'이라거나 '노장의 투혼'이라거나 하는 식의 표현이 횡행하게 되었다. 더구나 스포츠경기를 석권한 공로를 칭송하는 때는 물론이고 심지어 항일독립투쟁의 업적을 일컫는 때조차도 툭하면 '투혼'이라는 수식어를 동원하기 일쑤였으니 참으로 아이로니컬한 장면이 아닐 수 없겠다.

『매일신보』 1943년 10월 5일자에 수록된 '감투생활(敢鬪生活)'이라는 단평 연재 기사에는 '투혼(鬪魂)'을 일컬어 "끝까지 싸우는 일본정신(日本精神)"이라고 묘사한 구절이 포함되어 있다.

이것과 흡사한 맥락에서 지극히 사용에 주의해야 할 또 다른 어휘의 하나는 '무운장구(武運長久)'이다. 이 용어 역시 우리의 문헌자료에서는 그 용례를 찾을 수 없고, 듣자 하니 일본의 14세기 문학작품인 『태평기(太平記, 타이헤이키)』에 '무운(武運)'이라는 표현이 처음 등장한다고 전해진다.

『조선신문』 1939년 6월 23일자에 수록된 숙명여자전문학교의 교기 입혼식(校旗 入魂式) 관련 보도이다. 이 당시 이른바 '이왕비(李王妃)'에게서 교기가 하사되자 곧장 조선신궁(朝鮮神宮)을 참배하고 이곳에서 깃발에 '혼'을 불어넣는 행사를 올렸다는 소식이다.

그러니까 이것이 전형적으로 일본 쪽의 언어습성에서 온 것이라는 점은 확실해지는 셈이다.

이러한 유래를 지닌 '무운장구'는 일제강점기를 거치는 동안 그들이 잇따른 침략전쟁을 벌이면서 전장으로 출정(出征)하는 병사들은 물론이고, 나중에는 조선인 지원병으로 선발된 이들에게도 "무사히 잘 싸우고 오라"는 뜻을 담아 무수하게 사용했던 구절이었다. 또한 이 말은 해방 이후 한국전쟁과 월남전쟁 시기를 지나면서 참전용사들의 무사귀환을 간절히 기원하는 구호처럼 널리 통용되기도 했고, 그 바람에 "무운(武運)을 빈다"라는 구절도 우리의 언어습성에 깊이 파고든 상태가 되고 말았다.

『동아일보』 1955년 9월 2일자에 게재된 서적판매광고를 보면 '동아일보사의 압수사설집'의 제목으로 『항일투혼(抗日鬪魂)』이 사용된 것이 눈에 띈다. 여기에서 보듯이 군국주의자들의 용어인 '투혼'이라는 표현이 오히려 정반대 의미로 둔갑하여 서적의 제목에 채택된 사례는 이것 말고도 무수하게 찾아낼 수 있다.

아무튼, 거듭 말하거니와 '투혼'이라는 표현은 군국주의의 소산물과 깊은 관련이 있으므로 그것을 그대로 '파이팅'의 대체어로 삼는 것은 참으로 곤란한 일이 아닐 수 없다. 그러고 보니 지난 2006년 독일 월드컵 당시 국가대표축구팀의 유니폼에 '투혼'이라는 글자를 써넣었다고 해서 크게 화제가 되었던 일이 기억난다. 잘 싸우고 오라는 뜻을 담은 것이라면 차라리 그냥 '파이팅'이라고 해도 무방했을 텐데, 어원에 대한 별다른 고민 없이 일제의 침략군대에서나 썼을 법한 '투혼'이라는 용어로 헛다리를 짚은 것이 그저 너무너무 아쉬울 따름이다.

• 이 글은 『민족사랑』 2016년 11월호에 게재하였던 것을 수정 보완하였다.

04

군부대 소재지를 일컬어 '○○대(臺)'라는 별칭이 생겨난 연유는?

1937년에 일본천황이 육군사관학교에 '상무대'로 하사한 것이 최초 용례

이른바 '7080세대'이면서 수도권대학에 다닌 사람이라면 누구나 문무대(文武臺)라는 명칭에 대해 아련한 기억 한 자락씩은 머릿속에 남아 있는 것이 보통이다. 해묵은 자료를 뒤져보니 '김신조 사건(1.21사태)'으로 촉발된 안보위기를 빌미로 대학생을 상대로 한 군사교육(교양필수과목으로 교련과목을 설정)이 처음 시작된 것은 1969년이었다.

여기에 더하여 1975년에 월남이 패망하자 유신체제 하의 군사정권은 유비무환(有備無患)과 총력안보(總力安保)라는 구호를 앞세워 그 이듬해부터 이른바 '병영집체훈련'이라는 제도를 장착하였다. 이때 긴급하게

『동아일보』 1976년 6월 29일자에 수록된 학생병영훈련소 즉, '문무대' 준공 관련 보도내용이다.

경기도 성남시에 '학생병영훈련소'가 만들어졌으며, 여기에 붙여진 이름이 '문무대'였던 것이다. 『동아일보』 1976년 6월 29일자에 수록된 「학생병영훈련소(學生兵營訓鍊所), '문무대' 준공」 제하의 기사는 당시의 상황을 이렇게 전해주고 있다.

대학생 병영훈련의 도장이 될 학생병영훈련소가 준공, 28일 오후 ○○ 지역 현장에서 이세호(李世鎬) 육군참모총장 등이 참석한 가운데 준공식 및 현판식이 있었다. 박(朴) 대통령의 휘호로 '문무대(文武臺)'라 명명된 이 훈련소에는 7월 1일부터 11월 중순까지 전국 57개 대학 일반군사교육 대상자 중 1학년 일부가 단계적으로 입영, 10일간의 집체교육을 받게 된다.

더구나 이곳에는 1977년 4월 14일에 이은상(李殷相)이 지은 건립취지문을 덧붙여 박정희 대통령의 휘호를 새긴 문무탑(文武塔)이 건립된 사실도 확인할 수 있다. 그 이후 1981년에는 '전방부대 입소교육'이란 것이 생겨나 철책선 경계근무가 추가되었고, 재학생 입영연기와 더불어 최대 6개월의 복무기간 단축이라는 혜택 아닌 혜택이 주어졌던 대학생 군사교육제도는 민주화 과정의 초입에 들어선 1989년에 와서야 완전히 폐지되었다.

그런데 주변을 가만히 살펴보면 군부대의 이름을 '무슨무슨대'라고 부르는 사례는 생각보다 상당히 많이 존재한다는 것을 직감할 수 있다. 구태여 군대를 직접 체험한 사람이 아니더라도 이러한 명칭을 접하는 것은 그리 새삼스러운 일이 아닐 정도이다.

무엇보다도 논산훈련소를 '연무대'라고 하는 것이 그러하고, 광주민주화운동과 관련된 '상무대'라든가 육군사관학교를 일컫는 '화랑대', 그리고 육해공군본부가 터를 잡은 '계룡대'와 같은 곳도 일상용어처럼 자주 언급되는 공간이다. 어쩌다가 군부대에 면회를 갈 기회가 있을 때마다 정문 초입에 들어서자마자 큰 돌에 '○○대(臺)'라고 새겨진 휘호비(揮毫碑)를 목격하곤 했던 것도 제법 익숙한 풍경의 하나이다.

그렇다면 군부대의 이름을 '무슨무슨대'라는 별칭으로 부르는 것은 도대체 어떻게 생겨난 일이었을까? 대(臺)라는 것은 원래 사전적으로 여러 가지 의미를 내포하는 표현이기는 하지만, 대개 "인위적으로 쌓은 것이건 자연적으로 생겨난 것이건 간에, 사방을 내려다 볼 수 있는 높고 평평한 공간 또는 그러한 곳에 조성된 건축물"이라는 뜻으로 새겨지는 말이다. 예를 들어, 속리산 문장대(文藏臺)라든가 남한산성 수어장대(守禦將臺)라든가 부산 영도 태종대(太宗臺)라든가 하는 것들이 여기에 속한다.

하지만 '높고 평평한 지형'이라고 하는 범주와는 결코 거리가 먼 군부대 소재지, 그것도 전 지역을 포괄하는 개념으로 '무슨무슨대'라고 부르는 것은 애당초 어떻게 시작된 것인가 말이다. 알고 봤더니 여기에도 결코 그냥 흘려듣기 어려운 군국주의 시절의 일제가 남긴 유습이라는

왼쪽) 『매일신보』 1937년 12월 21일자에는 일본 천황이 육군사관학교 졸업식에 임석한 내용과 더불어 이곳 소재지에 대해 '상무대(相武台)'라는 명칭을 하사하였다는 사실이 수록되어 있다.

위쪽) 『매일신보』 1943년 6월 4일자에 수록된 일본 카나가와현 소재 육군사관학교 탐방기에는 이곳 교정에 건립된 '상무대' 휘호비의 모습이 함께 소개되어 있다.

사실을 확인할 수 있는 흔적들이 속속 드러난다.

우선 이에 관해서는 『매일신보』 1937년 12월 21일자에 수록된 「육사소재지(陸士所在地)에 신명칭 어하사(新名稱 御下賜)」라는 제목의 기사가 퍼뜩 눈에 띈다.

> [도쿄전화(東京電話)] 대원수폐하(大元帥陛下)께옵서는 20일 육군사관학교 졸업식에 어임석(御臨席)하옵시기 위하여 신장(新裝)한 카나가와현 자마(神奈川縣 座間)의 동교에 처음으로 행행(行幸)하옵시었는데 졸업식 종료후 오후 2시 본관 2층 어좌소(御座所)에 스기야마 육상(杉山 陸相, 육군대신), 하타 교육총감(畑 敎育總監)을 어소(御召)하옵시고 동교 소재지에 대하사 상무대(相武台, 소부다이)의 명칭을 하사(下賜)하옵신 지(旨)를 궁내성(宮內省)으로부터 발표되었다.

일본의 육군사관학교는 이른바 '황군(皇軍)'의 근간을 이루는 육군장교를 배출하는 기관이니만큼 해마다 졸업식에는 일본천황이 직접 임석하는 것이 오랜 관례였다. 특히, 1937년에는 육군사관학교 본과(本科)를 도쿄 신쥬쿠(東京 新宿)의 이치가야혼무라쵸(市ヶ谷本村町)에서 카나가와현 코자군 자마촌(神奈川縣 高座郡 座間村)으로 신축 이전하였는데, 이때의 졸업식은 이러한 소재지 변경 이후에 최초로 거행되는 행사라는 의미를 지니고 있었다.

이 자리에서 일본천황이 새로운 육군사관학교 소재지에 대해 하사한 명칭이 '상무대'였던 것이다. 이 이름은 이곳이 역사적으로 사가미노쿠니(相模國)의 옛터에 속하고 바로 이러한 유서 깊은 곳에서 무(武)를 연마한다는 뜻에서 명명된 것으로 알려진다. 옛 사관학교 자리가 언덕 위의

평지를 차지하고 있었던 탓에 통칭 '이치가야다이(市ヶ谷台)'라고 부른 전례가 있긴 하지만, 이러한 지형과는 무관하게 벌판에 자리한 군사학교 소재지 전체에 대해, 그것도 천황의 명명에 의해 '무슨무슨대'라는 명칭이 하사된 것은 이것이 최초였다.

일본제국의 군사학교 소재지에 대한 명칭 하사 연혁

소재지 하사 명칭	정식명칭	명명자	하사일자	비고
상무대(相武臺)	육군사관학교	일본천황	1937.12.20	카나가와현
수무대(修武臺)	육군항공사관학교	일본천황	1941.3.28	사이타마현
진무대(振武臺)	육군예과사관학교	일본천황	1943.12.9	사이타마현
건무대(建武臺)	도쿄육군유년학교	조항궁(朝香宮)	1945.3.13	도쿄 하치오지

『매일신보』 1942년 10월 20일자에 수록된 일본 사이타마현 소재 육군항공사관학교 탐방기에는 이곳 교정에 건립된 '수무대' 휘호비의 모습이 함께 소개되어 있다.

이로부터 몇 해가 흘러 1941년 3월 28일에 사이타마현 토요오카쵸(埼玉縣 豊岡町)에 자리한 육군항공사관학교(陸軍航空士官學校)에 일본천황이 이곳을 찾았을 때 다시 수무대(修武臺, 슈부다이)라는 명칭이 하사되는 일이 이어졌다. 또한 1943년 12월 9일에는 사이타마현 아사카(埼玉縣 朝霞)에 있는 육군예과사관학교(陸軍豫科士官學校)에 행차하였을 때도 직접 이곳 일대의 대지(臺地)에 대해 '진무대(振武臺, 신부다이)'라는 이름을 하사하였다.

일본 사이타마현에 자리한 육군예과사관학교에 대해 소재지 전체의 명칭으로 '진무대(振武臺)'라는 이름이 하사되었다는 소식이 수록된 『매일신보』 1943년 12월 11일자의 보도내용이다.

여기에 나오는 '진무'라는 표현은 중국 고전인 『국어(國語)』 '진어편(晉語篇)'에 나오는 "임금은 그 백성을 형벌하여 바로 잡은 후에 밖으로 무위를 떨치는 것이다. 그러므로 안으로 조화로우면 밖으로 위무가 드러나게 된다. (君人者 刑其民 成而後 振武於外 是以內龢而外威)"는 구절에서 취한 것으로 '무비(武備)를 진작(振作)하라'는 뜻이 담겨 있었다. 그리고 일제 패망 직전인 1945년 3월 13일에는 도쿄육군유년학교(東京陸軍幼年學校)의 졸업식 때 일본천황이 차견(差遣)한 황족 조향궁(朝香宮, 아사카노미야)에 의해 이곳 소재지에 대해 '건무대(建武臺, 켄부다이)'라는 이름이 부여되기에 이르렀다.

불과 몇 년 사이에 '무(武)'자 돌림의 소재지 명칭하사가 거듭되다 보니, 여타의 군사학교 등지에도 '무슨무슨대'라고 부르는 방식이 유행처럼 번져나가게 되었던 것이다. 이와는 별도로 만주국 육군군관학교(통칭 '신경군관학교')의 경우에도, 학교 소재지를 '동덕대(同德台)'라는 별칭으로 불렀다는 것은 널리 알려진 사실이다.[12]

여기에서 보듯이 일본천황이 머지않아 침략전쟁의 선봉에 설 일본군 예비장교들을 독려할 목적으로 여러 사관학교의 소재지 명칭으로 '○○대(臺)'를 잇따라 하사한 것은 그야말로 군국주의가 최고조에 달했던 시기의 전형적인 소산물인 것이 분명하다. 하지만 참으로 안타깝게도 일제가 즐겨 사용했던 이러한 명명법은 해방 이후 단절되기는커녕 남북분단과 한국전쟁이라는 긴박한 상황을 맞이하여 되려 별다른 고민의 여지도 없이 그대로 차용되는 결과로 이어지고 말았다.

정부수립 이후 군부대 소재지의 별도 명칭 명명 사례

소재지 명명 내용	정식명칭	명명자(승인자)	명명일자	비고
연무대(鍊武臺)	육군제2훈련소	이승만 대통령	1951.11.1	논산
상무대(尙武臺)	육군종합학교	이승만 대통령	1952.1.6	광주
화랑대(花郞臺)	육군사관학교	이승만 대통령	1957.3	서울 태릉
성무대(星武臺)	공군사관학교	박정희 대통령	1966.4.11	서울 대방동
무열대(武烈臺)	제2군사령부	한신 사령관	1968.12.3	대구
통일대(統一臺)	제1군사령부	박정희 대통령	1968.12.23	원주

---

12) 만주국 신경군관학교의 별칭인 '동덕대(同德臺)'의 명명 유래에 대해서는 일본 아키모토 서방(秋元書房)에서 간행한 『사진집 육군사관학교(寫眞集 陸軍士官學校)』(1989), 190쪽과 192쪽에 "강덕(康德) 8년(1941년) 6월 20일 일계(日系) 제2기생(육사 57기 상당)의 입교식에 맞춰 만주국 황제가 친림(親臨)하여 정식으로 개교식을 거행하는 동시에 '동덕대(同德臺)'의 명칭을 하사했고, 강덕 11년(1944년) 8월 16일에는 만주국 황제의 신필(宸筆)로 쓴 '동덕대비(同德臺碑)'의 제막식과 함께 원신전(元神殿)의 상동식이 실시되었다"는 요지의 글이 남아 있다. 참고로, 신경특별시(新京特別市) 교외의 라라둔(拉拉屯)에 자리한 만주국 육군군관학교(陸軍軍官學校)는 강덕 6년(1939년) 3월 10일에 제정된 「육군군관학교령(陸軍軍官學校令)」에 따라 설치되었고, 만계(滿系) 제1기생 90명이 그해 4월에 입교한 것이 개교의 첫 걸음이었다.

남성대(南城臺)	육군종합행정학교	박정희 대통령	1969.11	성남
충성대(忠誠臺)	육군제3사관학교	박정희 대통령	1970.2.1	영천
선봉대(先鋒臺)	제3군사령부	박정희 대통령	1973.7	용인
문무대(文武臺)	학생병영훈련소	박정희 대통령	1976.6.28	성남
계룡대(鷄龍臺)	육해공군본부	노태우 대통령	1989.8	논산 두마면

이러한 흔적들 가운데 가장 빠른 용례는 한국전쟁 시기인 1951년 11월 1일에 충청남도 논산 지역에 설치된 '육군제2훈련소'에 대해 이승만 대통령이 직접 휘호를 내려 명명한 '연무대(鍊武臺)'였다. 곧이어 1952년 1월 6일에는 전라남도 광주에 개설된 육군종합학

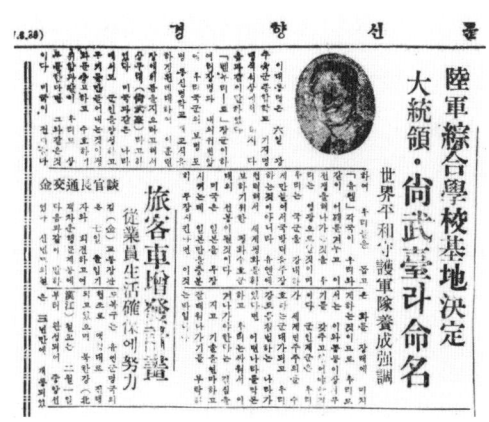

전라남도 광주에 신설된 육군종합학교에 대한 기지명명식에서 이승만 대통령이 이곳을 '상무대(尙武臺)'라는 이름을 부여하였다는 소식이 수록된 『경향신문』 1952년 1월 9일자의 보도내용이다.

교에 대해서도 대통령에 의해 '상무대(尙武臺)'라는 이름이 주어졌다. 이에 관해서는 『경향신문』 1952년 1월 9일자에 수록된 「육군종합학교 기지 결정, 대통령 상무대라 명명」 제하의 기사에 다음과 같은 내용이 보인다.

이 대통령은 6일 광주 육군종합학교 기지 명명식 석상에서 요지 다음과 같이 말하였다.
벤프리트 장군 이하 여러 장병과 내외 귀빈 앞에 우리 국군의 보병, 포

병, 통신병학교 개교식을 하게 된 데 대하여 이 훈련장에 이름을 지으라고 해서 상무대(尙武臺)라고 하였다. 미국과 같은 나라에서도 군인을 양성하고 무기를 만들어 내는 것이 평화를 숭상하고 수호하기 위함과 같이 우리도 상무를 한다면 그와 같은 것이다. 미국이 전력을 다하여 우리들을 돕고 유엔 각국이 우리와 같이 어깨를 겨누고 이 전쟁을 해 나가는 것을 우리는 영광으로 알 것이며 우리는 국군을 강대하게 만들어서 국방력을 주장하는 것이 아니라 유엔에 협력해서 세계평화를 확보하기 위한 평화수호군대의 선봉이 될 것이다. …… (하략)

이러한 방식은 5.16쿠데타를 통해 집권한 군사정권 시절로 접어들면서 더욱 성행하게 되어 1966년 4월에는 공군사관학교 소재지에 대해 박정희 대통령의 명명으로 '성무대(星武臺)'라는 이름을 갖게 된 것으로 확인된다.[13] 그리고 그 이후에도 전국 각처에 새로운 군사편제에 따른 상급단위의 군부대가 설치되거나 각종 군사학교가 만들어질 때마다 '무슨무슨대'라는 식의 이름이 붙여지는 사례가 속속 등장하였다.

혹여 누군가는 우리들 역시 과거시험장이기도 했던 곳에 대해 경무대(景武臺)라든가 춘당대(春塘臺)라든가 하는 표현을 사용한 전통이 있었고, 수원 화성에도 연무대(鍊武臺)라는 시설이 있었다는 점을 들어 사실관계

---

13) 이에 관해서는 『경향신문』 1966년 5월 13일자에 수록된 「공사(空士)를 성무대(星武臺)로 박 대통령(朴大統領)이 명명(命名)」 제하의 기사에 다음과 같은 내용이 채록되어 있다. "박 대통령은 공군사관학교를 '성무대'라 명명했다. 성(星)자는 하늘, 지도자 또는 인간의 보행을 뜻하며, 무(武)자는 연무를 의미하는 것으로 이는 공군사관학교의 교훈인 '지덕용(智德勇)'을 겸비한 우수한 하늘의 지휘관을 양성한다는 뜻으로 사관생도교육의 지침이 될 것이다."

1958년부터 1985년에 걸친 시기에 공군사관학교로 사용된 '보라매공원'에는 여전히 '성무대 기념탑(1967년 2월 24일 제막, 조각가 송영수의 작품)'이 남아 있으며, 여기에 3면에 걸쳐 부착되어 있는 '성무대 표지동판'은 박정희 대통령의 글씨이다.

에 대한 반론을 제기할는지도 모르겠다. 그러나 이러한 사례는 궁궐 안의 누대(樓臺)와 그 앞에 펼쳐진 일정한 공간에 국한된 명칭이거나 건축물 그 자체를 지칭하는 것이므로 군부대 소재지 전체를 일컫는 '무슨무슨대'라는 부르는 방식과는 결을 달리한다는 부분에 유의할 필요가 있을 것이다.

  그 누가 보더라도 군사교육시설을 대상으로 '무(武)'자 돌림의 이름이 최고통수권자인 대통령의 손으로 작명되어 붙여지는 형태가 일본제국의 그것과 고스란히 닮아 있음을 부인하기는 어려울 듯하다. 여러 군부대 소재지마다 '○○대(臺)'라고 부르는 것은 아무래도 일제 군국주의 시절의 소산물과 직접 맞닿아 있다는 점을 확실하게 인식하고, 지금에라도 이러한 명명법을 개선하거나 청산하는 방식을 진지하게 고민해야 할 때가 아닌가 한다.

● 이 글은 『민족사랑』 2020년 6월호에 게재하였던 것을 수정 보완하였다.

05

일제 때 '25주년' 단위의 기념행사가 유달리 성행했던 이유는?

사반세기(四半世紀)라는 표현을 남겨놓은 그들의 언어습성

세화(歲華, 세월)가 전(轉)하여 자(玆)에 소화 병자(昭和 丙子)의 신춘(新春)을 영(迎)함에 당(當)하여 공손(恭遜)히 동방(東方)을 배(拜)하고 황실(皇室)의 어미영(御彌榮, 고이야사카)을 봉축(奉祝)하여 성세(盛世)의 경(慶)을 봉송(奉頌)하는 바이다.

이토 슌보공(伊藤春畝公, 이토 히로부미 공작)의 시(詩)에 '부상근역일가춘(扶桑槿域一家春; 일본과 한국이 한집을 이뤄 봄이로다)'14)의 구(句)가 있어 과연(果然) 내선(內鮮)의 동융(同融)이 비년(比年) 익익심각(益益深刻)하여 일가집목(一家輯

---

14) 여기에는 이 구절을 이토 히로부미(伊藤博文)의 것으로 서술하고 있으나 사실은 4인의 합작으로 이뤄진 칠언절구(七言絶句)에서 임의로 따온 것이며 그 내용은 다음과 같다. "甘雨初來霑萬人 단비가 처음 내려 만 사람을 적셔주니 [춘무(春畝; 이토 히로부미)]/ 咸寧殿上露華新 함녕전 위에 이슬빛이 새롭구나 [괴남(槐南; 모리 타이라이)]/ 扶桑槿域何論態 부상과 근역을 어찌 다르다 논하리오 [서호(西湖; 소네 아리스케)]/ 兩地一家天下春 두 땅이 한 집 되니 천하가 봄이로다 [일당(一堂; 이완용)]". 여기에 나오는 부상(扶桑, 후소)은 일본을 가리키는 말이고, 근역(槿域)은 알다시피 한국을 나타내는 표현이다. 이 합작시(合作詩)는 1909년 7월 이토가 통감교체에 따른 사무인계와 고별인사를 위해 서울로 들어와 덕수궁 함녕전에서 고종 황제가 베푸는 송별연에 참석했을 때 그 자리에서 느닷없이 벌어진 시회(詩會)에서 탄생한 것으로 알려진다.

睦(목)의 환희(歡喜)가 창일(漲溢)하면서 다시 춘수(春首)가 회래(回來)하였으니 진실(眞實)로 이이연(怡怡然)하여 강산삼천리(江山三千里)의 신색(新色)을 찬미(讚美) 아니 할 수 없다.

금년(今年)은 아조선(我朝鮮)에 대(對)하여 특수(特殊)의 의의(意義)를 유(有)한 연(年)이다. 즉(卽) 작추(昨秋) 10월(月) 총독부(總督府)에서는 시정 이십오주년 기념식전(始政 廿五周年 記念式典)을 거행(擧行)하였으므로써 통치사상(統治史上)의 일획기(一劃期)가 되는 대취지(大取旨)를 천하(天下)에 선(宣)하였다. 그리고 금년(今年)은 총독정치(總督政治)가 기 사명완성(其 使命完成)을 기(期)하여 진(進)할 소위(所謂) 제2 사반세기(第二 四半世紀)의 제1년(第一年)이어서 신행정(新行程)의 제일보(第一步)를 의미(意味)하는 연(年)이다. …… (하략)

이 내용은 『매일신보』 1936년 1월 1일자에 수록된 이마이다 정무총감(今井田 政務總監)의 신년사 한 토막이다. 여기에는 식민통치 사반세기(四

『매일신보』 1936년 8월 19일자에 수록된 우가키 전임 총독의 치적 관련 연재기사에는 '사반세기'와 '제2의 사반세기'라는 표현이 거듭 등장한다. 원래 서양 쪽에서 파생된 것이긴 하지만, 일제강점기에는 10주년, 20주년을 기리는 것보다 25주년 단위의 기념행사가 훨씬 더 큰 의미로 받아들여지고 있었다는 것을 새삼 엿볼 수 있다.

半世紀), 즉 25년의 기간이 일단락되고 다시 새로운 '제2의 사반세기'가 시작되는 뜻 깊은 한 해를 맞이하게 되었다는 취지가 서술되어 있다.

본문의 내용에도 나와 있다시피 일제는 1935년 10월 1일의 시정기념일(始政記念日; 조선총독부 관제의 제정과 더불어 정식으로 출범한 날)을 맞이하여 성대한 기념식전을 마련하는 한편 대략 다음과 같은 내용의 '시정 25주년 기념사업'을 벌였던 것으로 확인된다.

1. 시정25주년 기념식(총독부 신청사 동쪽 광장)
2. 공적자, 효자, 절부, 의복(義僕) 표창(기념식장에서 집행)
3. 물고(物故)공로자 및 순직자 초혼제(경복궁 근정전)
4. 시정25주년 기념축하회(경복궁 경회루)
5. 『시정이십오년사(施政二十五年史)』의 출판
6. 기념회엽서(記念繪葉書; 통계엽서)의 발행
7. 시정25주년기념 종합박물관(경복궁 건청궁 터)

이 가운데 『시정이십오년사(施政二十五年史)』(1935)는 조선총독부가 직접 역대 조선총독들의 통치연혁과 치적을 시대순으로 집대성하여 펴낸 최초의 간행물이다.[15] 그런데 이 대목에서 한 가지 퍼뜩 떠오르는 생각은 바로 이러한 것이다. 왜 20주년이나 30주년과 같은 10년 단위도 아니고 하필이면 글자 그대로 '어중간(於中間)'한 25주년의 기념행사를 이처럼

---

15) 그 이후 조선총독부는 '시정 30주년'을 맞이하여 이 책의 내용을 부분적으로 축약하고, 거기에 새로 부임한 미나미 총독(南總督) 시기의 업적을 추가하여 다시 식민통치 연혁사를 펴냈는데, 그것이 바로 『시정삼십년사(施政三十年史)』(조선총독부, 1940)이다.

이른바 '시정 25주년 기념사업'의 하나로 편찬 발행한 『시정이십오년사』(1925)의 모습이다. 이것은 조선총독부가 직접 역대 조선총독들의 치적을 집대성하여 펴낸 최초의 간행물이다. (민족문제연구소 소장자료)

성대하게 치르는 까닭은 무엇일까?

아닌 게 아니라 이러한 현상은 조선총독부 통신국(通信局, 1912년 4월 이후 '체신국'으로 개칭)에 의해 이른바 '시정기념일(始政記念日)'마다 등장하던 '시정기념엽서(始政紀念葉書)'와 '특수통신일부인(特殊通信日附印)'의 경우도 마찬가지였다. 이것들은 1910년 10월 1일 이래로 해마다 발행되다가 1920년 이후로는 5주년 단위로 변경되었는데, 1925년, 1935년, 1940년, 이렇게 세 차례에 걸쳐 추가 인쇄되었으나 유독 1930년만은 시정 20주년이 되는 해였음에도 불구하고 미발행(未發行)인 상태로 그냥 넘어 갔다. 그러니까 10주년, 20주년, 30주년 …… 이런 식의 단위보다는 확실히 25주년(더 나아가서는 50주년과 75주년)의 의미가 훨씬 더 크게 받아들였던 사실이 잘 입증되는 셈이다.

100년(century)이라는 세월을 4등분하여 이를 25년 단위(quarter)로 기념하는 것은 아무래도 서양 쪽에서 파생된 관습이라고 하겠다. 1시간(60분)을 4등분하여 15분 단위(quarter)로 일컫는 것이나, 스포츠 경기가 4쿼터로 구성되어 진행되는 방식이라든가 기업회계의 단위가 1/4분기, 2/4분기, 3/4분기, 4/4분기, 이런 식으로 나뉘는 것도 마찬가지의 용법이다.

그리고 특히 군주제 국가의 경우 국왕(또는 황

1935년 10월 1일의 시정기념일에 맞춰 특수통신일부인(特殊通信日附印)으로 사용한 '조선총독부 시정 25주년 기념스탬프'의 모습이다. 이보다 앞선 시정 20주년에는 '시정기념엽서'라든가 '기념스탬프'의 발행이 전혀 이뤄지지 않았다.

제1부 | 여전히 우리 주변에 출몰하는 일제잔재들

제)의 재위(在位) 기간을 25주년 단위로 기념하여 이를 '실버 쥬벌리(silver jubilee)'와 '골든 쥬벌리(golden jubilee)'로 일컫는 것 역시 이 범주에 속하는 개념들이다. 결혼 몇 주년 기념을 나타내는 것으로 곧잘 사용되는 은혼식(銀婚式), 금혼식(金婚式), 금강혼식(金剛婚式)도 이러한 용법의 연장선상에서 나온 말이다. 그런데 여기에다 회혼식(回婚式, 60주년)이라는 말 또한 보편적으로 통용되고 있으니 그야말로 동서양의 관념이 마구 혼재되어 있는 상황이 아닌가 싶다.

25주년 단위의 서양식 기념일(anniversary) 명칭 구분

구분	군주의 재위 기념	결혼 기간 기념
25주년	실버 쥬벌리(silver jubilee)	은혼식(silver wedding)
50주년	골든 쥬벌리(golden jubilee)	금혼식(golden wedding)
75주년	다이아몬드 쥬벌리(diamond jubilee)	금강혼식(diamond wedding)

* '다이아몬드 쥬벌리'는 원래 군주의 즉위 75주년을 가리키는 표현이지만 인간의 자연수명에 비쳐 대개 즉위 75주년의 충족이 사실상 어려우므로 '즉위 60주년'으로 대체하여 행사를 벌이는 것이 보통이며, 이와는 별도로 즉위 70주년은 '플래티넘 쥬벌리(platinum jubilee)'로 일컫는다.

원래 동양 쪽의 사고에서는 100년을 4등분하는 개념은 그 흔적을 찾을 수 없고, 대개는 10간(干)과 12지(支)가 결합하여 만든 60갑자(甲子; 간지)가 바탕을 이룬다. 이에 따라 10년, 20년이라거나 100년, 200년의 개념도 널리 사용되지만 그보다는 120년, 180년, 240년, 360년 …… 이런 식의 '몇 주갑(周甲; 週甲)' 단위가 더 큰 의미를 지니는 것이 보통이다.

약간 특이한 개념으로 '기(紀)'라는 것이 있는데, 이것은 "세성(歲星, 즉 목성)의 공전주기(公轉週期)가 약 12년인데서 나온 단위"이다. 그래선지 고문헌에는 이를 활용한 시간단위의 흔적들이 꽤나 많이 발견되는데 예를 들어, 반기(半紀) = 6년, 일기(一紀) = 12년, 이기(二紀) = 24년, 삼기(三紀) = 36년, 사기(四紀) = 48년, 오기(五紀) = 60년이라는 방식으로 이를

나타낸다.[16]

이러한 상황에서 근대시기에 이르러 온갖 서양식의 제도와 관념이 속속 전파되었고, 더구나 이런 것들에 대한 수용과 흡수가 빠른 일본제국의 손을 거치면서, 예를 들어 통상 100년을 일컫는 '세기(世紀, century, centennial)'라는 표현은 1900년 이후의 시점

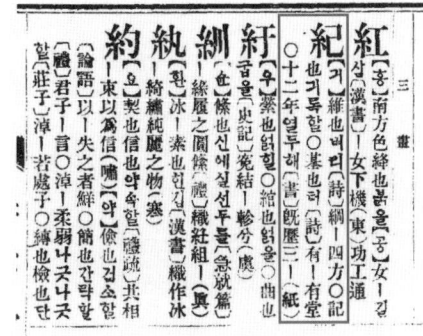

신문관에서 펴낸 『신자전(新字典)』(1915)의 '기(紀)' 항목에는 이 글자가 "12년(十二年, 열두해)"이라는 뜻을 담고 있음이 표시되어 있다. 실제로 조선시대에는 반기(半紀, 6년), 이기(二紀, 24년), 삼기(三紀, 36년) …… 이런 식의 표현이 즐겨 사용되었다.

에 와서 크게 세력을 얻게 되는 상황이 이어졌다. 당연히 여기에서 파생된 '반세기(半世紀 = 50년, half century, semicentennial)' 내지 '사반세기(四半世紀 = 25년, quarter century)'라는 것도 제법 사용빈도가 높은 용어의 하나로 정착되었다.[17]

그러고 보니 일제강점기에 남산 왜성대(南山 倭城臺)에 자리했던 옛 조선총독부 청사를 전환하여 사용했던 이른바 '은사기념과학관(恩賜記念科學館)'도 바로 이러한 25주년 단위 기념행사의 결과물이었다. 1925년 그해는 '대정천황 어대혼(大正天皇 御大婚) 25주년 기념', 즉 '은혼식(銀婚式)'에 해당하는 때였고, 이에 관한 여러 봉축행사가 대대적으로 함께 벌어졌다.[18]

---

16) '기(紀)'는 통상 60년 이내의 세부 단위를 나타낼 때 많이 사용하며, 그 이상의 기간을 가리키는 경우는 그 용례를 거의 찾아보기 힘들다.

17) 거의 잘 사용되지는 않지만 일본 쪽에서는 '75년'을 일컬어 '삼사반세기(三四半世紀)'로 표기하는 용례를 확인할 수 있다.

18) 이보다 훨씬 앞서 1894년 3월 5일에는 이른바 '명치천황(明治天皇) 은혼식(銀婚式)'을

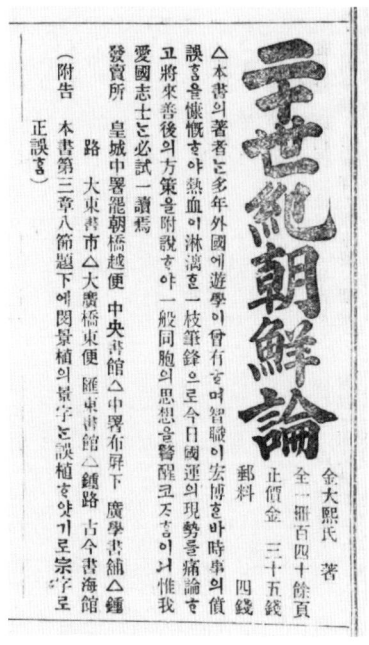

『황성신문』 1907년 10월 18일자에 수록된 '이십세기 조선론(二十世紀 朝鮮論)' 도서판매 안내광고이다. 이것 역시 일본인들의 손을 거쳐 '세기(世紀, century)'라는 서양식 단위가 서서히 정착되고 있는 증거의 하나인 셈이고, 여기에서 파생되어 '반세기'라든가 '사반세기'라는 표현도 널리 확산되었다.

이러한 축전(祝典)을 맞이하여 일본천황은 조선총독부에 대해 '사회교육(社會敎育)을 장려한다는 취지'로 내탕금(內帑金) 17만 원을 하사하였으며, 이 금액을 재원으로 하여 옛 조선총독부 청사본관에 과학관을 설치한다는 결정을 보았다고 알려진다. 이로써 이곳에서는 1926년 1월부터 창설 준비에 들어가 이듬해인 1927년 5월 5일에 이르러 일부 공개를 개시한 이래로 연차적으로 시설 확충을 실시하기에 이르렀던 것이다.

이러한 사례 이외에 일제강점기를 통틀어 무슨 학교의 개교(開校) 25주년, 개항(開港) 25주년, 어떤 회사나 상회의 개업(開業) 25주년, 특정한 협회나 단체의 창립(創立) 25주년, 부제(府制) 실시 25주년 등과 결부된 기념사업의 흔적은 무수하게 포착된다. 이런 때에는 으레 "사반세기의 역사가 어쩌구 저쩌구" 하는 식의 찬사가 주어지는 것이 보통인데, 이러한 관념이 그대로 이어진 탓인지 해방 이후 시기에도 가령 사사(社史)

맞이하여 '칙령 제23호'를 통해 '대혼 이십오년 축전지장(大婚二十五年祝典之章)'이라는 기념메달이 제작되어 배포한 사례도 있었다.

1925년 5월 10일의 이른바 '대혼(大婚) 25주년 기념일'에 맞춰 사용한 특수통신일부인(特殊通信日附印)이다. 가운데는 천황과 황후를 상징하는 '천장지구(天長地久)'라는 구절이 새겨져 있다. 25주년 단위의 은혼식(銀婚式)을 크게 기리는 것은 서양식 제도와 관습이 일본제국에 의해 완전히 동화된 결과라고 봐야할 것이다.

라든가 교사(校史)의 편찬에 있어서 의외로 '25년사'와 '75년사'의 타이틀이 붙은 저작물이 상당수에 달하는 것을 확인할 수 있다.

이왕 세월의 일정한 단위마다 그것을 기념하는 방식에 대한 얘기가 나왔으니, 나이의 단위마다 이를 나타내는 용어에 대해서도 잠깐 살펴보는 것이 좋을 듯하다. 대부분 익숙하게 알고 있듯이 『논어(論語)』 위정편(爲政篇)을 출처로 하여 지학(志學, 15세), 이립(而立, 30세), 불혹(不惑, 40세), 지천명(知天命, 50세), 이순(耳順, 60세), 종심(從心, 70세)이라는 표현이 흔하게 사용된다. 이밖에 약관(弱冠, 20세), 고희(古稀, 70세), 육순(六旬, 60세), 칠순(七旬, 70세), 팔순(八旬, 80세)을 비롯하여 망오(望五, 41세), 망륙(望六, 51세), 망칠(望七, 61세), 망팔(望八, 71), 망구(望九, 81세) 등도 비교적 그 용례가 풍부하게 남아 있는 어휘들이다.

그런데 언제부터인가 우리 주변에서 희수(喜壽, 77세)라거나 미수(米壽, 88세)라거나 백수(白壽, 99세)라거나 하는 표현들이 횡행하는 것을 곧잘 목격하게 된다. 예를 들어, 신문지상에서 무슨 교수, 문인, 화가, 서예가 등의 미수기념(米壽記念) 논문집 또는 회고록 출판기념회나 작품전, 전시회와 같은 행사가 벌어진다는 안내기사 정도는 하루가 멀다 하고 자주 접할 수 있다. 이런 용어들의 어원을 찾아보니 아니나 다를까 일제강점

『조선신문』 1936년 8월 26일자에 수록된 하야시 곤스케 남작의 동상 원형에 관한 사진자료이다. 이 동상은 하야시 남작의 희수(喜壽, 77세)를 축하하는 뜻에서 건립이 추진된 것이며, 여기에는 이를 제작한 조각가인 요시다 사부로(吉田三郎, 1889~1962)의 모습도 함께 포착되어 있다.

기를 거치면서 식민통치자들이 이 땅에 남겨놓은 고약한 언어습성의 하나였던 것이 여실히 드러난다.

일본에서 유래한 '희수', '미수', '백수'라는 표현의 작명 원리

구분	나이	작명 원리
희수(喜壽)	77세	喜의 초서체(草書體)가 七十七 모양이라는 데서
미수(米壽)	88세	米라는 글자모양이 위쪽으로 八, 가운데에 十, 아래쪽에 八의 조합이라는 데서
백수(白壽)	99세	百에서 위의 획수인 一을 빼면 白이 남는데, 이를 100-1=99로 풀이하는 데서

이와 관련하여 『동아일보』 1926년 10월 11일자에 수록된 「키무라 씨 (木村氏) 기부(寄附)」 제하의 기사에는 다음과 같은 내용이 담겨 있다.

개성 시내 서본정(開城 市內 西本町)에 있는 일본인 부호(日本人 富豪) 키무라

유지로 씨(木村勇治郞氏)는 30여 년 전에 적수(赤手)로 개성에 내주(來住)하여 그 동안 근면(勤勉)히 활동(活動)한 결과(結果) 상당(相當)히 치부(致富)하였다는 데 동씨(同氏)는 자기(自己)의 부친(父親)이 당년(當年) 88세(歲)에 당(當)하여 일본(日本)의 관습(慣習)으로 미수(米壽)를 자축(自祝)하는 의미(意味)에서 더욱 자기(自己)는 개성의 후의(厚意)를 몽(蒙)하여 금일(今日)과 여(如)한 성공(成功)을 하였으니까 개성의 사회(社會)를 위(爲)하여 조그마한 공헌(貢獻)이나마 잇겠다는 정신(精神)으로 금(金) 2,500원(圓)을 개성군 송도면(開城郡 松都面)의 교육계(敎育界)에 제공(提供)하여 시내(市內) 각 공사립보통학교(各公私立普通學校)에 좌기(左記)와 여(如)히 분배기부(分配寄附)하였다는 바 기부(寄附)를 받은 각 학교 당국자(各學校 當局者)는 물론 일반(一般)도 그 가상(可賞)한 행동(行動)에 대하여 매우 칭송(稱頌)한다더라. (개성)

이 기사에도 "일본(日本)의 관습(慣習)으로 미수(米壽)를 자축(自祝)하는 의미(意味)에서 …… 운운"하는 구절이 뚜렷이 표시되어 있다. 옛 신문자료를 뒤져보니 이런 식의 흔적은 어렵잖게 포착되는데, 가령 선린상업학교(善隣商業學校)의 실제적 설립자로 일컬어지는 일본인 거물 실업가인 오쿠라 키하치로(大倉喜八郞, 1837~1928)가 자신의 미수(米壽)를 맞이하여 거액의 추가 기부금을 제공하였고 이에 대한 반대급부로 오쿠라상업학교(大倉商業學校)로 학교명을 변경하려는 시도를 했던 사례도 있었다.[19]

---

[19] 선린(善隣)이라는 교명(校名) 자체는 이토 히로부미(伊藤博文) 통감이 직접 명명한 소산물인데, 이를 오쿠라상업학교로 변경하려는 시도와 이에 대한 반대운동으로 최종 무산되는 일련의 과정은 『야마구치 타베에옹(山口太兵衛翁)』(산구태병위옹표창회, 1934)에 수록된 내용을 참조할 수 있다. 그 대신에 오쿠라 키하치로의 은혜를 기리는 적절한 대안으로 등장한 것이 그의 동상(銅像) 건립이었으며, 실제로 1927년 10월 16일에 선립상

『매일신보』 1940년 4월 17일자에 수록된 토쿠토미 소호(德富蘇峰)의 시비 건립 관련 기사이다. 그가 경성에 머물 때에 거처로 삼았던 삼청동 백운장 구내의 작소거(鵲巢居) 바위면에 새긴 칠언절구의 말미에는 '소봉 77세 늙은이'라고 하여 그 자신의 '희수(喜壽)'를 기념하여 이를 적은 뜻이 또렷이 담겨 있다.

1936년 12월 2일에 옛 일본공사관이자 통감관저 자리였던 남산총독관저(南山總督官邸)에서 제막된 남작 하야시 곤스케(男爵 林權助, 1860~1939)의 동상(銅像)도 제작 동기는 그의 희수(喜壽)를 축하하는 뜻에서 비롯된 것이었다. 그리고 창의문 바로 안쪽 청운동 백운장(白雲莊)의 뒤뜰 작소거(鵲巢居) 바위면에 경성일보 사장을 지낸 일본 언론계의 거물 토쿠토미 소호(德富蘇峰, 1863~1957)의 자작 칠언절구가 새겨진 것도 그의 희수를 기리고 축하하는 모임이 발단이 되었다.[20]

업학교 창립 20주년을 겸하여 오쿠라 자신이 직접 참석한 가운데 제막식이 거행된 바 있었다. 그 이후 이 동상은 1943년 10월 23일에 전쟁물자 조달을 위한 금속물공출(金屬物供出)에 따라 흔적도 없이 사라졌다.

20) 토쿠토미 소호의 시비 제막에 관한 내용은 『동아일보』 1940년 5월 29일자에 수록된 「덕부소봉시비(德富蘇峰時碑) 제막식(除幕式)을 거행」 제하의 기사와 『매일신보』 1940년 5월 29일자에 수록된 「삽십년전 고소(三十年前 古巢)에 노문호(老文豪) 감구(感舊)의 필적(筆蹟), 덕부소봉옹(德富蘇峰翁)의 시비제막식 성대(詩碑除幕式 盛大)」 제하의 기사를 참고할 수 있다. 여기에 새겨진 비문의 내용은 "清風溪上白雲洞 洞裡幽綠傍水去 老樹當門門擁石 鵲巢高處是吾家 蘇峯七十七叟(청풍계 위의 백운동이 있거늘, 골짜기 안 그윽한 숲에 개울이 비껴 흐르네. 고목은 문을 마주하고 문은 바위를 끌어안으니, 까치집이 있는 높은 곳 여기가 나의 집이라네. 소봉 77세 늙은이)"이다.

일본인들의 손을 거쳐 이 땅에 전파된 희수(喜壽), 미수(米壽), 백수(白壽)의 유래를 찾아보니 그것들의 작명원리가 무슨 대단한 뜻이 있어서가 아니라 글자의 모양이나 획수를 파자(破字)하여 억지스럽게 꿰어 맞춘 일종의 언어유희(言語遊戲, 말장난)에서 파생한 결과물 일색이었다.[21] 사정이 이러할진대 일제가 이 땅에 남겨놓은 그들만의 언어습성을 지금껏 그대로 따를 하등의 이유는 없어 보인다. 모르긴 해도 이러한 유형에 속하는 표현들을 잘 가려내어 부지런히 솎아내는 것만으로도 일제잔재의 청산이라는 대의는 큰 결실을 얻을 수 있지 않을까 한다.

● 이 글은 『민족사랑』 2022년 4월호에 게재하였던 것을 수정 보완하였다.

---

[21] 이 밖에 80세를 나타내는 산수(傘壽; 傘의 약자인 仐이 八+十의 모양이라는 데서), 90세를 나타내는 졸수(卒壽; 卒의 약자인 卆이 九+十의 모양이라는 데서), 108세를 나타내는 다수(茶壽; 초두머리 卄(스물 입; 20을 뜻함)에다 그 이하의 모양이 八+十+八의 모양으로 모두 합치면 108이 된다는 데서); 111세를 나타내는 황수(皇壽; 백(白)에다 아랫쪽의 임금 왕(王)이란 글자가 一+十+一의 조합이므로 이를 합치면 111이 된다는 데서) 등의 사례도 있으나 이것들 역시 일본식 작명법의 특징인 언어유희의 결과물인 것은 마찬가지이다.

06

한강리(漢江里)가 느닷없이
한남정(漢南町, 한남동)으로 둔갑한 까닭

일제가 이 땅에 남겨놓은
고질적인 지명 왜곡의 몇 가지 사례들

"청량리동(淸凉里洞), 상왕십리동(上往十里洞), 하왕십리동(下十里洞), 답십리동(踏十里洞), 염리동(鹽里洞) ……."

언젠가 서울 지역의 지명유래에 대한 공부도 할 겸 법정동(法定洞) 명단을 죽 살펴보다가 조금은 이색적인 이름을 지닌 동네 몇 군데를 골라본 적이 있다.

여기에 나열한 것들은 끝 자리가 모두 "무슨 무슨 리동"인 경우에 속하는데, 이를 테면, 그냥 '청량동'이 아니고 구태여 '청량리동'이라고 하여 마을이라는 뜻글자가 두 번씩이나 겹쳐 있다. 그러자니 약간 시골 냄새가 나는 '리(里)'라는 이름을 지금껏 그대로 꿰차고 있는 이유가 뭔지 궁금하지 않을 도리가 없다.

이에 관한 흔적을 찾아서 관련 자료를 거슬러 올라가며 훑어보았더니, 『조선총독부관보』 1936년 3월 30일자에 수록된 조선총독부 경기도 고시 제32호 「정동리(町洞里)의 명칭 및 구역(개정)」의 '경성부(京城府)' 항목에 다음과 같은 내용이 남아 있는 것이 눈에 띈다.

'리(里)'의 흔적을 품고 있는 정동(町洞) 명칭 개정 내역(1936년 4월 1일 시행)

신설 정동명(町洞名)	구역(區域, 신규편입지역)
(경성부) 염리정(鹽里町)	(고양군) 용강면 염리
(경성부) 청량리정(淸涼里町)	(고양군) 숭인면 청량리
(경성부) 답십리정(踏十里町)	(고양군) 숭인면 답십리
(경성부) 하왕십리정(下往十里町)	(고양군) 한지면 하왕십리
(경성부) 상왕십리정(上往十里町)	(고양군) 한지면 상왕십리

이들 가운데 '염리'가 '염정(鹽町, 염동)'으로 되지 않고 '염리정'으로 바뀐 것은 '정동(貞洞)'이 '정동정(貞洞町)'이 된 것처럼 세 글자로 맞추는 방식을 따라 만들어진 것으로 풀이된다.[22] 그리고 '청량리정'이니 '왕십리정'이니 '답십리정'이니 하는 이름이 생겨난 것도 모두 이 시기의 일이었는데, 아쉽게도 구태여 '리(里)'라는 것을 남겨둔 까닭에 대해서는 별다른 설명자료를 찾을 수가 없다.

하지만 경원선 철도의 개통 이래로 많은 사람들이 이미 '청량리정거장'과 '왕십리정거장'이라는 이름을 익숙하게 사용하던 상태이다 보니, 짐작컨대 아마도 이런 이유로 '청량리'와 '왕십리'라는 지명을 그냥 살려둔 것이 아닌가 싶기도 하다.[23] 그리고 '답십리정'의 경우에는 기차역의

---

[22] 1936년 4월 1일 현재로 두 글자의 동네이름에다 일본식 지명인 '정(町)'을 덧붙여 세 글자로 만들어 사용한 사례로는 정동(貞洞), 재동(齋洞), 평동(平洞), 관동(館洞), 화동(花洞), 계동(桂洞) 등이 있고, 합동(蛤洞)만 유일하게 합정(蛤町)의 형태로 변경되었다. 이 밖에 냉동(冷洞)은 냉천정(冷泉町)으로, 통동(通洞)은 통인정(通仁町)으로, 간동(諫洞)은 사간정(司諫町)으로, 원동(苑洞)은 원서정(苑西町)으로 각각 변형되어 사용되었다.

[23] 일제에 의해 부설된 경원선(京元線, 용산~의정부 구간)의 운수영업이 처음 개시된 때는 1911년 10월 15일이며, 이때 '뚝도정거장(纛島停車場)'과 '청량리정거장(淸涼里停車場)'이 동시에 개설되었다. 이 가운데 '뚝도정거장'은 1914년 4월 11일에 '왕십리정거장(往十里停車場)'으로 개칭되는 과정을 거쳤고, '청량리정거장'의 경우에는 1938년 5월 1일에 이르러 한때 '동경성역(東京城驛)'으로 이름이 바뀌었다가 1942년 6월 1일 이후 다시 '청량리

소재지와는 전혀 무관하지만, 왕십리와 운율이 똑같으므로 덩달아서 그렇게 만들어놓은 것이 아닌가 짐작할 따름이다.

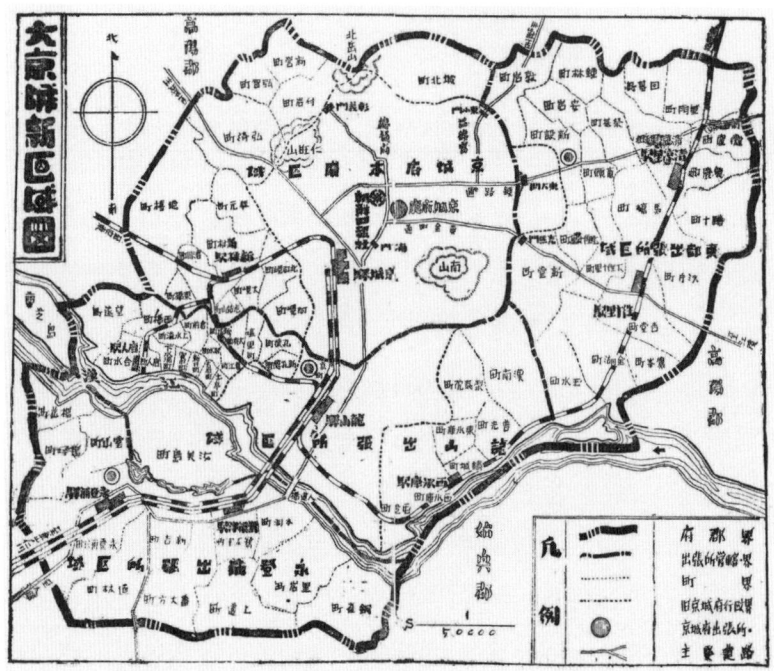

『조선일보』 1936년 4월 1일자에 수록된 '대경성 신구역도(大京城 新區域圖)'이다. 이 당시 경성부 주변의 고양군 지역(용강면, 한지면, 연희면, 은평면, 숭인면)과 시흥군 지역(영등포읍, 북면, 동면)의 일부를 편입하게 되자 한꺼번에 그 면적은 4배나 불어나게 되었다.

여기에서 보듯이 이러한 이름들이 한꺼번에 생겨난 것은 1936년 4월 1일의 일이었다. 이때 이른바 '경성부 대확장 계획'에 따라 경성 외곽의 고양군과 시흥군 쪽에서 다수의 지역을 대거 편입하였는데, 『조선신문』

역(淸涼里驛)'으로 환원되었다.

1936년 1월 14일자에 수록된 「경성부(京城府)의 구역(區域)이 일약(一躍) 4배(四培)로 확장(擴張), 인구(人口)도 61만(萬)으로, 드디어 4월 1일 실시(實施)」 제하의 기사에는 이 당시의 상황이 이렇게 요약되어 있다.

> 대망(待望)의 경성부 구역 편입 확장은 가까스로 결정을 보게 되었고 2월에 편입(編入)의 부령(府令)이 공포(公布)되면서 드디어 4월 1일부터 실시하는 것으로 되었다. 이에 따라 현(現) 경성부의 2만 리(里) 남짓이 일약 4배인 8만 리가 되고 인구(人口)도 44만이 61만으로 대팽창(大膨脹)을 가져와 내용(內容)과 외관(外觀)이 모두 대경성(大京城)으로서의 면목(面目)을 발휘할 것으로 되었는데, 편입구역(編入區域)은 누보(屢報)한 바와 같이
> △ 고양군(高陽郡)에서 용강면(龍江面), 한지면(漢芝面. 이상 전부), 연희면(延禧面), 은평면(恩平面), 숭인면(崇仁面. 이상 일부)
> △ 시흥군(始興郡)에서 영등포(永登浦. 전부), 북면(北面), 동면(東面. 이상 일부)
> △ 김포군(金浦郡)에서 양동면(陽東面)의 일부(一部)로 대(大) 스케일의 시가지 편입(市街地 編入)이 있으며, 부당국(府當局)에서는 이 편입실시에 동반하여 신예산(新豫算)에 관한 준비를 서두르고 있으며, 또한 이관재산(移管財産), 학무(學務), 기타 각과 관계사무(各課 關係事務)에 대해 도당국(道當局)과 협의(協議)를 이뤄나가고 있다. 다시 확장 후에 대비하기 위해 현 용산출장소(龍山出張所) 이외에 영등포출장소(永登浦出張所)와 동부방면(東部方面)의 적당(適當)한 곳에 1개소의 출장소(出張所)가 설치되어질 것으로 되었다.

이처럼 식민지 조선의 수부(首府)인 경성부가 갑자기 4배에 달하는 크기로 급팽창하게 되자 일제는 이참에 이 도시에 속한 모든 지역에 대해

『조선일보』 1936년 4월 1일자에 수록된 '경성부 정명(町名) 구역 및 사무취급관청 명단'이다. 아직은 '구 제도(區 制度; 1943년 6월 10일 최초 시행)'가 도입되기 이전 시기였으므로 본청 이외에 각 출장소가 이를 담당했던 것을 확인할 수 있다.

일본식 지명인 '정(町)'으로 일괄 변경하기로 했으며, 이에 부차적으로 동네 이름 자체도 제 멋대로 변경하는 작업을 병행하였다.[24] 여기에는 신규편입지역에서 동일한 지명을 지닌 경우이거나 서로 혼동을 일으킬만한 우려가 큰 곳들이 대개 이러한 사례에 포함되었다.

---

24) 예를 들어 동막상리(東幕上里)가 용강정(龍江町, 용강동)으로, 동막하리(東幕下里)가 대흥정(大興町, 대흥동)으로, 두모리(豆毛里)가 옥수정(玉水町, 옥수동)으로 바뀐 것은 모두 이 당시에 벌어진 일이다.

동일 지명 또는 유사 지명으로 정동(町洞) 명칭이 임의 개정된 사례(1936년 4월 1일 시행)

원래 지명	개정 지명	비고
고양군 연희면 신촌리	경성부 신촌정(新村町)	서울 서대문구 신촌동
고양군 한지면 신촌리	경성부 응봉정(鷹峰町)	서울 성동구 응봉동
고양군 용강면 신수철리	경성부 신수정(新水町)	서울 마포구 신수동
고양군 용강면 구수철리	경성부 구수정(舊水町)	서울 마포구 구수동
고양군 한지면 수철리	경성부 금호정(金湖町)	서울 성동구 금호동
고양군 한지면 한강리	경성부 한남정(漢南町)	서울 용산구 한남동
경성부 한강통(漢江通)	-	지역 세분화(1941.10.1)

이러한 지명 개정의 주요 내용에 대해서는 『매일신보』 1936년 2월 14일자에 수록된 「부역확장(府域擴張)과 동명통일(洞名統一), 전부(全部) 정칭(町稱)으로 고친다, 동(洞) 혹은 이칭(里稱)은 시대지(時代遲)라고, 도 당국(道當局)에 인가 신청(認可 申請)」 제하의 기사에 이렇게 요약되어 있다.

경성의 시가는 현재 186개 정동(町洞)에 나뉘어 있는데 4월 1일부터 인접 읍면을 편입하면 262개 정동리(町洞里)로 되고 인구는 일약 60여 만을 계산하여 면목일신의 대도시가 될 터인데 현재 이동명(里洞名)을 그대로 눌러 쓰는 것은 신생의 대경성에 적당치 아니하므로 경성부에서는 행정구역 변경과 동시에 전부 정(町)으로 개정 통일하기로 되어 도 당국에 인가신청을 하였다고 한다. 그런데 그 개정을 원칙으로 종래의 고유명을 변경치 않고 다만 동(洞)이나 리(里)는 정(町)으로 개정하는 데 불과하나 연희면 신촌리(延禧面 新村里)와 한지면 신촌리(漢芝面 新村里)는 동일명칭이므로 전자는 역명의 관계도 있으므로 신촌정(新村町)이라 하고 후자는 응봉하(鷹峰下)에 촌락을 형성하였으므로 응봉정(鷹峰町)으로 개정할 터이며 또한 한강리(漢江里)는 한강통(漢江通)과 혼동될 염려가 있으므로 구 제천정(舊 濟川亭) 소재지 관계를 따라 제천정(濟川町)이라 개정할 터이고 기타 다소 변경이 된 곳은 통동(通洞)을 통인정(通仁町), 간동(諫洞)을 사간정(司諫町), 냉동(冷洞)을 냉정정(冷井町), 원동(苑洞)을 원서동(苑西洞)으로 개정할 터이며 정동(貞洞), 평동(平洞), 재동(齋洞), 관동(館洞) 등도 이상의 정칭을 붙이기로 되었다고 한다.

『매일신보』 1936년 2월 14일자에 수록된 이른바 '경성부 대확장 계획' 관련기사에는 차제에 기존의 동리(洞里) 명칭은 일체 폐지하고 이를 일본식 정(町)으로 통일한다는 내용이 수록되어 있다. 여기에는 흥미롭게도 이 과정에서 기존의 '한강리'는 제천정(濟川町)으로 개정할 거라는 구절도 포함되어 있다.

이 바람에 한지면의 신촌리는 연희면의 그것에 밀려 '응봉정(鷹峰町, 응봉동)'으로 임의 개칭되었고, 한지면의 수철리 역시 난데없이 '금호정(金湖町, 금호동)'이라는 이름을 꿰차게 되었다. 특히 한지면의 한강리 지역은 러일전쟁 이후 용산 일대에 일본군 병영지를 구축하면서 그네들이 억지로 갖다 붙인 '한강통(漢江通)'이라는 지명과 혼동이 된다하여 강제개칭을 당하는 처지가 되고 말았다.[25] 이를 대체하는 지명 후보로는 한때 '제천정(濟川町)'이 거론

---

25) 종래의 한강통(漢江通) 지역은 1941년 10월 1일 조선총독부 경기도 고시 제379호 「정동리(町洞里)의 명칭 및 구역(개정)」에 따라 각각 연병정(練兵町, 지금의 남영동), 한강

되기도 했으나 결국 막판에는 '한남정(漢南町, 한남동)'으로 부르기로 최종 결정되었다.

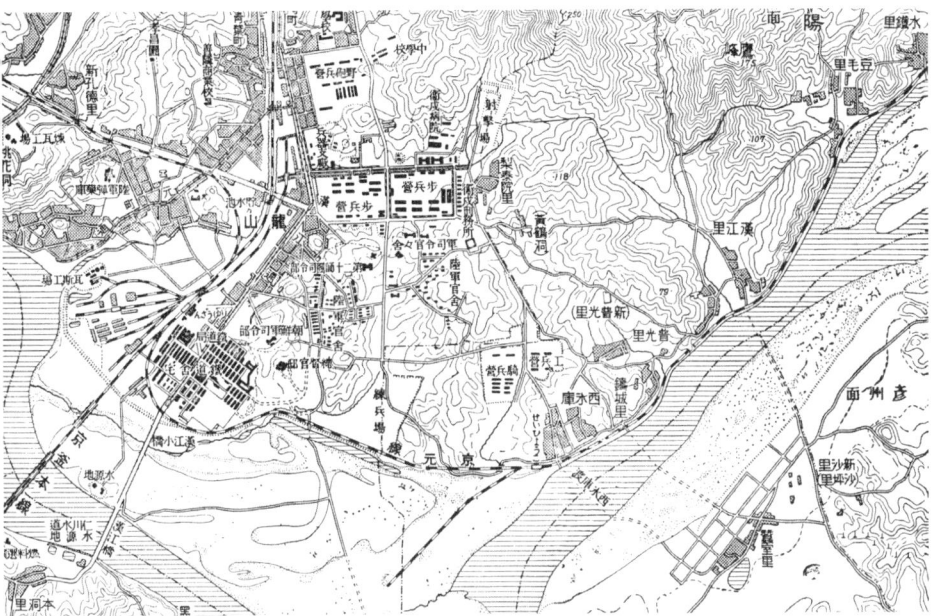

『일본지리대계(日本地理大系)』 제12권 조선편(1930)에 게재된 '경성시가도'에는 고양군 한지면에 속한 '한강리(漢江里)'의 표시가 또렷이 포착되어 있다. 하지만 1936년에 이르러 경성부 확장계획과 맞물려 용산 일본군 병영지에 그들이 제 멋대로 갖다 붙여놓은 '한강통'이라는 지명과 혼동이 된다 하여 이곳은 '한남정(漢南町, 한남동)'으로 강제 개칭이 되고 말았다. (민족문제연구소 소장자료)

그런데 이 대목에서 한 가지 의아스런 사실은 '한강리'가 '한강통'과 혼동을 일으킨다고 하면서도 정작 경원선 철길에는 그 이후로도 여러 해 동안 여전히 '한강리정거장(漢江里停車場)'이라는 이름이 유지되고 있었

통(漢江通) 1정목(丁目), 한강통 2정목, 한강통 3정목, 용산정(龍山町) 1정목, 용산정 2정목, 용산정 3정목, 용산정 4정목, 용산정 5정목, 용산정 6정목 등으로 분할되어 세분화하였다.

다는 점이다.[26] 아무튼 『경성휘보(京城彙報)』 1941년 10월호에 게재된 타카모토 쇼우(高本承雨, 신승우의 창씨명)[27]의 기고문인 「경성부관내 정명기원고(京城府管內 町名起原考)」, 28쪽에는 한남정의 작명 유래를 이렇게 설명하고 있다.

> [한남정(漢南町, 전 고양군 한지면 한강리)] 한강(漢江)의 한(漢)과 남산(南山)의 남(南)을 조합한 것이다. 한남정은 한강과 남산과의 중간에 위치하여 전개된 지역이므로 예전부터 한남이라는 명칭은 방간(坊間, 항간)에 통칭(通稱)이었다.

여기에서는 "한남이라는 명칭은 예로부터 항간에서 통용되던 것"이라는 식으로 설명하고 있으나, 옛 문헌에는 한강의 이남과 이북 지역을 일컬어 '한남(漢南)'이니 '한북(漢北)'이니 하는 용례가 드문드문 눈에 띄지만, 예전 한강리 지역을 가리켜 '한남'이라고 불렀다는 얘기는 딱히 그 흔적이나 근거를 찾기 어렵다. 따라서 멀쩡했던 '한강리'를 '한남정'으로 바꿔놓은 것은 일제가 이 땅에서 저질렀던 억지스런 지명 왜곡의 한 사

---

26) 『조선총독부관보』 1931년 6월 1일자에 게재된 조선총독부 고시 제303호에 따라 경원선(京元線) 서빙고정거장과 왕십리정거장 사이에 '한강리 간이정거장'이 개설(1931년 6월 15일 영업개시)되었으나, 그 후 『조선총독부관보』 1944년 3월 29일자에 게재된 조선총독부 고시 제523호에 따라 경의본선 서소문(西小門)과 아현리(阿峴里, 이상 역원배치 간이역) 및 용산선 미생정(彌生町), 공덕리(孔德里), 세교리(細橋里), 경원본선 한강리(漢江里), 수철리(水鐵里, 이상 역원 무배치 간이역) 등은 일괄하여 운수영업이 폐지(1944년 3월 31일 기한)되었다.

27) 동민회본부(同民會本部)에서 펴낸 『창씨기념명자교환명부(創氏記念名刺交換名簿)』(1940년 11월 3일 발행)에는 이 이름이 신승우(申承雨, 경성부청)의 창씨명인 것으로 기록되어 있다.

례인 것이 분명하다.

이와 아울러 이곳 한강리 지역은 알고 보면 서울 주변을 통틀어 수백 년에 걸쳐 '한강'이라는 지명 그 자체를 고스란히 지켜온 유일무이한 공간이었다는 사실도 함께 기억해둘 필요가 있다. 그러므로 애당초 이곳은 '한강'이라는 이름을 버리고 함부로 다른 지명으로 개칭할 수 있는 그런 곳이 전혀 아니었다는 것이다. 이러한 흔적은 우선 『세종실록지리지』 '경도 한성부(京都 漢城府)' 항목에 등장하는 다음의 내용을 통해서도 확인할 수 있다.

[한강도(漢江渡, 한강나루)] 목멱산(木覓山) 남쪽에 있으며 너비는 2백 보(步)이다. 옛날에는 사평도(沙平渡, 사평나루)라 하거나 속호(俗號, 속칭)로 사리진도(沙里津渡, 사리진나루)라 하였다. 북쪽에 단(壇)이 있어서 봄가을로 나라에서 제사를 지내는데 중사(中祀)로 한다. 도승(渡丞) 1인(人)을 두어 드나드는 사람을 기찰(譏察)한다. 나루 머리에는 제천정(濟川亭)이 있다.[28]

광나루, 삼전도, 서빙고나루, 동작나루, 노들나루, 마포나루, 서강나루, 양화나루 ……. 길고 너른 한강 물줄기에는 이처럼 무수한 나루터들이 존재했지만, 그 가운데 바로 이곳에만 '한강나루'라는 대표명칭이 주어져 있었던 것이다. 이곳은 서울 도성에서 삼남지방(三南地方)으로 연

---

28) 이 밖에 성저십리(城底十里)의 범위를 설명하는 대목에 "동쪽으로는 양주 송계원(楊州 松溪院)과 대현(大峴)에 이르고, 서쪽으로는 양화도(楊花渡)와 고양 덕수원(高陽 德水院)에 이르며, 남쪽으로는 한강(漢江)과 노도(露渡)에 이른다"는 구절이 등장하는데, 여기에 나오는 '한강'은 곧 '한강도(한강나루)'를 가리키는 표현이다.

결되는 주요 길목의 하나이며, 실제로 고산자 김정호(金正浩)가 정리한
『대동지지(大東地志)』의 정리고(程里考)에는 이곳 한강진(漢江津)을 경유하여
저 멀리 동래(東來) 방향으로 가는 4대로(四大路)가 이어진다는 사실이 잘
명시되어 있다.

또한 『동국여지비고(東國輿地備攷)』에는 이곳에 '한강진'이라는 관방시설
(關防施設)이 있었다는 사실과 그 유래를 이렇게 알려주고 있다.[29]

[한강진(漢江鎭)] 영종(英宗, 영조) 계유(癸酉, 1753년)에 설치하여 훈국(訓局, 훈련도감)의 진(鎭)으로 삼았다. 정종(正宗, 정조) 14년에 장용영(壯勇營)으로 이속(移屬)하였다가 순조(純祖) 2년에 다시 훈국의 소속으로 되돌렸다. 별장(別將)을 두며 본영(本營)의 지구관(知穀官)과 기패관(旗牌官)으로 30삭(朔)씩 돌아가며 임명하였다. 진선(鎭船)은 15척(隻)이며, 이 가운데 본진(本鎭)이 8척, 동작진(銅雀津)이 1척, 서빙고(西氷庫)가 6척이다. 산천조(山川條)의 내용도 함께 살펴보라.

여기에서 잠깐 행정구역의 개념으로 이 지역의 변천사를 살펴보면,

---

29) 경성부에서 펴낸 『경성부사(京城府史)』 제3권(1941), 902~903쪽에는 한강진의 소재지와 면적 등에 대해 다음과 같은 내용이 채록되어 있다. "한강진(漢江鎭)의 건물은 명치 27년(1894년) 갑오개혁 이후 동현경찰서(銅峴警察署)의 관하(管下)였던 한강분서(漢江分署)로 사용되었고, 신정(新政, 총독부 통치를 뜻함) 후에는 경성헌병대(京城憲兵隊)의 분견소(分遣所)가 되었다가 대정 8년(1919년) 8월 헌병경찰(憲兵警察) 철폐후에 경찰관 주재소(警察官駐在所)가 됨으로써 오늘에 이르고 있다. 위치(位置)는 한남정(漢南町, 옛 명칭은 한강리 소한강리) 557번지이고, 부지(敷地) 350평(坪), 건물(建物) 2동(棟)에 18평(坪)으로 둘 다 모두 국유(國有)이며 옛날부터의 모습이 잔존해 있다. 경성 부근의 각 진(各鎭)은 모두 그 터가 사라진 것과 관계없이, 한강진의 건물만은 소화 15년(1940년) 본서(本書)의 편찬 당시에도 남아 있었다."

『경성부사』 제3권(1941)에 채록되어 있는 옛 한강진(漢江鎭, 1939년 촬영사진)의 모습이다. 이 건물의 소재지는 한남동 557번지이며, 일제강점기 이후 경성헌병대 분견소와 경찰관주재소의 용도로 사용되었다고 전해진다. 예로부터 한강나루와 한강진 등의 존재로 인하여 옛 사람들이 별다른 수식어 없이 그냥 '한강'이라고 하면 그것은 곧 이 지역을 가리키는 표현으로 받아들여졌다.

영조 27년(1751년)의 기록인 『어제수성윤음(御製守城綸音)』에 수록된 「도성삼군문분계지도(都城三軍門分界之圖)」와 「도성삼군문분계총록(都城三軍門分界總錄)」에 성외지역(城外地域)으로 서강방(西江坊, 서부), 용산방(龍山坊, 서부), 둔지방(屯之坊, 남부), 두모방(豆毛坊, 남부) 등과 더불어 한강방(漢江坊, 남부)의 존재가 처음 등장하는 것을 확인할 수 있다. 그리고 1808년에 편찬된 『만기요람(萬機要覽)』을 보면 군정편이(軍政篇二), 훈련도감(訓鍊都監), 수성자내(守城字內)의 항목에 '어영청(御營廳)'의 관할구역에 속한 곳으로 한강방(漢江坊)의 몽뢰정계(夢賚亭契), 한강계(漢江契), 주성리계(鑄城里契)가 언급된 것이 눈에 띈다.

근대 시기에 이르러서는 1911년 4월 1일에 일제가 경성부 지역에도 면(面)을 설치하면서 기존의 '한강방'과 '둔지방'을 합쳐 '한지면(漢芝面)'이 생

『대한민국정부기록사진집』 제3권(2000)에 수록된 한남동 일대의 항공사진(1958년 6월 8일 촬영)이다. 이 지역은 예로부터 숭례문 또는 광희문을 빠져나와 삼남지방으로 내려갈 때 경유해야 하는 주요 길목이자 나루터가 있던 곳이었다. (ⓒ국정홍보처)

겨나게 되었다.[30] 그리고 1914년 4월 1일에 다시 전국적인 행정구역 개편이 이뤄짐에 따라 이때 '경성부 한지면'은 '고양군 한지면'으로 소속이 이관되는 동시에 그냥 '한강'으로만 일컬었던 이 지역은 '한강리(漢江里)'라는 이름으로 정리되는 과정이 이어졌다.[31]

이러한 내력을 지닌 한강리가 뜬금없이 한남정으로 둔갑하게 된 과정은 앞에서 이미 설명한 바와 같다. 많이 늦은 감이 없지 않으나 지금

---

30) 이 당시의 행정구역 개편내역에 대해서는 『조선총독부관보』 1911년 4월 1일자에 수록된 조선총독부 경기도령 제3호 「경성부 부(部) 및 면(面)의 명칭 및 구역(제정)」을 참조할 수 있다.

31) 이와 관련한 내용은 『조선총독부관보』 1915년 11월 13일자에 수록된 조선총독부 경기도고시 제54호 「고양군 면내 동리의 명칭 및 구역(제정)」을 통해 확인할 수 있다.

에라도 이 동네가 한강 그 자체를 상징하는 대표적인 지역이었다는 점을 되살려 '한남동'을 버리고 '한강동'으로 지명을 바로 잡는 노력이 필요하지 않을까 싶기도 하다. 당장에 이런 일이 성사되기 어렵다면 우선 '옛 한강리정거장' 자리에 남아 있는 경의중앙선의 '한남역(漢南驛, 1980년 4월 1일 개통)'을 '한강역(漢江驛)'으로 고치는 정도의 시도를 해보는 것도 나쁘지는 않을 것 같다.[32]

● 이 글은 『민족사랑』 2022년 10월호에 게재하였던 것을 수정 보완하였다.

---

32) 현재 지하철 6호선에 이미 '한강진역(漢江鎭驛, 2001년 3월 9일 영업 개통)'이 존재하고 있으나, 한자표기명에서 볼 수 있듯이 이곳은 '한강나루'를 뜻하는 '한강진(漢江津)'과는 다른 이름이라는 점에 유의할 필요가 있다.

제 2 부 　　참으로 고단했던
　　　　　　식민지의 일상

07

일제의 폭압정치를 상징하는
총독부 관리의 패검(佩劍)

한때 제복은 폐지되었으나
전시체제기에 '국민복'으로 부활

일제의 폭압적인 식민통치기를 언급하자면 결코 빼놓을 수 없는 풍경의 하나는 '칼 찬 제복 차림의 일본인 관리'라는 모습이 아닌가 한다. 이와 관련된 규정의 연원을 살펴보니, 일찍이 통감부 출범

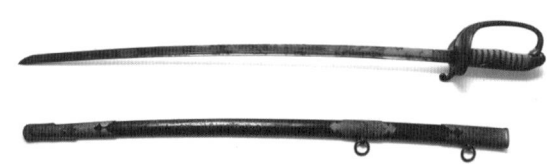

총독부 시절의 관리들이 제복과 함께 착용한 패검(佩劍, 전체 길이는 84cm 정도)의 모습이다. 칼자루와 칼집에 '오동 문양'이 한 개씩 새겨진 것으로 보아 '주임관(奏任官)'이 사용한 패검이라는 사실을 알 수 있다. (민족문제연구소 소장자료)

직후인 1906년 2월 2일에 제정된 칙령 제14호 「통감부(統監府) 및 소속 관서(所屬官署) 직원 복제(職員服制)」에 이미 오동 문양이 새겨진 '패검(佩劍)'에 관한 규정이 포함된 사실이 눈에 띈다.

이 규정에 묘사된 내용에 따르면 우선 통감부 관리의 제복은 감색(紺色) 또는 흑색(黑色)의 라사(羅紗, 모직물)로 만들며, 여름철에는 흰색의 린네르(linen, 아마) 재질로 제작하여 입도록 하였다. 여기에 관등(官等; 친임관, 칙임관, 주임관, 판임관 등)의 차이에 따라 각기 다른 모양의 견장(肩章)과 수장(袖章, 소매의 표장)을 달고, 앞쪽에는 동장(桐章, 오동 문양)의 단추 다섯

개를 부착하였다. 그리고 모자에는 관등에 따른 금선(金線; 친임관은 넓은 폭 1줄, 칙임관은 가는 폭 3줄, 주임관은 2줄, 판임관은 1줄)을 둘렀고, 모표(帽標)로 전면에 금속제 욱일장(旭日章)을 붙이도록 했다.

이와 함께 허리에는 검대(劍帶)를 두르고 여기에 검서(劍緒)로 장식한 패검(佩劍)을 착용하였는데, 이에 관한 구체적인 제원(諸元)은 다음과 같다. 다만, 위 규정의 말미에 덧붙인 비고(備考)의 서술내용에는 "이 제복을 통상복(通常服, 약복)으로 대용하는 경우에 있어서는 필요한 때 이외에 검(劍) 및 검대(劍帶)를 패용(佩用)하지 않아도 무방함"이라고 적고 있다.

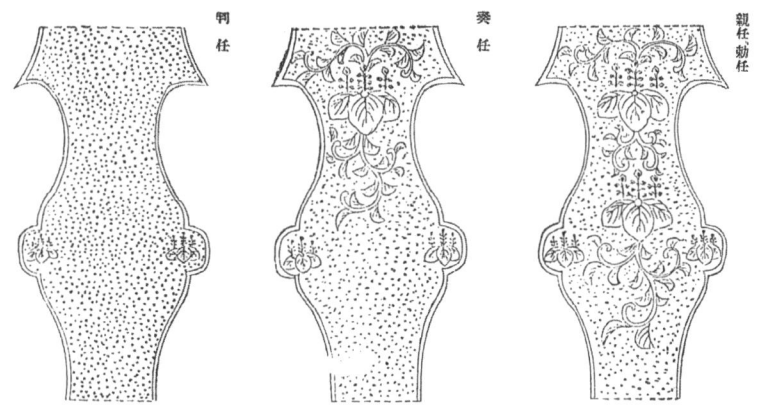

1911년 5월 31일 제정 칙령 제176호 「조선총독부 및 소속관서 직원 복제」에 묘사된 패검의 손잡이 부분 세부 문양이다. 오동문양이 2개인 것은 친임관(親任官)과 칙임관(勅任官), 1개인 것은 주임관(奏任官), 그리고 문양이 없는 것은 판임관(判任官)의 용도이다.

통감부 및 소속관서 직원복제에 따른 패검(佩劍) 관련 규정

관등구분	내용
친임관	병(柄, 칼자루) 백교(白鮫, 흰색 상어가죽) 길이 5촌(寸; 15.15cm), 초(鞘, 칼집) 검은 가죽포 길이 2척(尺) 3촌(寸; 69.69cm), 병악(柄鍔, 손막이 장치) 동륜(胴輪, 사슬고리를 거는 부위) 및 당(鐺, 칼집 끝부분)의 금구(金具, 쇠붙이 부분)에는 이파리가 붙은 동화(桐花, 오동꽃) 2개씩을 부착하고 칼자루에 동장(桐章, 오동문양)을 붙이며, 금구(金具)는 모두 금색(金色)으로 함.

칙임관	위와 같음.
주임관	병악, 동륜 및 당의 금구(金具)에 이파리가 붙은 동화(桐花) 1개씩을 부착하며 나머지는 위와 같음.
판임관	금구는 모두 은색(銀色)으로 하며 나머지는 위와 같음.

또 다른 일본의 식민지역에 해당하는 대만총독부(臺灣總督府)와 관동도독부(關東都督府)의 경우에는 각각 1899년 2월 17일과 1906년 8월 30일에 '문관 복제(文官 服制)'가 제정되는데, 여기에도 한결같이 관리의 제복에 패검을 함께 차는 규정이 포함된 것으로 확인된다. 일본 본국에는 '문관대례복제(文官大禮服制)'에 의해 함께 칼을 차는 제도가 없지는 않았으나, 일상적인 근무복에 패검을 착용하는 규정은 존재하지 않았다. 따라서 이러한 관점에서 보자면 '칼 찬 제복'은 그 자체가 매우 위압적이며 차별적인 규정이 아닐 수 없다.

강제병합 이후에는 1911년 6월 1일에 칙령 제176호 「조선총독부 및 소속관서의 직원 복제」가 다시 제정되었으나, 총독부 철도국과 세관 직

『일본역사사진첩』(1912년 10월 발행)에 수록된 1910년 당시 총독관저에서 촬영한 기념사진이다. 여기에서 보듯이 테라우치 총독을 비롯한 총독부 고위관료들은 일제히 제복 차림에 칼 한 자루씩을 손에 쥐고 있다. (민족문제연구소 소장자료)

원이 차는 용도로 단검(短劍) 관련 조항이 새로 도입된 것 정도를 제외하고 그 뼈대는 통감부 시절의 그것과 크게 다르지 않았다. 이 시점에 테라우치 조선총독(寺內 朝鮮總督)은 1911년 6월 6일자로 조선총독부 훈령 제52호 「조선총독부 및 소속관서 직원 제복착용의 건」을 통해 "직원(職員) 공무집행의 경우는 특히 소속장관의 허가를 받은 자를 제외하고 반드시 제복을 착용할 것"을 시달하였는데, 가히 '무단통치(武斷統治)'의 장본인다운 지시가 아닐 수 없었다.

조선총독부 및 소속관서 직원복제에 따른 패검(佩劍, 장검) 관련 규정

관등구분	내용 (장검)
친임관	병(柄, 칼자루) 백교(白鮫, 흰색 상어가죽) 길이 5촌(寸; 15.15cm)에 금연선(金撚線, 꼬아만든 금선)을 감은 것, 초(鞘, 칼집) 검은 가죽포 길이 2척(尺) 3촌(寸; 69.69cm), 병악(柄鍔, 손받이 장치) 동륜(胴輪, 사슬고리를 거는 부위) 및 당(鐺, 칼집 끝부분)의 금구(金具, 쇠붙이 부분)에는 이파리가 붙은 동화(桐花, 오동꽃) 2개씩을 부착하고 칼자루에 동장(桐章, 오동문양)을 붙이며, 금구(金具)는 모두 금색(金色)으로 함. 양식은 그림과 같음.
칙임관	위와 같음.
주임관	병악, 동륜 및 당의 금구(金具)에 이파리가 붙은 동화(桐花) 1개씩을 부착하며 나머지는 위와 같음.
판임관	병악, 동륜 및 당의 금구(金具)에 이파리가 붙은 동화(桐花)를 부착하지 않으며 나머지는 위와 같음.

이에 따라 테라우치 총독과 하세가와 총독 시절에 걸쳐 헌병대의 통제를 받는 경찰관서(警察官署)는 말할 것도 없고 일선행정관청에서조차 그야말로 '칼 찬 제복 차림의 총독부 관리들'이 압도하는 세상이 되고 말았던 것이다. 이러한 상황은 학교(學校)라고해서 예외는 아니었는데, 이 시기에는 관공립학교의 교원들도 일제히 '칼 찬 제복차림'으로 수업을 진행하는 광경이 벌어지게 되었다.

실제로 1911년 11월 25일에 내려진 총무부장관의 관통첩(官通牒) 제

『매일신보』 1914년 2월 14일자에 수록된 '학교역방' 연재기사를 보면 인현공립보통학교의 생도들 사이로 제복 차림의 교원이 함께 자리한 모습이 포착되어 있다.

354호 「공립학교 직원의 제복에 관한 건」에는 "조선공립보통학교와 조선공립실업학교에 속한 직원은 총독부 소속관서 직원의 제복을 착용하는 것은 물론이고 총독부 학교직원의 금장(襟章)을 부착하도록" 조치한 내용이 남아 있다. 1913년 10월 14일에 이르러 조선총독부 훈령 제52호 「관공립학교 직원의 수업복(授業服)」이 제정되면서 "학교 내에서 수업 또는 평상복무(平常服務)를 하는 경우에 한해 별도로 제정된 수업복을 착용할 수 있도록" 허용된 일이 있지만, 그렇다고 제복을 완전히 벗어던지는 것은 불가능했다.

총독부 관리의 제복 착용 제도가 완전히 사라진 것은 1919년 9월 1일의 일이다. 이것은 3.1만세운동이라는 민족적 저항에 부딪혀 '헌병경찰제도(憲兵警察制度)'가 폐지되는 한편 '무단통치'의 상징이었던 '칼 찬 관

『매일신보』 1919년 9월 2일자에 수록된 제복 폐지 직후의 총독부 관리 등청 풍경이다. 여기에는 '갑자기 칼을 내려놓게 되니 허리통이 허전허전하다'는 식의 구절이 묘사되어 있다.

리의 모습'을 식민통치자들 스스로가 제거한 결과물이었다. 『매일신보』 1919년 9월 2일자에 수록된 「금선복(金線服)과 패검(佩劍)을 이제부터 벗어놓고 제친 양복에 새 모양을 낸 총독부 영감 나리」 제하의 기사에는 일제의 관리들이 제복을 벗어던진 날의 풍경이 이렇게 묘사되어 있다.

> 세 테, 두 테, 한 테 하고 금테의 수효로 관등 높고 낮은 것은 고사하고 어떠한 때에는 사람의 가치까지 그것으로 정하고자 하던 총독부의 금테 옷과 덜렁덜렁하던 문관칼은 어제 9월 1일날부터 폐지하기로 하였다. 이날 아침 출근시간에 총독부를 좀 가본즉 각 과장들이라든지 기타 고등관들은 대개 갈라 제친 양복을 잡숫고 점잖게 버틴 모양이 어찌 처음 보는 눈이라 서투른 듯 좋은 듯하며 마치 큰 은행이나 회사에 들어선 것도 같아 보인다. 또 이왕 금테 시절에 한 테밖에 못 두르게 하게 하던 이들의 복색을 보면 혹 제친 양복에 하이칼라로 차리어서 별안간에 과장이나 국장처럼 된 사람도 있고 혹 그 곁 입던 옷에서

금테만 떼어버리고 그대로 입고 온 사람도 있으나 모자걸이를 들여다본즉 그것은 일제히 파나마 혹은 맥고모자를 걸어있었다. 그리고 별안간에 복색이 변한 까닭으로 그네들은 혹 허리통이 허전허전한 것처럼 더듬어 보기도 하며 인제는 사퇴길에 국수집을 좀 들어가도 상관이 없겠다고 매우 시원히 여기는 모양이며 이왕에 못 보겠던 평민적 기분이 총독부 안에 가득하였다.

하지만 비록 이런 모습은 사라졌을지언정 여전히 '칼 찬 일본 순사'가 거리를 횡행하고 있었으므로 그들이 내세운 이른바 '문화정치(文化政治)'라는 것의 본질 역시 폭압적인 식민통치의 범주에 속한 것임은 두말할 나위가 없다. 또한 1919년 8월 19일에 공표된 칙령 제403호 「조선총독부 및 소속관서 직원복제 폐지의 건」에 따르면, 그 부칙조항에 세관직원(稅關職員; 세관장, 사무관, 서기는 제외), 감옥직원(監獄職員), 도삼림주사(道森林主事)는 여전히 종전의 제복을 착용하도록 허용하는 내용을 담고 있었다.

『매일신보』1919년 8월 23일자에 수록된 「제복착용관리(制服着用官吏)」 제하의 기사는 제복을 계속 착용하게 될 관리의 유형에 대해 이러한 설명을 덧붙이고 있다.

기보(旣報)와 여(如)히 총독부 문관(總督府 文官)은 9월 1일까지에 현재 제복을 일률(一律)로 폐지(廢止)하기로 되었는데 차(此)와 동시에 세관 감시관(稅關 監視官), 동 감정관(同 鑑定官), 동 기사(同 技師), 동 감정관보(同 鑑定官補), 동 감시(同 監視), 동 기수(同 技手), 동 감리(同 監吏), 전옥(典獄), 간수(看守) 급(及) 도삼림주사(道森林主事)는 종전(從前)의 제복을 용(用)하며 상(尙) 도삼림주사는 단검(短劍)을 패용(佩用)하기로 되었더라.

이러한 과정을 거쳐 조선총독부 관리의 경우 경찰, 세관, 감옥, 재판소, 영림서, 산림주사 등에 한정하여 제복의 착용 또는 단검(短劍)의 패용이 허용되는 상태로 바뀌게 된다. 언젠가 해방 직후 시기의 신문자료를 뒤지다가 『동아일보』 1945년 12월 8일자에 수록된 「경부보 이상 패검(警部補 以上 佩劍), 순사(巡査)는 경찰봉(警察棒) 찬다」 제하의 기사에서 "순사와 순사부장에 대해 패검을 폐하고 곤봉을 차게 하였다"는 내용을 본 적이 있다. 이것으로 보면 일제 경찰이 허리에 칼을 차는 악습(惡習)은 그 시절까지도 여전히 지속되어 왔던 것임을 알 수 있다.

해방 직후 순사와 순사부장에 대해 패검(佩劍)을 철폐하고 이를 경찰봉(警察棒, 곤봉)으로 대체하였다는 내용을 담은 『동아일보』 1945년 12월 8일자의 보도 내용이다.

아무튼 이로부터 20년 가량의 시간이 흘러 관리의 제복을 다시 제정하려는 움직임이 등장하였는데, 그 정체는 바로 이름하여 '국민복(國民服)'이라고 하는 것이었다. 『매일신보』 1938년 5월 10일자에 수록된 「관리복(官吏服)을 국방색(國防色)으로, 장차(將次)론 국민복 제정(國民服 制定)」 제하의 기사는 전시체제기의 지속과 맞물려 이러한 국민복 도입이 필요한 배경을 이렇게 설명하고 있다.

이번 지나사변을 계기로 하여 국민의 복장을 개선 통일함이 필요하다는 의견이 각 방면에서 나타나고 있어 후생성(厚生省)에서는 국민복과 관공리의 제복을 제정하려고 그 동안 조사준비를 하고 있던 바 최근에 구체안이 결정되었다고 한다. 그런데 본부에서는 청원 자신들이 사변 발생 이래 양복을 새로 만들지 않기로 협의한 바도 있으며 또 제복 제정의 조사연구도 하고 있어 이미 중앙정보간사회에서도 이 복장개선문제에 대한 연구가 진행되고 있던 바 후생성 안(案)이 구체화하였으므로 조선에서도 이에 순응하여 내지와 마찬가지로 나아가기로 되어 일전에 후생성에서 제정한 복장 견본을 가져다가 이에 본받아 우선 관리의 제복제정을 하기로 되었다 한다. 이 제복은 칙령(勅令)으로 제정하되 여하한 의식(儀式)에라도 이것을 입을 수 있게 하고 빛깔은 흑색과 국방색 두 가지에 대하여 여러 가지 의논이 있으나 결국 국방색으로 하게 될 모양이다. 이와 동시에 국민복도 제정할 터로 본부에서는 신중한 태도로 조사연구를 하고 있다 한다.

이러한 영향 탓인지 그 당시 미나미 총독(南總督)의 지시에 따라 비록 칙령(勅令)이나 부령(府令)과 같은 근거규정을 따로 두지 않았으나 새로운 국민복으로 총독부 관공리의 제복을 통일하여 입도록 하라는 조치가 즉각 내려졌다. 이와 관련하여 『매일신보』 1938년 7월 24일

솔선수범하여 가장 먼저 국민복(國民服)을 착용하고 나타난 미나미 총독의 모습을 담은 『매일신보』 1938년 8월 6일자의 보도내용이다.

『매일신보』 1940년 11월 2일자에는 새로 제정된 「국민복령(國民服令)」의 제식(制式)이 나란히 소개되어 있다. 허리띠가 있는 것이 갑호(甲號) 도안이고, 없는 쪽이 을호(乙號)이다. 식민지 조선에서는 '을호' 도안을 표준으로 채택하였다고 전해진다.

자에 수록된「비상시 국민복 제정(非常時 國民服 制定), 호사(豪奢)한 양복(洋服)은 국가적 손실(國家的 損失)임을 자각(自覺)케 하고, 전선(全鮮) 11만 관리(官吏)의 복장 통일(服裝 統一)」제하의 기사는 이러한 제복착용의 문제를 이렇게 소개하였다.

"비상시에 새로운 양복을 지어 입는 것은 국가적 손실이다! 값싼 제복을 입어 물자를 절약하고 사무적 능률을 높여라!"라는 주지 하에 이번 총독부에서는 전조선 11만 8천여 명 관공리에게 제복을 통일하도록 하였다. 내지에서도 지금 국민복(國民服) 제정 문제로 한창 연구를 하는 중 비상시의 총후를 지키고 호사(豪奢)를 버리는 의미에서 이 국민복을 입도록 하자는 것인데 총독부에서는 위선 관공리의 제복을 통일하여 국민복 제정의 전제를 삼기로 하고 그 구체적 방법을 타협차 이사카(井坂) 총독부 문서과장은 6일 중앙과 타협하고자 동경에 출장까지 하게 되었다.

작년 사변 발생 이래 총독부에서는 각 관공리들에게 엄중한 지시를 내리어 양복신조(洋服新造)를 엄금하여 입은 옷으로 장기항전의 기분을 내

이게 하였는데 이번 제정하는 관리복은 이 착용을 1년 내지 1년 반의 여유를 두어 새로운 제복을 입도록 부령(府令)으로서 이것을 실시케 하리라는 것이다. 물론 현재 방호단복이나 국방색빛의 제복을 입은 사람과 혹은 헌 양복을 입어 아무 지장이 없는 사람은 지정한 기한까지는 관계없으며 만일에 부득이 신조를 할 때에는 이 관공리 지정복을 착용하여 사무능률과 기분청신에 유익되게 하리라는 것으로 기지는 대개 '스테플 파이버(staple fiber; 인조섬유 혼방)'로 상하 한 벌과 모자까지 5원 80전 내지 6원 10전이 되리라 한다.

이것이 실시되는 날은 11만 8천여 명의 조선 관리들은 한 가지 제복에 몸을 거뜬히 하여 국민정신총동원 하의 일치행동을 할 수 있을 만큼 제복시대(制服時代)의 한 큰 획기적 사실이 출현케 되리라는 것이다.

이에 따라 미나미 총독은 그 자신이 솔선하여 '국민복'을 먼저 입었고, 그 결과 조선 전역에 걸쳐 통일적으로 국민복을 착용하자는 운동은 크게 위세를 떨치는 상황이 이어졌다. 여기에다 1940년 11월 1일에 이르러서는 칙령 제725호로 「국민복령(國民服令)」이 정식으로 제정되면서 일본 본토 쪽에서도 다갈색(茶褐色, 국방색) 융(絨)이나 포(布)로 만든 국민복이 그야말로 "대일본제국 남자들의 옷"으로 새롭게 자리매김이 되었다. '칼 찬' 제복차림으로 시작된 일제강점기는 '국민복'이라는 이름으로 부활한 제복의 무리들과 함께 그렇게 서서히 패망을 향해 나아가고 있었다.

● 이 글은 『민족사랑』 2018년 6월호에 '미리보는 식민지역사박물관'으로 게재하였던 것을 수정 보완하였다.

08

경성소방서의 망루에서 울리는 싸이렌 소리의 의미는?

소방출초식(消防出初式)으로 시작되던 일제 치하의 새해 풍경

1919년 새해 첫날 일본상인들이 한해 장사가 번창하라는 뜻으로 마수걸이 짐을 수레에 싣고 하츠니(初荷) 행렬을 지은 장면을 담은 『매일신보』 1919년 1월 3일자의 보도사진이다.

카도마츠(門松, 집 앞에 두는 대나무를 곁들인 소나무 장식), 시메나와(注連繩, 대문의 금줄), 하츠니(初荷, 새해 첫 개시로 판매처에 배달하는 상품) ······.

이것들은 일제강점기를 거치는 동안 해마다 새해 첫날의 풍경을 알리는 신문보도에 곧잘 등장했던 단골메뉴들이다. 어떤 것은 건강과 장수를 기원하는 뜻에서, 또 어떤 것은 한해의 장사가 번창하라는 뜻에서 행해지는 일본인들만의 세시풍속들인 셈이다. 예를 들어 『매일신보』 1919년 1월 3일자에는 일본인들 장사꾼들의 새해맞이 풍경을 소개한 내용이 한 장의 보도사진과 더불어 수록되어 있다.

일본 상인은 정월 초하루 날 일찍 식전부터 구루마에 짐을 싣고 기를 앞세우고 거리로 돌아다니는데 이것을 개시짐 '하츠니'라고 한다. 금년에도 추운 일기를 불계하고 각 상점에서 굉장히 '하츠니'를 싣고 다니며 떠들었다.

연말연시에 근하신년(謹賀新年)을 알리는 연하장 더미가 우편국으로 쇄도하고, 언제부터인가 제야의 종소리가 새해맞이의 통과의례처럼 받아들여지고 있는 것도 모두가 일제의 식민지배가 이 땅에 남겨놓은 유습들이다. 또한 해마다 일본인들은 새해 첫날 경성공회당(京城公會堂)과 같은 일정한 공간에 모여 명자교환회(名刺交換會, 명함을 주고받는 신년하례모임)를 개최하였고, 1월 4일에는 어용시식(御用始式)이라는 이름의 시무식이 각 관청에서 일제히 벌어졌다. 그리고 서울에 주둔한 조선군사령부(朝鮮軍司令部)에서는 해마다 1월 8일에 용산연병장(龍山練兵場)에서 육군시 관병식(陸軍始 觀兵式, 리쿠군하지메 칸페이시키)을 거행하였는데, 1926년에는 특별히 총독부신청사의 준공을 기리기 위해 광화문거리에서 이 행사가 거행된 적도 있었다.

여기에 덧붙여 연례행사로 이뤄지던 일본인들만의 새해맞이 풍속을 하나 더 소개하면, 소방출초식(消防出初式)이란 것도 있었다. 이것은 해마다 1월 4일(간혹 1월 6일) 오전에 각 지역의 소방대가 한 곳에 집결하여 겨울철 화재예방과 진압을 위한 첫 출동이라는 의미를 담아 벌이는 소방시범행사였다. 여기에서는 주로 불끄기 시범, 소방펌프시연, 사다리타기 등이 행해졌고, 소방수 공로자에 대한 포상과 위로행사가 곁들여졌.

이 소방출초식의 유래를 살펴보니, 일본 명력(明曆) 2년(즉, 1657년)에 발생한 에도대화재(江戶大火災) 이후 도시를 재건하는 과정에서 주민들에게 희망과 신뢰를 주고자하는 목적에서 처음 소방대의 출동 행사를 벌인 것이 계기가 되었다고 알려진다. 이에 따라 그 이후 일본 각처에서는 대개 1월 4일로 정하여 연례적으로 소방출초식이 거행되었는데, 졸지에 일본인들의 세상으로 변한 조선도 예외는 아니었다.

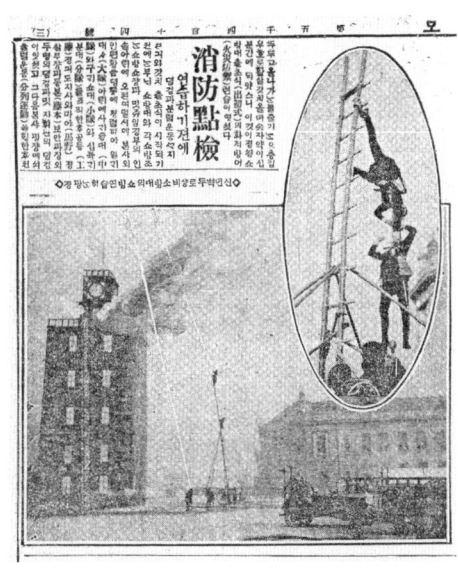

『매일신보』 1923년 1월 5일자에 수록된 경성일보사 앞 광장에서 벌어진 1923년 정초의 소방출초식 장면이다. 이처럼 해마다 1월 5일자 신문지상에는 거의 빠짐없이 전날에 벌어진 소방출초식을 소개하는 내용들이 수록되어 있는 것을 확인할 수 있다.

조선총독부가 들어선 이후 처음으로 열리는 소방출초식은 1911년 1월 4일에 테라우치 총독(寺內總督)과 야마가타 정무총감(山縣 政務總監)이 직접 참석한 가운데 경무총감부(警務總監部) 앞마당에서 열렸다. 경무총감부는 이른바 헌병경찰제도의 본산으로 조선주차헌병대사령부와 동일한 곳이며 지금의 남산골한옥마을(필동)에 해당하는 공간이다. 이 당시 소방업무는 경찰관서에 부속된 일이었으므로 서울 시내 각처에 포진한 200여 명의 소방대원 일동이 일제히 이곳에 모여든 것이었다.

그 이후 1919년에 3.1독립만세의거라는 민족적 저항에 따라 경무총감부가 폐지된 이후로는 소방출초식이 덕수궁 대한문 앞 광장(경성일보사 앞 광장), 훈련원광장, 광화문통(지금의 세종로)과 같은 곳으로 자리를 옮겨

가며 연례행사로 줄곧 거행되었다. 이에 따라『매일신보』와 같은 총독부기관지에는 매년 1월 5일자(혹은 1월 7일자)의 2면 내지 3면에 으레 소방출초식에 관한 소식과 더불어 해당 행사의 장면을 담은 보도사진이 등장하는 것을 확인할 수 있다.

예를 들어『매일신보』1939년 1월 7일자에 수록된 「한천(寒天)에 난무(亂舞)하는 영롱(玲瓏)한 오색분수(五色噴水), 금조(今朝) 소방출초식(消防出初式)」 제하의 기사에도 어김없이 연례행사의 하나로 치러진 소방출초식의 흔적이 남아 있다.

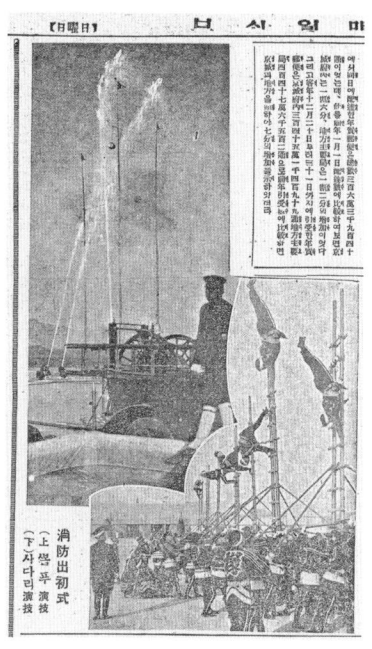

『매일신보』 1930년 1월 5일자에 수록된 훈련원광장에서 벌어진 1930년 정초의 소방출초식 장면이다. 여기에는 사다리타기 시범과 소방펌프로 물줄기를 뿜어내는 장면이 포착되어 있다.

소화 14년의 성전 제3년을 맞이하여 소방보국(消防報國)의 철저를 기하고자 경기도 경찰부와 경성소방서에서는 예년에 의해서 금6일 오전 10시부터 소방출초식을 총독부 앞 광장에서 장엄성대하게 거행하였다. 영하 19도라는 대혹한이었지만 경성소방서의 1백여 명 소방서원과 부내 각처 소방출장소의 의용소방수 등 6백여 명이 무장을 갖추고 기계부대인 소방차와 함께 도청 정면에 정렬하자 먼저 국기게양과 함께 황거요배를 하는 것으로 출초식은 의기 자못 씩씩한 중에 개시되었다. 곧 이어서 타카(高) 경찰부장으로부터 영지봉독(令旨奉讀)을 한 다음 황국신민서사를 참가 전원이 제창하고 경찰부장과 노구치(野口) 소방서장을 선두로 경찰부 각 과장, 부내 각 서장 등이 말머리를 갖추어 정렬해 선 소방대원을 일일이 점검하고 분열행진(分列行進)과 연기(演技)가 시작되었다.

유량한 나팔소리와 함께 6백여 명 소방대원은 혹한을 정복하는 당당한 보무로 장엄한 분열식을 행하자 사다리타기와 5색이 영롱한 색수(色水)를 높은 펌프로부터 분수시키는 장엄한 비상시 연기를 보이매 내빈과 관중 일동은 박수갈채를 보내어 이를 격려하였고 근속 소방대원 김한준(金漢駿)외 7인에게 표창목록을 수여하고 다시 칸쟈(甘蔗) 경기도지사로부터 훈시를 한 다음 동 11시 반에 뜻 깊은 출초식을 마치었다.

말이 난 김에 일제강점기 소방관서의 변천사에 대해 살펴보면, 서울에 정식 편제로 소방서가 처음 만들어진 것은 1925년 4월 1일의 일이었다. 그 당시 칙령 제85호「조선총독부 지방관관제(朝鮮總督府 地方官官制)」의 개정을 통해 "경성부에 소방서"를 설치하고 "소방서장은 경시(警視) 또는 경부(警部)로써 충당"하도록 하였고, 그 결과로 전국에서 유일하게 경성소방서(京城消防署)가 창설되었다.[33] 여타 지역인 부산 및 평양(1939.4.1), 청진(1941.10.11), 인천(1944.9.1) 등지에 소방서가 들어선 때와 비교하면 월등히 그 시기가 빠른 것을 알 수 있다.

---

[33] 『조선총독부관보』 1925년 4월 1일자(호외)에 게재된 조선총독부령 제34호「소방서의 명칭, 위치 및 관할구역(제정)」에는 신설된 경성소방서의 관할구역이 '경성부 일원(京城府 一圓)'이고 그 위치가 '남미창정(南米倉町)'인 것으로 표시되어 있다.

일제강점기 서울지역의 소방서 개설 연혁

명칭	개설일자	관할구역	비고
경성소방서	1925.4.1	경성부 일원 (나중에 용산 및 성동소방서의 구역은 제외)	남미창정에서 태평통 1정목으로 이전 (1937.12.6)
용산소방서	1944.6.20	용산구. 영등포구 일원	경성소방서에서 분리 (한강통 1정목)
성동소방서	1945.5.15	성동구. 동대문구 일원, 종로구 일부	경성소방서에서 분리 (행당정)

256. A fire-brigade station, Seoul (京城).

옛 선혜청 구역(지금의 남대문시장 일부) 안에 들어선 남대문소방힐소(경성상비소방대)의 전경이다. 왼쪽에 보이는 망루에는 화재 사실을 알리는 종이 달려 있다. (The Bank of Chosen, 『Pictorial Chosen and Manchuria』, 1919)

그 이전까지는 경무총감부와 경기도에 소속된 상비소방대로 소방힐소(消防詰所)라는 명칭이 존재하였는데, 경성소방서의 모체가 되는 '남대문소방서힐소(南大門消防署詰所, 경성상비소방대)'의 경우 1912년 6월 6일 옛 선혜청 구역(지금의 남대문시장 일부)을 정하여 처음 개소식을 거행하였고,

그 때부터 줄곧 동일한 공간에 머물렀다. 이곳에서는 1924년 6월 오포(午砲)의 폐지에 따라 호적(號笛, 싸이렌)을 울려 시간을 알리는 기능을 담당하기도 했다. 이상(李箱)의 단편소설 '날개'(『조광』 1936년 9월호에 발표)에서 주인공이 미츠코시(三越) 백화점의 옥상에 올라

효창원 언덕에 설치된 오포(午砲)의 최후를 알리는 『동아일보』 1922년 8월 15일자의 보도사진이다. 이로부터 경성소방대의 망루에서 울리는 싸이렌 소리가 그 기능을 대신하였다.

"날자. 날자. 날자. 한번만 더 날자꾸나."라고 외치던 순간 "뚜 ―" 하고 울리던 정오싸이렌이 바로 이곳 경성소방서(남창동)에서 나온 소리였던 것이다.

그 이후 경성소방서는 소방기구의 개편 및 남대문시장 일대의 공간재비치와 관련하여 태평로 대로변에 소방서 건물을 신축하고 1937년 11월 16일에 이전을 완료하였다. 이 건물은 나중에 무교로 확장계획에 따라 1976년 3월 31일부터 철거공사에 들어갔고, 이 당시 경성소방서의 후신인 '중부소방서(1948년 8월에 개칭)'는 수송국민학교가 있던 곳으로 옮겨갔다가 1983년 12월 종로소방서(수송동)와 중부소방서(신당동)가 재분리되는 과정을 거쳐 오늘에 이르고 있다. 중부소방서가 있던 자리(태평로 1가 1번지)는 국사교과서 국정화반대시위를 비롯한 갖가지 집회공간으로 자주 활용되는 파이낸스빌딩의 바로 전면 보행로에 해당한다.

흔히 소방서라고 하면 일상적인 화재진압이나 예방활동에 치중하는 기구로 이해되기 십상이지만, 일제강점기에는 이것 말고도 소방서에 부

『조선과 건축』 1937년 12월호에 소개된 태평로 1가 1번지 구역에 신축 준공된 경성소방서의 전경이다. 8층 높이의 망루로 상징되는 이 건물은 1976년에 철거되어 사라졌는데, 지금의 파이낸스빌딩 전면 보행로가 바로 그 자리이다.

여된 중요한 역할이 하나 더 있었다는 사실도 함께 기억해둘 필요가 있다. 1939년 10월 1일에 결성된 경방단(警防團)의 운영주체가 바로 각 지역의 소방서장이었다는 점이 바로 그것이다.[34] 여기에서 말하는 경방단은 일제패망기로 접어들면서 전시체제가 길어지고 연합군에 의한 비행기 공습의 우려가 상존하게 되자 이에 대비코자 상호 불가분 관계에 있는 소방과 방공의 영역을 통합하여 기존의 소방조(消防組)와 방호단(防護團)을 하나로 묶어서 개편한 기구였다.

『매일신보』 1938년 10월 11일자에 수록된 「소방조(消防組)와 방공단(防空團) 연합, 경방단(警防團)으로 재조직(再組織), 불원 실현(不遠 實現)될 강력기관(强力機關)」 제하의 기사에는 경방단 등장의 배경을 이렇게 설명하고 있다.

총독부에서는 현존(現存) 소방조와 방호단을 통합하여 경방단을 결성하여 소방과 방공의 밀접불가분의 관계를 강화하여 방공과 소방진을

---

34) 1939년 7월 3일에 제정된 조선총독부령 제104호 「경방단규칙(警防團規則)」(시행일은 1939년 10월 1일)에는 "경방단은 방공(防空), 수화소방(水火消防), 기타의 경방(警防)에 종사한다"고 규정하였다.

확충강화하고자 방금 경무국(警務局)과 자원과(資源課)에서 연구 입안중이라 한다. 내무성(內務省)에서도 이미 소방조와 방호단이 합류통일(合流統一)을 기획하고 있어 불원 실현될 정세에 있으므로 조선(朝鮮)서도 이에 순응하여 현재 조직적으로는 별개의 2단체로 되어 있으나 인적(人的)으로는 양자(兩者)를 겸무(兼務)한 관계에 있는 모순(矛盾)을 없애서 통일된 강력기관으로 결성하려는 것인데 특히 부령(府令)으로 경방단규정(警防團規程)을 제정하여 법적 근거를 확립케 할 모양이다. 현재 조선의 의용소방조(義勇消防組)는 1천 3백여 조(組)에 기(其) 인원 6만 5천 명이며 방호단은 현재 조직중의 것도 있어 정확한 통계는 없으나 7, 8만은 되므로 이것을 통합하여 경방단으로 재조직을 하면 10만 이상의 단원을 가지게 될 터로 도시 농촌을 막론하고 중앙집권적 강력기관으로 확충강화하게 될 터이라 한다.

조선총독부령 제104호로 제정된 「경방단규칙(警防團規則)」에 따르면 "도지사의 명을 받은 경찰서장이 경방단을 지휘감독하는 것이 일반적이지

『매일신보』 1939년 6월 21일자에는 방공전람회화보로 소개된 비행기공습 때 경성소방서의 출동상황이 실려 있다. 실제로 1939년에 경방단 체제로 전환한 소방서는 전시동원체제를 지탱하는 주요한 기관의 하나로 간주되었다.

『매일신보』 1937년 5월 3일자에 수록된 경복궁 근정전 용상에서 벌어진 '순직경찰관 및 소방직원 초혼제' 장면이다. 순직소방수에 대한 초혼제는 1935년부터 경찰관초혼제에 곁들여 거행되기 시작했고, 1940년 이후로는 소방수라는 명칭 대신 '경방단원(警防團員)'이라는 용어가 사용되었다.

만, 소방서가 설치된 구역에서는 소방에 관한 경찰서장의 직무는 소방서장이 이를 행하는 것"으로 규정되어 있었다. 이를 계기로 1939년 10월 1일부로 종전의 조선소방협회(朝鮮消防協會)는 조선경방협회(朝鮮警防協會)로 개칭되고, 흔히 '소방수'라고 불러왔던 이름도 '경방직원(警防職員)'으로 바꿔 부르게 되었다.[35]

이로부터 전국 각처에는 지역주민들을 동원하여 공습상황을 가정한 소방훈련이 일상생활처럼 벌어지곤 했던 것이다. 서울지역의 경우 패전을 눈앞에 둔 시점에서 1944년 6월에 용산소방서(龍山消防署; 한강통 2정목 13번지)와 1945년 5월에 성동소방서(城東消防署; 행당정 189번지)가 각각 신설된 바 있었는데, 이 역시 전시동원체제의 한 축을 담당했던 소방기구의 역할을 제고하려는 시도로 이해된다.[36]

---

35) 『조선총독부관보』 1939년 12월 4일자에 게재된 「상업 및 법인등기」 항목을 보면, "재단법인 조선소방협회(財團法人 朝鮮消防協會)는 1939년 10월 1일 재단법인 조선경방협회(財團法人 朝鮮警防協會)로 개칭하고, 경방단 상호의 연락을 긴밀히 하여 경방사상(警防思想)의 보급을 철저히 하며 경방활동의 개선발달을 도모함과 아울러 경방관계자의 표창(表彰) 및 조위구제(弔慰救濟)를 행함으로써 경방의 완벽에 기여함을 목적으로 한다"고 변경하였다.
36) 용산소방서와 성동소방서의 개설은 각각 1944년 6월 20일 조선총독부령 제254호 「소

그런데 일제강점기의 소방서와 관련된 얘기를 늘어놓자니, 화재신고 전화번호인 119번에 관한 내용 또한 결코 빼놓을 수 없다. 결론을 먼저 말하자면 안타깝게도 온 국민들에게 익숙한 '119번'이란 것도 사실은 일제잔재의 범주에서 크게 벗어나지 못한다.

전화를 통한 화재신고에 관한 연혁을 살펴보면, 일본의 경우 1917년 4월에 처음 도쿄시내에서 시도된 것으로 드러난다.[37] 여기에서는 공중전화건 일반전화건 간에 교환취급국(交換取扱局)에 전화를 걸어 "카지(火事; 불이야!)"라고 외치면 즉시 소방관서에 접속하여 통화를 연결해주는 방식이 이용되었다. 그러나 1925년 10월에 자동식 전화가 도입되면서 일본내 주요도시를 망라하여 별도로 정한 '화재보지용 전화번호(火災報知用 電話番號)'를 사용하여 직접 소방관서에 통화를 할 수 있도록 변경되었는데, 이때 처음에는 112번이 사용되다가 1927년경부터는 119번으로 고쳐 사용하기 시작하였다.[38]

이러한 제도변화의 추세에 따라 조선에서도 1926년 1월 21일에 조선총독부 고시 제10호를 통해 전화기를 통한 화재신고에 관한 규칙이 제정된 바 있었으나 이 당시까지 자동전화기가 도입되지 않았으므로 별도

방서의 명칭, 위치 및 관할구역(개정)」과 1945년 5월 15일 조선총독부령 제111호 「소방서의 명칭, 위치 및 관할구역(개정)」에 따라 이뤄졌다.

37) 이 내용은 『일본제국관보』 1917년 3월 30일자에 수록된 '체신성 고시 제305호'에 수록되어 있다.

38) 『일본제국관보』 1925년 10월 1일자에 수록된 '체신성 고시 제1448호'에 따르면, "좌의 지역에서 불이난 때 전화로 이를 소방관서(消防官署)에 보지(報知)하려는 때는 자동식국(自動式局) 소속의 전화기에 의한 경우는 따로 정해진 화재보지용 전화번호(火災報知用 電話番號)를 사용하여 직접 소방관서와 통화를 하고 또 수동식국(手働式局) 소속의 전화기에 의한 경우는 소속 교환취급국을 호출하여 간단히 '카지(火事)'라고 알릴 것"이라고 그 절차를 정하고 있다.

『매일신보』1938년 10월 11일자에 소개된 경방단 조직과 관련한 보도내용이다. 그 이듬해에 정식 제정된 「경방단규칙」에 따르면, 기존의 소방조와 방호단을 합쳐 만든 경방단은 "방공(防空), 수화소방(水火消防), 기타의 경방(警防)에 종사"하는 기구로 규정되어 있다.

의 신고번호가 존재하지는 않았다.[39] 그러나 1935년 10월 1일부터 다이얼방식의 자동전화기가 처음 등장하면서 일본의 전례에 따라 119번이 그대로 채택되기에 이르렀던 것이다.

이와 관련하여 『동아일보』 1935년 9월 29일자에 수록된 「모시모시」도 불필요, 전화의 자동교환(自動交換), 손가락을 가지고 상대편 호출, 10월 1일부터 남촌(南村)에 실현」 제하의 기사에는 화재신고 119번에 대한 내용이 다음과 같이 소개되어 있다.

---

39) 이보다 앞선 시기의 흔적으로는 『조선총독부관보』 1917년 9월 4일자에 게재된 조선총독부 경기도 경무부 고시 제2호(1917년 9월 1일 제정)를 통해 전화로써 화재를 소방소(消防所)에 보지(報知)하는 때는 "전화번호를 부르는 대신에 '카지(火事!)'라고 부르고, 상대방이 나오면 화재의 장소를 얘기하는 방법"을 사용하도록 했다는 내용이 눈에 띈다.

…… 다음으로 특수번호는 좀 다르다. 가령 전화번호를 부를 때 지금까지는 500번을 불러냈는데 지금부터는 본국가입자는 그냥 100이라고 세 번만 돌리면 되고 그밖의 전화국가입자는 본국 100번을 부르면 된다. 이 같이 특수전화라 하여 가입자로부터 많이 걸려오는 전화는 그 번호대로만 돌리는데 시외를 부를 때는 101번, 고장 때는 113으로 돌린다. 본국 외는 시외는 종전과 같고 고장 때는 그 가입군의 60번을 부른다.

화재시에는 119번을 그대로 세 번만 돌리고 본국 외는 종전과 같다. 광화문과 용산국에서 본국으로 걸을 때는 국명과 전화번호를 말로 한다. 본국의 전화번호는 새로난 번호책을 보고 걸어야 한다.

어떤 이들의 주장에 따르면, 119번이라는 것은 앞서 언급했던 에도대화재가 발생한 날이 1657년 1월 19일에 걸쳐 있는 탓에 그 날짜를 따서 번호를 정하였다고 하지만 이에 대한 사실여부는 자세히 알 수 없다.

• 이 글은 『민족사랑』 2015년 12월호에 게재하였던 것을 수정 보완하였다.

09

일제의 대륙침략과 조선인 강제동원의 연결 창구, 관부연락선(關釜連絡船)

'현해의 여왕'으로 일컫던 금강환(金剛丸)과 흥안환(興安丸)의 흔적

지금부터 120년에 가까운 세월을 거슬러 올라가는 1905년 1월 1일은 서울 영등포(永登浦)의 분기점에서 시작되어 저 멀리 부산 초량(草梁)으로 이어지는 경부철도의 전구간에 대한 운수영업이 개시된 날이다. 하필이면 러일전쟁의 와중에 일본군대에 의한 여순함락(旅順陷落)을 코앞에 둔 시점에서 이뤄진 경부선(京釜線)의 개통이 과연 어떤 의미를 지닌 것이었는지는 『대한매일신보』 1904년 12월 20일자에 수록된 「한국에 일본세력」이란 제하의 기사 한 토막을 통해 잘 엿볼 수 있다.

경부철도가 내년 1월 1일에 개회식을 행할 터인데 서울에서 부산에 가는 수레는 올라간다 하고 부산에서 서울에 오는 수레는 내려간다 한다는데 그것은 동경을 중심으로 삼는 연고라 하고 차세는 일본 돈으로 받게 하고 철로변에 지명은 다 일본말로 부르게 한다 하며 일삭 전에 경인철로회사에서 일본시간을 쓰기로 작정하였으니 그 전보다 삼십 오 분이 잃게 되었는데 외국 사람들에게 이 말을 미리 통기하지 아니하여서 차 타러 나아갔다가 낭패한 자도 있고 다른 불편한 일이 많이 있었다더라.

여길 보면 땅만 한국 땅이었지 철도운영의 주체는 말할 것도 없고 기차의 운행시각도 일본의 표준시(標準時)에 맞춰 제멋대로 변경하는 등 이미 시간에 대한 주권조차 빼앗긴 상황이었음을 알 수 있다.[40] 더구나 부산을 향하는 기차를 일컬어 공공연하게 자기들 식으로 '올라간다'고 표현했다는 대목 역시 가관이 아닐 수 없다. 일제강점기를 거치는 동안 일상용어로 정착되는 '동상(東上, 도쿄로 가는 것)'이니 '귀선(歸鮮, 조선으로 돌아오는 것)'이니 하는 따위의 표현들도 바로 이러한 일본중심의 관념에서 파생된 결과물이 아닌가 한다.

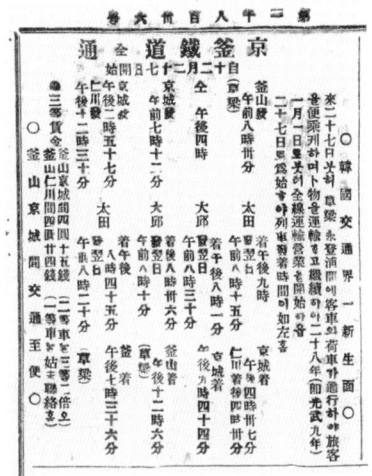

『황성신문』 1904년 12월 26일자에 게재된 '경부철도 전통광고(京釜鐵道 全通廣告)'이다. 여기에는 "1월 1일로부터 전선 운수영업을 개시하옵"이라는 내용이 기재되어 있다.

그런데 경부철도의 개통은 그 자체로 완결된 것이 아니라 필연적으로 또 다른 교통수단의 확장과 맞물려 진행되었는데, 그것이 바로 1905년 9월에 운행이 개시된 관부연락선(關釜連絡船, 부관연락선)이라는 존재이다. 관부연락선은 글자 그대로 한국의 부산(釜山)과 일본의 하관(下關, 시모노세키) 사이에 가로놓인 240킬로미터에 달하는 바닷길을 연결하는 여

---

40) 이와 관련하여 『황성신문』 1904년 11월 18일자에는 "종래(從來) 철도용 시각(鐵道用 時刻)은 한국표준시(韓國標準時)를 용(用)하더니 내(來) 11월 20일부터 내지(內地, 일본) 중앙표준시(中央標準時)를 의(依)하여 열차(列車)를 운전(運轉)함"이라는 내용으로 경부철도주식회사(京釜鐵道株式會社)가 내보낸 광고문안이 수록되어 있다.

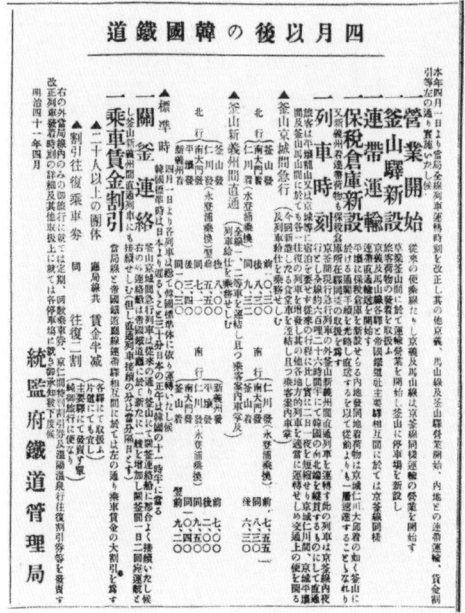

『경성신보』 1908년 3월 26일자에 실린 통감부 철도관리국의 철도운행 개정관련 안내광고이다. 여기에는 초량 부산 간의 운수영업이 개시되어 부산정거장이 신설되었다는 내용과 함께 관부연락선(關釜連絡船)은 제국철도청에서 새로 1척을 늘려 관부간 1일 2회씩 운항한다는 사실도 함께 알리고 있다.

객선을 말하며, 무엇보다도 양쪽의 철도운행시각에 때를 맞춰 왕복한다는 것이 일본우선(日本郵船)이나 조선우선(朝鮮郵船)과 같은 여느 정기여객항로와는 다른 점이다.

『황성신문』 1905년 11월 3일자 및 8일자에 수록된 「산양선 해륙안내(山陽線 海陸案內)」라는 제목의 연재기사에는 관부연락선의 운행방식을 설명해놓은 대목이 다음과 같이 등장한다.

[마관[41] 부산간(馬關 釜山間)의 연락(聯絡)] 산양철도(山陽鐵道)는 다시 언(言)을 불사(不俟)라. 구주철도(九州鐵道) 기타 각 철도와 한국(韓國)에 있는 경

---

41) '마관(馬關, 바칸)'은 '하관(下關, 시모노세키)'의 옛 이름이다.

부철도(京釜鐵道)와 타 철도간(他 鐵道間)의 운수(運輸)를 지편(至便)하게 하는 목적(目的)으로, 새로 창설(創設)하는 마관 부산간 연락선(馬關 釜山間 連絡船) 일기환(壹岐丸, 이키마루), 대마환(對馬丸, 츠시마마루)은 병(幷) 총톤수(總噸數) 1천 6백 톤(噸)을 유(有)하여 강철제 쌍나선식(鋼鐵製 雙螺旋式)의 견고 쾌속(堅固 快速)한 신조 윤선(新造 輪船)이고

[부산항(釜山港)의 설비(設備)] 산양철도 부산연락사무소(山陽鐵道 釜山聯絡事務所)는 매립지 해안(埋立地 海岸)의 최(最)히 편리(便利)한 위치(位置)에 있고 소원(所員)은 절친(切親)하게 여객(旅客)의 영접(迎接)을 노(努)하여 선객대합소(船客待合所, 기다려 있는 데)는 누상(樓上)에 재(在)한 고(故)로 좌(坐)하여 동항(同港)의 경치(景致)를 조(眺)함을 득(得)하오니 대합간(待合間)의 무료(無聊)를 위(慰)함에 족(足)하옵고 차처(此處)에서 경부철도 기점 초량정거장(京

『조선지풍광(朝鮮之風光)』(1927)에 수록된 부산항 제1잔교의 선거연락(船車連絡) 장면이다. 왼쪽에는 열차가 대기하는 선로가 보이고, 오른쪽에는 정박한 관부연락선 창경환(昌慶丸, 쇼케이마루)에 승객들이 승선하는 모습이 눈에 띈다.

釜鐵道 起點 草梁停車場)까지는 해안북(海岸北) 4, 5리(里)를 불과(不過)하여 차간(此間)에 경쾌(輕快)한 소륜선(小輪船)이 왕래(往來)하여 있으니 부산관내(釜山關內) 같지 아니하여 연락선(連絡船)으로서 직시(直時) 윤거(輪車)에 이거(移車)되옵고 또는 윤거(輪車)에서 직시(直時) 연락선(連絡船)에 상선(上船)하는 자(者)는 차(此) 소륜거(小輪車)에 타시면 편리(便利)한지라.

여기에서 보듯이 최초에는 일본의 산양철도주식회사(山陽鐵道株式會社)가 운영하는 형태로 이뤄졌으나, 1906년 3월 30일에 법률 제17호「철도국유법(鐵道國有法)」이 제정된 결과로 그해 12월 1일에 국유화가 성사되면서 그 이후로 부관연락선은 관영(官營)으로 운영되기에 이른다.[42] 한편, 전국신문동경연합사(全國新聞東京聯合社)가 편찬한『일본식민지요람(日本殖民地要覽)』(일본경제신지사, 1912), 64~65쪽에는 관부연락선의 존재의미에 대해 이렇게 설명한 내용이 수록되어 있다.

관부연락(關釜聯絡)의 의미(意味)는 조선(朝鮮) 및 내지(內地, 일본)의 교통을 가장 신속히 하는 의미에 있는데, 이를 위해서는 일기환(壹岐丸, 이키마루), 대마환(對馬丸, 츠시마마루), 앵환(櫻丸, 사쿠라마루), 매향환(梅ケ香丸, 우메가카마루) 등이라고 하는 3천 3백 톤(噸) 남짓의 선박과 1천 5백여 톤의 배가 매일 교대로 쌍방(雙方)에서 출발하며, 그리고 부산발(釜山發) 경성경

---

[42] 1906년「철도국유법」의 시행과 더불어 관부연락선의 운영주체는 체신성 제국철도청(遞信省 帝國鐵道廳, 1907.4.1) → 철도원(鐵道院, 1908.12.5) → 철도성(鐵道省, 1920.5.15) → 운수통신성(運輸通信省, 1943.11.1) → 운수성(運輸省, 1945.5.19)의 순서로 바뀌었다.

유(京城經由) 급행열차와 시모노세키(下の關) 모지(門司)에서 신바시(新橋), 나가사키(長崎) 및 가고시마행(鹿兒島行)의 열차에 연락 접속시키고 있다. 요컨대, 관부연락선의 임무(任務)는 배의 교통을 기차의 교통에 엮어주고 또한 기차의 교통을 배의 교통에 엮어주는 것이므로, 이 결과 해상 122리(浬, 해리)의 편도(片道)가 잠깐 사이 10시간 남짓에 도항(渡航)할 수 있다. 만약 도쿄나 가고시마의 사람이 급히 조선행(朝鮮行)을 생각하고 있다면 가고시마정거장 내지 신바시정거장에서 배도 기차도 단지 한 장으로 된 공통의 킷뿌(切符, 표)를 구입할 수 있다. 이것은 또한 비상히 편리하여 배와 기차의 표를 따로따로 구입하는 것보다도 크게 수지가 맞은 일이 된다.

대한해협(大韓海峽)을 오가는 이러한 연락선의 등장으로 일본 쪽으로는 산양선(山陽線, 시모노세키~코베 구간)과 동해도선(東海道線, 코베~신바시 구간)을 거쳐 일본의 수도 도쿄(東京; 도쿄역은 1914년에 개설)까지 직통으로 연결하는 일이 가능해졌다. 그리고 한국 쪽으로는 예전처럼 구태여 배편으로 인천항(仁川港)을 경유할 필요 없이 부산정거장에서 곧장 서울로 진입할 수 있게 되었던 것이다.

여기에 더하여 1906년 4월에 경의철도(京義鐵道)마저 부설공사가 완료되자 한반도를 남북으로 관통하여 단숨에 이동하는 것은 별스런 일이 아닌 세상으로 바뀌고 말았다.[43] 이러한 교통망은 1911년 11월에 안봉

---

43) 군용철도 경의선(용산~신의주 구간)의 연락운전이 처음 개시된 때는 1905년 4월 28일이고, 서울~평양 구간이 1905년 11월 5일에 개통된 데 이어 전통(全通)은 1906년 4월 3일에 이뤄졌다. 그리고 운수영업이 개시된 것은 경의철도가 통감부 철도관리국에 이관된 이후 시기인 1908년 4월 1일의 일이다.

관부연락선 경복환(景福丸)이 일본 시모노세키에 입항하던 중 수선을 위해 정박중이던 덕수환(德壽丸)을 충돌하여 결국 침몰사고를 일으켰다는 소식을 알리는 『조선일보』 1938년 1월 25일자의 보도내용이다.

선(安奉線, 안동~봉천 구간)과 압록강 철교의 개통으로 정점을 찍게 되는데, 이로써 남만주철도(南滿洲鐵道)와 동청철도(東淸鐵道)까지 포괄하여 동아시아 일대가 마치 거미줄처럼 얽혀 일본제국의 영향권 내로 편입되는 결과를 가져왔다.

하지만 이 길은 이른바 '우호선린'과 '동양평화'를 위한 통로가 아니라 '약육강식'과 '대륙침략'을 위한 기반시설로 고스란히 활용되었다는 것이 문제였다. 실제로 식민지배와 대륙침략의 연결고리가 되었던 관부연락선의 명칭 하나하나를 통해서도 이러한 침략야욕의 변천사를 그대로 읽어낼 수 있다. 최초의 연락선이었던 일기환(壹岐丸, 1905년 9월 취항)과 대

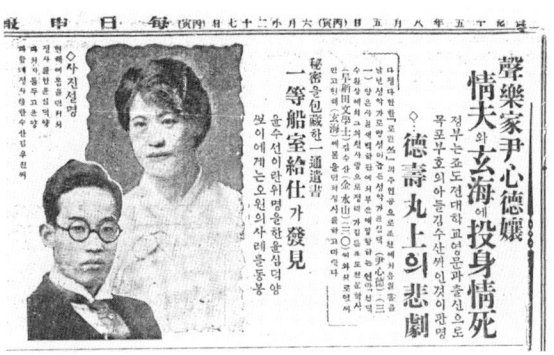

이른바 '윤심덕 정사(情死) 사건'이 대서특필된 『매일신보』 1926년 8월 5일자의 보도내용이다. 여기에는 성악가로 명성이 높던 윤심덕이 목포 부호의 아들 김우진(김수산)과 함께 관부연락선 덕수환(德壽丸)에 올라 부산으로 오던 도중 현해(玄海)에 몸을 던졌다는 소식이 수록되어 있다.

마환(對馬丸, 1905년 11월 취항)은 이른바 '현해탄(玄海灘, 겐카이나다)'의 섬에서 따온 이름이었다.

관부연락선 주요 운항 선박의 개요

선박명칭	총톤수	진수시기	운항기간[44]
일기환(壹岐丸, 이키마루)	1,608톤	1905.6	1905.9~1931.5
대마환(對馬丸, 츠시마마루)	1,610톤	1905.8	1905.11~1925.12
고려환(高麗丸, 코마마루)	3,028톤	1912.1	1913.1~1932.10
신라환(新羅丸, 시라기마루)	3,035톤	1912.11	1913.4~1945.5
경복환(景福丸, 케이후쿠마루)	3,620톤	1921.11	1922.5~1945.6
덕수환(德壽丸, 토쿠쥬마루)	3,619톤	1922.4	1922.11~1945.6
창경환(昌慶丸, 쇼케이마루)	3,620톤	1922.9	1923.3~1945.6
금강환(金剛丸, 콩고마루)	7,104톤	1936.1	1931.11~1945.5
흥안환(興安丸, 코안마루)	7,102톤	1936.1	1937.1~1945.6
천산환(天山丸, 텐잔마루)	7,906톤	1941.8	1942.9~1945.6
곤륜환(崑崙丸, 콘론마루)	7,908톤	1942.12	1943.4~1943.10

---

44) 태평양전쟁의 막판에 이르러 관문해협(關門海峽) 일대에 미군비행기에서 투하한 기뢰(機雷)로 인해 항구의 사용이 불가능하게 되고 대마해협(對馬海峽) 지역에도 공습과 어뢰공격이 빈번해지면서 관부연락선의 항로는 1945년 6월 20일 이후 사실상 폐쇄된 상태에 들어간 것으로 알려진다.

반면에 고려환(高麗丸, 1913년 1월 취항), 신라환(新羅丸, 1913년 4월 취항), 경복환(景福丸, 1922년 5월 취항), 덕수환(德壽丸, 1922년 11월 취항), 창경환(昌慶丸, 1923년 3월 취항) 등은 식민지 조선이 이미 자기네의 영역에 완전히 흡수되었음을 과시하는 상징적인 명칭으로 채택한 것이었다고 알려진다. 그리고 1930년대 이후에 등장하는 금강환(金剛丸, 1936년 11월 취항), 흥안환(興安丸, 1937년 1월 취항), 천산환(天山丸, 1942년 9월 취항), 곤륜환(崑崙丸, 1943년 4월 취항)은 조선과 만주 땅은 물론이고 저 멀리 중국 내륙

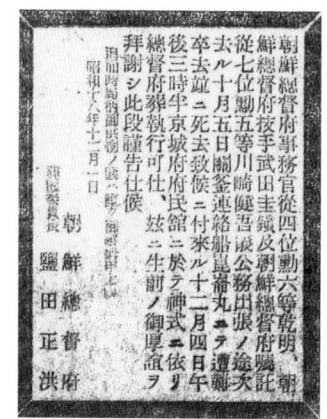

『매일신보』 1943년 12월 2일자에 수록된 관부연락선 곤륜환(崑崙丸) 조난사건으로 숨진 총독부 관리들에 대한 합동장례 부고광고이다. 최신건조선박이었던 곤륜환은 태평양전쟁의 와중에 취항 반년만에 미군잠수함의 공격을 받아 1943년 10월 5일 침몰하였다.

의 깊숙한 곳까지 일본제국의 세력권으로 확장하겠다는 저의를 노골적으로 드러낸 이름인 셈이다.[45] 이 와중에 한쪽에서는 신천지를 찾아 조선과 만주로 이주하려는 일본인들이 줄지어 탑승하고, 신학문과 입신양명의 꿈을 좇아 이른바 '내지(內地)'로 건너가려는 조선인들도 이 대열에서 빠지질 않았다. 또한 다른 한쪽에서는 값싸고 풍부한 노동력 수탈의 대상이 되어 일본으로 끌려가다시피 했던 강제동원 피해자들이 모

---

45) 이 가운데 곤륜환(崑崙丸)은 1943년 4월 12일에 운항을 개시한 이후 불과 반 년 만인 그해 10월 5일에 시모노세키에서 부산으로 가던 도중 미해군 잠수함의 어뢰공격을 받아 침몰하였다. 천산환(天山丸) 역시 1945년 6월 20일에 관부연락선의 운항이 사실상 중단상태에 들어간 이후 동해 쪽으로 피신하였다가 미군 전투기의 공격을 받게 되어 수리를 위해 예인하던 중 1945년 7월 30일 시마네현 이즈모시 히노미사키오키(島根縣 出雲市 日御碕沖) 앞 바다에서 침몰하였다.

두 앞서거니 뒤서거니 이 배를 이용할 수밖에 없었던 것이다.

관부연락선 운항선박의 연도별 변천 연혁[46]

기준일자	연락선 운항선박 명칭	운항척수
1912.3.25	壹岐丸, 對馬丸, 櫻丸, 梅ヶ香丸	4
1912.9.15	壹岐丸, 對馬丸, 櫻丸, 梅ヶ香丸	4
1913.3.30	壹岐丸, 對馬丸, 櫻丸, 薩摩丸, 弘濟丸	5
1914.2.28	壹岐丸, 對馬丸, 弘濟丸, 高麗丸, 新羅丸	5
1915.1.7	壹岐丸, 對馬丸, 西京丸, 高麗丸, 新羅丸	5
1916.1.20	壹岐丸, 對馬丸, 弘濟丸, 高麗丸, 新羅丸	5
1917.2.15	壹岐丸, 對馬丸, 高麗丸, 新羅丸, 櫻丸	5
1918.1.3	壹岐丸, 對馬丸, 高麗丸, 新羅丸, 櫻丸	5
1919.1.1	壹岐丸, 對馬丸, 高麗丸, 新羅丸, 博愛丸	5
1920.1.1	壹岐丸, 對馬丸, 高麗丸, 新羅丸, 博愛丸	5
1921.1.1	壹岐丸, 對馬丸, 高麗丸, 新羅丸, 博愛丸	5
1922.1.30	壹岐丸, 對馬丸, 高麗丸, 新羅丸, 博愛丸	5
1922.12.25	壹岐丸, 對馬丸, 高麗丸, 新羅丸, 景福丸	5
1924.1.4	景福丸, 德壽丸, 昌慶丸 + 新羅丸, 高麗丸, 多喜丸(부정기)	3+3
1925.1.4	景福丸, 德壽丸, 昌慶丸 + 新羅丸, 高麗丸, 多喜丸(부정기)	3+3
1926.1.3	景福丸, 德壽丸, 昌慶丸 + 新羅丸, 高麗丸, 多喜丸(부정기)	3+3
1926.12.28	景福丸, 德壽丸, 昌慶丸 + 新羅丸, 高麗丸, 多喜丸(부정기)	3+3
1927.12.28	景福丸, 德壽丸, 昌慶丸 + 新羅丸, 高麗丸, 多喜丸(부정기)	3+3
1928.12.28	景福丸, 德壽丸, 昌慶丸 + 新羅丸, 高麗丸, 多喜丸(부정기)	3+3

---

46) 여기에 나열된 운항선박들의 개별 총톤수는 각각 앵환(櫻丸, 사쿠라마루, 1908년 6월 진수)이 3,058톤, 매향환(梅ヶ香丸, 우메가카마루, 1909년 3월 진수)이 3,270톤, 살마환(薩摩丸, 사츠마마루, 1884년 8월 진수)이 1,946톤, 홍제환(弘濟丸, 코사이마루, 1898년 12월 진수)이 2,589톤, 서경환(西京丸, 사이쿄마루, 1888년 6월 진수)이 2,904톤, 박애환(博愛丸, 하쿠아이마루, 1898년 10월 진수)이 2,632톤, 다희환(多喜丸, 타키마루, 1917년 3월 진수)이 1,227톤의 규모였다. 나머지 운항선박들에 대해서는 앞쪽에 덧붙인 '관부연락선 주요 운항 선박의 개요'라는 도표에서 이미 정리하였으므로 여기에서는 관련내용을 생략한다.

1930.2.3	景福丸, 德壽丸, 昌慶丸 + 新羅丸, 高麗丸, 多喜丸(부정기)	3+3
1931.1.10	景福丸, 德壽丸, 昌慶丸 + 新羅丸, 高麗丸, 多喜丸(부정기)	3+3
1931.12.10	景福丸, 德壽丸, 昌慶丸 + 新羅丸, 多喜丸(부정기)	3+2
1932.12.15	景福丸, 德壽丸, 昌慶丸 + 新羅丸, 多喜丸(부정기)	3+2
1933.12.27	景福丸, 德壽丸, 昌慶丸 + 新羅丸, 多喜丸(부정기)	3+2
1935.1.28	景福丸, 德壽丸, 昌慶丸 + 新羅丸, 多喜丸(부정기)	3+2
1935.12.10	景福丸, 德壽丸, 昌慶丸 + 新羅丸, 多喜丸(부정기)	3+2
1936.12.27	景福丸, 德壽丸, 昌慶丸 + 新羅丸, 多喜丸(부정기)	3+2
1937.12.27	金剛丸, 興安丸, 景福丸, 昌慶丸, 德壽丸 + 新羅丸(부정기)	5+1
1938.12.27	金剛丸, 興安丸, 景福丸, 昌慶丸, 德壽丸 + 新羅丸(부정기)	5+1
1939.12.20	金剛丸, 興安丸, 景福丸, 昌慶丸, 德壽丸 + 新羅丸(부정기)	5+1
1940.12.20	金剛丸, 興安丸, 景福丸, 昌慶丸, 德壽丸 + 新羅丸(부정기)	5+1
1941.12.24	金剛丸, 興安丸, 景福丸, 昌慶丸, 德壽丸 + 新羅丸(부정기)	5+1
1942.12.24	金剛丸, 興安丸, 景福丸, 昌慶丸, 德壽丸 + 新羅丸(부정기)	5+1

• 이 내용은 각 연도별로 발행된 『최신조선사정요람』, 『조선요람』, 『조선사정』 등에 수록된 '관부연락선' 항목을 취합 정리하였으며, '기준일자'는 각 자료의 발행일을 나타낸 것임.

그런데 관부연락선에 관한 흔적을 찾아 신문자료를 뒤지다 보니, 『조선신문』 1936년 12월 19일자에 수록된 「현해(玄海)의 여왕(女王) 금강환(金剛丸)의 고민, 화물의 적은 경우에는 작은 시화(時化, 풍랑)에도 분롱(奔弄)」 제하의 기사에 다음과 같은 흥미로운 내용이 수록된 것이 눈에 띈다.

[부산] 현해의 화형(花形, 꽃) 금강환의 큰 고민, 그것은 보기에 장대호화(壯大豪華)로운 동선(同船)이 약간의 파랑(波浪)에 로링(rolling, 좌우 흔들거림)과 피칭(pitching, 앞뒤 흔들거림)이 있어 바다의 호텔도 '뜻대로' 안 되는 고민인데, 그 원인은 동선이 객화병용(客貨倂用)으로 건조(建造)된 탓에 내지(內地, 일본)에서 내항(來航)하는 경우에는 화물이 만선(滿船)에 가까워서 로링의 걱정도 없지만 부산출항(釜山出港)의 경우에는 화물도 하루에 100톤,

1936년에 새로 건조된 관부연락선 금강환(金剛丸)과 흥안환(興安丸)의 홍보엽서 봉피이다. 두 배는 동일한 설계로 건조된 자매선(姉妹船)으로 웅장하고 화려한 규모와 시설로 인해 '현해의 화형(花形)', '바다의 여왕', '바다의 호텔', '현해의 부궁전(浮宮殿)'이라는 별명을 얻었다. (민족문제연구소 소장자료)

200톤 내외이므로 부족립(浮足立, 갈팡질팡)하여 작은 파랑에도 피칭이나 로링이 일어 바다의 호텔도 엉망이 된 불평판(不評判, 나쁜 평판)이 있는데, 철도성(鐵道省)에서는 이를 방지하고자 화물이 없으면 '바라스(バラス; 밸러스트)'를 실어 달리게 할 거라 하여 요사이 시화(時化)가 계속되면서 바다의 여왕도 고민하고 있다.

이와 아울러 『매일신보』 1940년 4월 5일자에 수록된 「관부연락선(關釜連絡船)은 주항편(晝航便)을 타도록, 철도국(鐵道局), 선객(船客)에의 부탁(付託)」 제하의 기사에도 다음과 같은 이색적인 내용이 실려 있다.[47]

관부연락선의 밤편은 매일 수 백 명씩 승객을 태우지 못하고 남겨두는

---

47) 이 당시 낮배를 이용하라고 적극 권장하는 내용은 『매일신보』 1940년 3월 20일자에 수록된 「부비고 설 틈도 없는 초만원(超滿員) 관부연락선(關釜連絡船), 밤배를 이용(利用)하는 것이 좋다」 제하의 기사와 『매일신보』 1940년 3월 20일자에 수록된 「관부연락선(關釜連絡船), 낮배를 이용(利用)하라」 제하의 기사에도 채록되어 있다.

데 이와 반대로 낮에 떠나는 배는 텅텅 비고 있다 한다. 더구나 최근 2, 3일 동안은 방학으로 고향에 돌아왔던 학생들이 신학기 개학으로 말미암아 다시 돌아가는 관계로 매우 혼란하여 질 것이라 한다. 그리하여 철도국에서는 될 수 있는 대로 낮에 떠나는 배편을 이용하여 달라는데 낮에 떠나는 배도 대형선(大型船)이라고 한다.

최영호 외 공저자가 집필한 『부관연락선과 부산』(논형, 2007), 31쪽에 정리된 「부관연락선 인원 수송 실적(1905~1945)」라는 자료에 따르면, 이들 관부연락선은 운항 개시 이래로 1945년에 이르기까지 연인원 3천만 명에 달하는 승객을 실어 나른 것으로 집계되고 있다. 그야말로 관부연락선이 일제의 식민지배와 대륙침략을 위한 대동맥의 역할을 했음을 실감할 수 있는 대목인 듯하다. 역설적이게도 일제의 패망 당시 80만 명에 달하는 조선 거주 일본인과 200만 명에 육박했던 재일조선인들이 귀환선(歸還船)으로 삼았던 것 역시 관부연락선일 수밖에 없었다.

이러한 내력을 지닌 관부연락선이나 부산항 잔교(棧橋)의 모습을 담은 사진엽서들은 제법 그 수량이 풍부하게 남아 있는 편인데, 이들 가운데 1937년에 제작 배포된 것으로 추정되는 금강환(金剛丸)과 흥안환(興安丸)의 홍보엽서(민족문제연구소 소장자료)가 단연 눈길을 끈다. 이 엽서묶음에는 2매 연속으로 묘사된 선박의 단면도를 통해 이 배의 세부적인 얼개가 소개되어 있는데, 기선의 연통에 그려진 표시는 관부연락선의 운영주체인 철도성(鐵道省)의 휘장 '에(エ)' 마크이다.

『매일신보』1937년 1월 5일자에 수록된「흥안환(興安丸) 2월부터 취항(就航), 금강환(金剛丸)의 자매선(姉妹船)으로」제하의 기사에는 두 배의 제작연혁에 대해 이렇게 설명하고 있다.

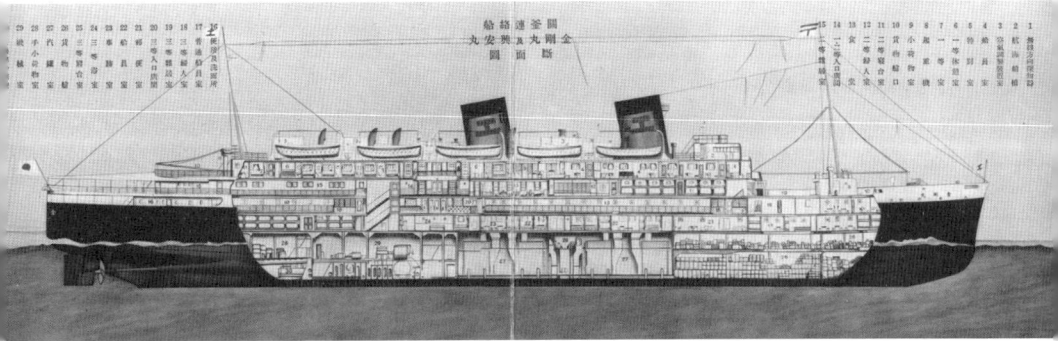

관부연락선 금강환(金剛丸)과 흥안환(興安丸)의 홍보엽서에 포함된 '채색 단면도'이다. 여기에는 각종 선실의 배치상황과 부대시설, 그리고 화물창, 기관실, 기계실, 냉방용 냉동실 등의 위치가 자세히 표시되어 있다. 이 배를 일컬어 가히 '현해의 여왕'이라고 부르는 이유를 짐작할 만하다. (민족문제연구소 소장자료)

일만(日滿) 간을 연결하는 국제교통로의 화형(花形)으로 구년말부터 7천 톤의 호화 근대적 선체(船體)가 1항해에 1,900명의 기록적 선객을 수용하여 국제여행객을 놀래게 한 관부연락선 금강환의 자매선인 흥안환은 목하(目下) 나가사키 미츠비시조선소(三菱造船所)에서 건조중인데 근근 준공되어 2월 1일부터 금강환과 번갈아 야항(夜航)으로 취항하게 되리라 한다. 그리하여 흥안환이라는 이름은 만주와 시베리아를 둘러싼 흥안령(興安嶺)으로부터 명명(命名)한 것으로 만주국의 색채를 농후하게 나타내인 세계에 자랑할 만한 해상의 호텔이다. 금강환과 같이 총톤수 7천 톤, 종래의 해협도선형(海峽渡船型)을 떠나서 대양항해선(大洋航海船)과 같은 감이 있다. 시속(時速) 23노트를 내서 5시간 반에 현해탄을 주파하여 제반 설비에 유감이 없어 1,746명의 선객과 2,700입방(立方)메타의 화물 적재능력이 있어 현재 항행중인 경복환(景福丸)의 2배가 된다. 그리하여 대망의 흥안환이 취항되면 현해탄의 야항도 스피드 여행을 할 수 있을 것으로 일만간의 국제로는 실로 신시대를 맞이할 것이다.

여기에서 보듯이 이들 배는 동일한 설계도에 따라 제작된 쌍둥이 선박이며, 총톤수 7,104톤에 승선인원은 1,746명이고, 화물용적도 2,700 제곱미터에 달하는 대형 객화선(客貨船)의 용도로 건조된 것이었다. 이는 종래 총톤수 3,620톤에 승선인원이 945명에 불과했던 경복환, 덕수환, 창경환 등에 비해 거의 두 배에 달하는 규모였다. 이들 배를 일컬어 '현해(玄海)의 여왕(女王)'이라고도 했던 것은 바로 화려한 외관과 더불어 이와 같은 대규모의 수송능력을 지닌 탓이 아닌가 한다.

하지만 이러한 수식어의 이면에는 무수한 조선인들이 두려움 속에 대한해협을 건넜을 강제동원의 역사도 고스란히 배여 있음을 잊어서는 안 될 것이다. 이러한 점에서 관부연락선과 현해탄은 '사(死)의 찬미(讚美)'로 상징되는 성악가 윤심덕(尹心悳, 1897~1926)과 극작가이자 연극이론가였던 김우진(金祐鎭, 1897~1926)의 애잔한 비애가 얽힌 공간으로 기억되기에 앞서, 그 자체가 무려 반세기 가까이 진행된 일제침탈사의 생생한 현장이자 길목이었다는 사실도 함께 상기할 필요가 있다.

● 이 글은 『민족사랑』 2015년 1월호에 게재하였던 것을 수정 보완하였다.

10

병합기념일을 제치고 시정기념일이
그 자리를 차지한 까닭

일제강점기의 공휴일에는
어떤 날들이 포함되어 있었나?

일제에 의한 식민통치상황이 지속되는 동안에 자못 신성하고 남다른 의미를 지닌 것으로 취급된 어휘의 하나를 굳이 꼽자면, 그건 바로 '천장지구(天長地久)'의 몫이 아닐까 싶다. 이는 "하늘과 땅이 영원하다"는 것을 나타내는 표현이며, 노자(老子) 『도덕경(道德經)』 제7장에 나오는 "하늘은 길고 땅은 오래며, 하늘땅이 능히 길고도 오랜 것인 까닭은 스스로 살려하지 않음으로써 그런고로 능히 장생할 수 있다(天長地久 天地所以能長且久者 以其不自生 故能長生)"는 구절이 그 출전(出典)인 것으로 알려져 있다.

일본 쪽에서 이 말이 특별한 대접을 받는 것은 거의 전적으로 이른바 '천황(天皇)'이라는 존재를 떠받들고 칭송하는 용어로 사용되고 있는 탓이다. 이것과 흡사한 표현으로 『일본서기(日本書紀)』에 등장하는 '천양무궁(天壤無窮)'이라는 것이 있으며, 이 또한 천황의 위상이 영구불멸한 존재라는 것을 나타낼 때 곧잘 애용되고 있다.[48]

---

[48] '천양무궁'은 『일본서기(日本書紀)』 권제2 신대하(卷第二 神代下)에 나오는 "寶祚之隆當與天壤無窮者矣(천황의 자리가 융성함은 마땅히 하늘과 땅이 무궁함과 같도다)"라는 구

아닌 게 아니라 일본천황의 탄생일을 지칭하는 용어가 곧 '천장절(天長節)'이며, 여기에는 성수무궁(聖壽無窮)을 기원하는 뜻을 담았다. 한편, 이것과 짝을 맞춰 황후의 탄생일은 '지구절(地久節)'로 불렀다.[49]

명치 시기 이후 '천장절'과 '지구절'의 변천 연혁

구분	천장절	지구절	비고
명치 시기(1868년 이후)	11월 3일	5월 28일	음력 9월 22일
대정 시기(1912년 이후)	8월 31일	6월 25일	천장절축일(10월 31일)
소화 시기(1926년 이후)	4월 29일	3월 6일	-

1910년 11월 3일에 경성일보사와 매일신보사의 연합 주최로 서울 거리에서 벌어진 국기행렬의 광경을 담은 사진엽서이다. 이날은 특히 이른바 '일한병합(日韓倂合)' 이후 제1회로 맞이하는 천장절(天長節)이라고 하여 봉축행사 자체가 매우 성대하게 치러졌다. (민족문제연구소 소장자료)

절에서 따온 것이다.

49) 황후의 탄생일인 '지구절'은 명치 7년(1874년) 5월 28일에 처음 제정되었으며, 이날은 휴일과 같은 축제일(祝祭日)에 포함되지는 않는다. 하지만 대개 여학교(女學校)에서는 이날에 한하여 휴업(休業)을 하고 봉축기념식을 벌이는 것이 일반적이다.

일본에 있어서 천장절의 유래는 일찍이 광인천황(光仁天皇) 시절인 보구(寶龜) 6년(즉, 775년)에 처음 제정되었으나 그 이후에 폐지되었다가, 왕정복고(王政復古, 1867년 11월)와 더불어 명치 원년(1868년) 9월 22일(음력)로 정하여 이것이 부활되었다고 알려진다. 그리고 명치 6년(1873년)부터는 태음력(太陰曆)이 폐지되고 태양력(太陽曆)이 채택됨에 따라 이를 '11월 3일'로 환산하여 봉축행사를 벌이게 되었다.

『매일신보』1911년 12월 6일자에는 강원도 삼척에 사는 '얼빠진' 양반유생들이 천황의 은사금 하사에 감읍한 나머지 그 공덕을 길이 기리고자 삼척 죽서루 옆에 '천장지구'라고 새긴 비석을 세웠다는 소식 한 토막이 남아 있는데, 이 기사의 제목 자체가 「천장지구(天長地久)」로 되어 있는 것이 눈길을 끈다.[50]

> 강원도 삼척군(江原道 三陟郡)에서 상치(尙齒)의 은전(恩典)에 욕(浴)한 최동욱(崔東昱) 외 37명의 양반유생(兩班儒生)은 성은(聖恩)의 우악(優渥)하심을 감격(感激)하여 성덕(聖德)을 만세(万世)에 전하기로 거월(去月) 3일 천장가절

---

[50] 일제는 한국을 강제 병합한 직후, 원활한 식민통치를 위한 회유책의 하나로 친일귀족들이 아닌 사람들에게도 은사금(恩賜金)을 광범위하게 살포하였다. 『매일신보』1911년 10월 1일자에 수록된「조선총독부 시정일주년간(朝鮮總督府 始政一周年間)의 사적(事績), 테라우치 총독(寺內總督)의 소감(所感)」제하의 기사에 따르면, 이때 양반유생의 기로(耆老)로서 은사금을 받은 자가 12,115명이오, 효자절부(孝子節婦)로서 포상은사금의 대상자가 3,209명이며, 환과고독(鰥寡孤獨; 홀아비, 과부, 고아, 독거노인)으로서 구휼은사금을 받은 이가 무려 70,902명에 달하였다. 그리고 흥미롭게도 조선총독부가 1911년 12월에 펴낸 영문판 연차보고서인『애뉴얼 리포트(1910~11년판)』에는 이 당시 삼척지역의 양반유생들에게 은사금 사령서(辭令書)를 수여하는 장면을 담은 사진자료가 고스란히 남아 있는데, 여기에는 일장기를 내건 삼척수비대(三陟守備隊) 앞에서 이들이 양쪽에 차례대로 도열한 광경이 잘 포착되어 있다.

(天長佳節)에 복(卜)하여 동군(同郡) 읍내 서단(西端) 죽서루(竹西樓)의 측(側)에 고(高) 8척(尺) 5촌(寸), 폭(幅) 2척 4촌, 후(厚) 8촌의 기념비(紀念碑)를 건립하고 기(其) 기석(基石)은 융기(隆起)한 천연(天然)의 대반석(大盤石)을 이용하였다는데, 전면에는 '天長地久' 후면에는 '明治 四十四年 十一月 三日 立 天皇在上 葛人西蜀 命我總督 召化南國 恤窮褒節 耆老兩班 勸業省 稅 臣民一體 江原道 三陟郡 兩班耆老 崔東昱 金炯國 外 三十六人'이라 서(書)하고, 건립위치(建立位置)는 풍광(風光)이 명미(明媚)하고 조망(眺望)이 절가(絶佳)한 강원도 팔경(八景) 중 유명한 처(處)이라더라.51)

여기에 나오는 양반 유생들은 딱 1년 전인 1910년 11월 3일에 『조선총독부관보』를 통해 기로포상자(耆老褒賞者)의 명단에 이름을 올렸던 이들이었는데, 해가 바뀌어 다시 돌아오는 천장절을 맞춰 그 때의 감격을 후대에 전한다는 명분으로 죽서루 옆에 '천장지구'라고 쓴

『매일신보』 1911년 12월 6일자에는 삼척 지역 양반유생 37인이 자신들에게 은사금을 내린 성은에 감격하여 죽서루 옆에 기념비를 세웠다는 소식이 수록되어 있다. 이 비석의 표제에 걸린 '천장지구(天長地久)'라는 표현은 그 자체가 곧 일본 천황의 영원무궁을 상징하는 용어이다.

---

51) 이 기사에는 김형국의 이름이 '金炯國'으로 적고 있으나 『조선총독부관보』 1910년 11월 3일자(호외)에는 '金烱國(금30원, 74세, 강원도 삼척군 미로면)'으로 인쇄되어 있는 것이 다르다. 참고로 최동욱(崔東昱)의 경우에는 신상명세에 대해 "금20원, 66세, 강원도 삼척군 도하면"으로 표시되어 있다.

기념비를 세웠다는 얘기이다. 이 기사는 천황의 생일인 천장절 자체가 식민지 조선에 대해 시혜를 베풀고 이를 과시하는 방편으로 사용된 흔적인 셈이다.

그런데 천장절이라는 것은 오로지 재위중(在位中)인 '당대(當代)' 천황에 대해서만 적용되는 개념이므로, 새로운 천황이 등극하면 그의 탄생일에 맞춰 다시 천장절이 정해지기 마련이다. 이럴 경우 세상을 뜬 '선대(先代)' 천황의 천장절은 휴일 목록에서 사라지고, 그 대신에 'ㅇㅇ천황제'이라고 하여 직전 천황의 제일(祭日, 제삿날)이 그 자리를 채우는 것이 정해진 절차이다.

이른바 '명치천황(明治天皇, 1852~1912)'이 숨지고 '대정천황(大正天皇, 1879~1926)'이 그 자리를 물려받은 직후에 새로 만들어진 칙령 제19호 「휴일(休日)에 관한 건(件)」(1912년 9월 3일 제정)에는 이러한 변화의 흔적이 고스란히 담겨 있다. 이 목록을 살펴보면 일본제국이란 것이 어디까지나 천황제국가이니만큼 그야말로 모든 휴일은 하나같이 역대 천황과 관련한 축일(祝日)이나 제일(祭日)로 구성되어 있다는 사실을 새삼 실감할 수 있다.

1912년 9월 3일 제정 「휴일(休日)에 관한 건」에 포함된 각종 제일(祭日)과 축일(祝日)

휴일 명칭	일자	비고
원시제(元始祭)	1월 3일	천손강림을 축하하는 제사일
신년연회(新年宴會)	1월 5일	새해를 맞아 궁중에서 여는 연회행사일
기원절(紀元節)	2월 11일	건국기념일(신무천황의 즉위일)
신무천황제(神武天皇祭)	4월 3일	신무천황 제일
명치천황제(明治天皇祭)	7월 30일	명치천황 제일
천장절(天長節)	8월 31일	(대정)천황탄생일
신상제(神嘗祭, 칸나메마츠리)	10월 17일	이세신궁에서 거행하는 수확제
신상제(新嘗祭, 니나메마츠리)	11월 23일	천황이 새로 수확한 곡식을 천신지기(天神地祇)에게 바치고, 시식하는 의식일

춘계황령제(春季皇靈祭)	춘분일	역대천황의 혼령에 제사지내는 궁중대제
추계황령제(秋季皇靈祭)	추분일	역대천황의 혼령에 제사지내는 궁중대제

• 1913년 7월 16일의 칙령 제259호를 통해 '10월 31일'을 '천장절축일(天長節祝日)'로 따로 정하고 이날을 휴일로 지정

　이때의 칙령 제정으로 기존의 천장절(11월 3일)은 폐지되고 '8월 31일'로 날짜가 변경된 새로운 천장절이 휴일의 하나로 공포되었다. 이와 동시에 명치천황이 죽은 '7월 30일'은 명치천황제(明治天皇祭)라는 이름으로 이 목록에 새로 추가되는 과정이 이어졌다.

　이 시기에 약간 특징적인 사항의 하나는 천장절과는 별도로 제정된 '천장절축일(天長節祝日)'이라는 휴일이 존재했다는 사실이었다. 이는 대정천황의 탄생일이 혹서기(酷暑期)에 해당하는 '8월 31일'인 탓에 여러 가지 봉축행사를 거행하기 어려운 계절이었으므로, 가을철에 공기 맑고 국화꽃 향기가 그득한 날(즉, 10월 31일)을 따로 택하여 이를 축하휴일로 만들었던 것이다.

　그 이후 '소화천황(昭和天皇, 1901~1989)'이 등극하였을 때도 이와 동일한 현상이 벌어졌다. 1927년 3월 3일에 개정된 칙령 제25호 「휴일(休日)에 관한 건(件)」을 살펴보면 우선 기존의 천장절(8월 31일)은 물론이고 천장절축일(10월 31일)도 한꺼번에 폐지되고 '4월 29일'로 날짜가 변경된 새로운 천장절이 휴일의 하나로 공포되었다.[52] 그리고 대정천황이 죽은 '12월 25일'은 대정천황제(大正天皇祭)라는 이름으로 휴일의 목록에 새로 추가된 것을 확인할 수 있다.

---

52) 윤봉길(尹奉吉, 1908~1932) 의사의 중국 상하이 홍구공원(虹口公園) 폭탄투척의거가 벌어진 날인 1932년 4월 29일이 바로 일본천황의 탄생일인 '천장절(天長節)'이었다.

1927년 3월 3일 개정 「휴일(休日)에 관한 건」에 따른 변동 내역

휴일 명칭	일자	비고
명치천황제(明治天皇祭)	7월 30일	명치천황 제일 (폐지)
명치절(明治節)	11월 3일	명치천황 탄생일 (신설)
천장절(天長節)	8월 31일	대정천황 탄생일 (폐지)
천장절축일(天長節祝日)	10월 31일	대정천황 탄생축일 (폐지)
대정천황제(大正天皇祭)	12월 25일	대정천황 제일 (신설)
천장절(天長節)	4월 29일	(소화)천황탄생일 (신설)

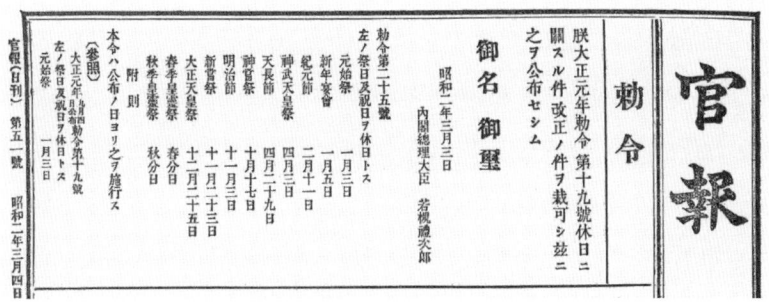

『일본제국관보』 1927년 3월 4일자에 게재된 칙령 제25호 「휴일에 관한 건(개정)」의 내용이다. 천장절의 날짜가 변경되는 한편 '명치천황제(7월 30일)'가 목록에서 폐지되고 그 대신에 '명치절(11월 3일)'이 신설된 흔적을 확인할 수 있다.

    한 가지 기억할 만한 대목으로는 바로 이 시기에 이른바 '명치절(明治節, 11월 3일)'이라는 휴일이 변칙적으로 새롭게 등장했다는 사실이다. 원래 천황의 자리가 바뀌면 직전 천황이 죽은 날짜를 '○○천황제'라는 이름의 휴일로 삼다가 또 다른 후대 천황이 등극하는 순간 그마저 폐지되는 순서를 따르는 것이 통례(通例)였다.

    하지만 명치천황의 경우는 달랐다. 무엇보다도 "명치천황의 대업(大業)을 영구히 기념하도록 해야 한다"는 명분을 내세워 그와 관련한 축제일의 흔적이 완전히 사라지는 것을 방지하고자 옛 천장절(11월 3일)에 해당하는 날짜를 '명치절'로 명명하여 이를 새로운 휴일로 부활 제정하였던 것이다.

이러한 내역을 담고 있는 칙령 「휴일(休日)에 관한 건」은 일제가 패망한 이후 1948년 7월 20일에 이르러 일본국 법률 제178호 「국민(國民)의 축일(祝日)에 관한 법률(法律)」이 제정되면서 그 부칙(附則) 조항에 따라 일괄 폐지되었다. 종래의 천장절이 '천황탄생일'로 개칭된 것을 포함하여 외견상 천황과 관련한 축일과 제일은 휴일의 목록에서 대다수 사라진 모습을 나타내고 있다.53)

이때 새롭게 등장한 휴일 가운데 이른바 '문화의 날(文化の 日)'은 1946년 11월 3일에 일본국헌법(日本國憲法, 평화헌법)이 공포된 날을 기리는 뜻에서 제정되었다고 알려진다. 하지만 애당초 명치천황의 탄생일에 맞춰 새 헌법의 공포일을 선택하였던 것이므로, 결국 옛 '명치절'은 '문화의 날'로 둔갑하여 여전히 그 흔적을 남기고 있는 셈이다.

1948년 7월 20일 제정 「국민(國民)의 축일(祝日)에 관한 법률」에 따른 휴일 내역

축일 명칭	일자	제정 취지
원일(元日, 새해)	1월 1일	새해의 시작을 경축하고자
성인의 날	1월 15일	어른이 된 것을 자각하고, 스스로 꿋꿋하게 살아가려고 하는 청년을 축하하고자
춘분의 날	춘분일	자연을 칭송하고, 생물을 소중히 여기고자
천황탄생일	4월 29일	천황의 탄생일을 경축하고자
헌법기념일	5월 3일	일본국 헌법의 시행을 기념하고, 국민의 성장을 기하고자

---

53) 하지만 이들 휴일 가운데 '춘분일'과 '추분일'은 원래 '춘계황령제(春季皇靈祭)'와 '추계황령제(秋季皇靈祭)'를 거행하는 날과 일치하고 '문화의 날(11월 3일)'과 '근로감사의 날(11월 23일)' 역시 각각 '명치절'과 '신상제(新嘗祭, 니나메마츠리)'와 같은 날짜인 것을 보면, 일본제국 시절의 휴일은 변형된 형태로 계속 잔존하고 있는 사실이 확연히 눈에 띈다고 하겠다.

어린이의 날	5월 5일	어린이의 인격을 존중하고 어린이의 행복을 도모함과 더불어 어머니에게 감사하고자
추분의 날	추분일	조선(祖先)을 존경하고, 죽은 사람들을 그리워하고자
문화의 날	11월 3일	자유와 평화를 사랑하고, 문화를 향상시키고자
근로감사의 날	11월 23일	근로를 숭상하고, 생산을 축하하며, 국민들 사이에 감사하고자

식민지 시절에 이 땅에서 통용되었던 각종 휴일에 관한 얘기를 늘어놓고 보니, 또 하나 빼놓을 수 없는 것이 바로 '시정기념일(始政記念日)'의 존재이다. 이것은 1910년 9월 29일에 제정된 칙령 제354호 「조선총독부관제(朝鮮總督府官制)」의 부칙에 따라 "명치 43년(1910년) 10월 1일"을 기점으로 총독정치가 개시된 날을 가리키는 표현이다.

그런데 원래 일제가 대한제국을 강제로 집어 삼킨 직후 여러 해 동안 큰 비중을 두어 기념축하행사를 벌인 날은 다름 아닌 '병합기념일(倂合記念日, 8월 29일)'이었다. 예를 들어, 이 날은 조선은행을 비롯한 모든 은행지점이 일괄 '임시휴업일(臨時休業日)'로 삼을 정도로 그들에게 있어서 그야말로 "병합의 대업(大業)"을 이룬 더할 나위 없이 굉장한 의미를 지닌 행사일로 받아들여졌던 것이다.

『매일신보』1914년 8월 28일자에 수록된 각 은행 지점의 '임시휴업광고(臨時休業廣告)'이다. 이때까지만 하더라도 해마다 8월 29일이면 이른바 '일합병합'을 축하하고 기념한다는 이유로 이날을 기려 일제히 문을 닫았다는 것을 알 수 있다.

그러던 것이 1915년에 이르러 시정기념일이 공식적으로 제정되고, 더구나 이 날을 총독부와 소속관서의 휴무일로 정하면서 이러한 상황은

『매일신보』1915년 9월 29일자에 수록된 각 은행 지점의 '임시휴업광고(臨時休業廣告)'이다. 그 이전까지는 '병합기념일(8월 29일)'에 맞춰 일제히 휴업을 하였으나, 이때부터는 '조선총독부 시정기념일(10월 1일)'로 휴업일을 변경하였다.

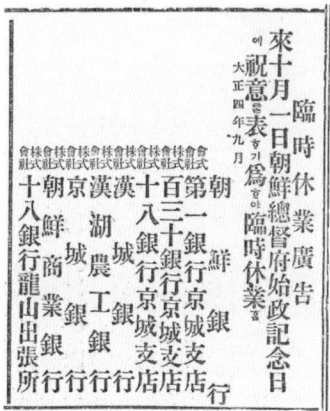

큰 변화가 일어나게 되었다.54) 『조선총독부관보』1915년 6월 26일자에 수록된 관통첩 제201호「시정기념일(始政記念日)의 건(件)」에는 이러한 결정의 취지를 이렇게 소개하고 있다.

> 6월 26일 본부 고시(本府 告示) 제151호로써 '시정기념일의 건'이 고시되었는 바 이에 관한 취지(趣旨)를 별지(別紙)에 통첩(通牒)하나이다.
>
> [별지]
>
> 명치 43년(1910년) 10월 1일은 조선총독부(朝鮮總督府)의 설치(設置)와 더불어 신정(新政)을 개시(開始)했던 날이다. 병합조약(併合條約)의 체결 및 그 실시에 있어서 추호(秋毫)의 분요(紛擾)를 보이지 않았을 뿐만 아니라 기정(既定)의 방침(方針) 및 계획(計畫)에 따라 전부 원활(圓滑)히 제반(諸般)의 정무(政務)를 정리할 수 있었던 것은 오로지 성명(聖名)의 위덕(威德)과 시운(時運)의 추세(趨勢)에서 기인하지 않으면 안된다. 총독부 개시 이래 자(玆)에

---

54) 이와 관련하여『조선총독부관보』1915년 6월 26일자에는 조선총독부 고시 제151호 "매년 10월 1일은 조선총독부 시정기념일로 삼고, 본부(本府) 및 소속관서에서는 사무(事務)를 휴지(休止)함. 대정 4년(1915년) 6월 26일. 조선총독 백작 테라우치 마사타케(朝鮮總督 伯爵 寺內正毅)."라는 내용이 수록되어 있다.

5주년(五周年) 질서(秩序)의 회복(回復), 제도(制度)의 정리(整理)는 물론 식산흥업(殖産興業)에 관한 백반(百般)의 시설 경영도 또한 점차 그 서(緖, 발단)에 들었으며, 홍택(洪澤)의 점윤(漸潤)하는 바 상하만상(上下萬象) 각기 안도(安堵)하고 치평(治平)의 경(慶)에 욕(浴)하여 조선통치(朝鮮統治)의 기초는 이미 확립되어 시정의 방침은 오래도록 넘쳐나는 것이 될 것인즉, 이제 자금(自今) 매년 10월 1일로써 '시정기념일(始政記念日)'로 정하여 영구히 이러한 성사(盛事)를 명간(銘肝, 명심)하고 일층(一層) 여정노력(勵精努力)하여 제국(帝國)의 강운(降運)에 공헌(貢獻)토록 하려는 소이(所以)이다.

이에 따라 경성신사와 같은 곳에서도 종래 병합기념일에 올리던 항례(恒例)를 시정기념일로 바꿔 거행하기로 했는데, 이에 관해서는 『매일신보』 1915년 8월 27일자에 수록된 「기념제일(記念祭日) 변경(變更)」 제하의 기사에 다음과 같은 내용이 남아 있다.[55]

경성신사(京城神社)에서는 매년의 항례(恒例)로 8월 29일 일한병합기념제(日韓倂合記念祭)를 집행하더니 본년 6월 총독부 고시 151호로서 10월 1일을 시정기념일(始政記念日)로 정하였으므로 동신사(同神社)에서 내(來) 29일의 병합기념일제를 개(改)하여 10월 1일의 시정기념일제를 집행하기

---

55) 이러한 변화에 따라 공식적으로 병합기념일에 관한 행사는 사라진 듯하지만, 그 대신에 축전(祝電)을 보낸다거나 축하연회와 같은 소규모 행사를 연다거나 하는 일은 여전히 진행되었던 모양이었다. 가령, 병합조약의 체결 당사자였던 테라우치 마사타케가 남긴 그 자신의 일기책에 따르면 "(1916년 8월 29일) …… 본일(本日)은 조선병합 제6회 기념일이므로 히사고야(瓢ヤ; 일본 도쿄)에서 소연(小宴)을 열고 시바타(柴田) 이하 10수 명이 함께 모였다"라는 기록의 흔적을 확인할 수 있다.

로 하였더라.

이처럼 병합기념일을 제치고 시정기념일이 그 자리를 차지한 까닭에 대해서는 명시적으로 그 이유가 공표된 적은 없었으나, 짐작컨대 입장을 바꿔 생각하면 이날이 곧 조선인들에게는 '국치기념일(國恥記念日)'이 아니었던가 말이다. 여성독립운동가 지복영(池福榮, 1919~2007) 여사가 남긴 증언에는 "이 날은 우리 교포 어느 집을 막론하고 굴뚝에 연기가 오르지 않는다"는 구절 한 토막이 포함되어 있다.56) 그야말로 비분강개(悲憤慷慨)에 와신상담(臥薪嘗膽)의 날에 다름 아니었던 것이다.

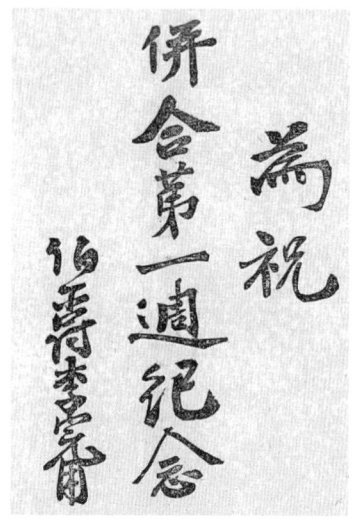

『매일신보』 1911년 8월 29일자에 수록된 친일귀족 이완용 백작(李完用 伯爵)의 '병합 1주년 기념 휘호'이다. 그 자신이 이른바 '병합조약문'에 서명한 당사자이면서, 낯부끄러운 줄도 모르고 이렇게 병합축하의 글씨를 버젓이 신문지상에 게재하였다.

그러다보니 식민통치자들에게 이날만큼은 신경과민(神經過敏)에 가까

---

56) 이 내용은 지복영 지음(이준식 정리), 『민들레의 비상(여성 한국광복군 지복영 회고록)』(민족문제연구소, 2015), 47쪽에서 따온 것이다. 여기에는 "그밖에 또 한 가지, 평생토록 잊을 수 없는 '국치일(國恥日)' 행사에 관한 기억이 있다. 8월 29일은 우리 민족에게 가장 부끄러운 나라 잃은 날이었다. 이 날은 우리 교포 어느 집을 막론하고 굴뚝에 연기가 오르지 않는다. 다시 말해서 우리 모두가 굶는 날이다. 나라 잃은 부끄러움을 절치부심 잊지 말고 정신을 분발하여 기필코 독립을 완수할 것을 다짐하는 날이다"라고 서술한 구절과 함께 그 아래에는 국치일 기념식에서 모두 울면서 불렀다는 '국치의 노래' 가사 전문이 소개되어 있다.

『동아일보』 1924년 8월 29일자에 소개된 남산 왜성대의 벚꽃 광경과 이완용 후작의 자택 대문 모습이다. 이러한 사진이 동시에 소개된 것은 이날이 바로 '경술국치기념일'인 까닭이다. 아래쪽의 설명부분을 보면 "무슨 소동이 있을까 염려하여 은근히 경계를 하여 오는 중이나 너무 평온무사하여 의외이다"라는 취지의 글이 서술되어 있다.

울 정도로 경계태세를 늦출 수 없고, 그저 평온무사(平穩無事)하게 지나가길 바라는 날이 되곤 했던 것이다. 이런 연유로 굳이 조선인들의 민심을 자극할 '병합기념일'에 와자지껄하게 축하기념행사를 벌이기보다는 새로운 총독정치의 성과를 과시한다는 명분으로 '시정기념일' 쪽에 더 초점을 맞춘 것이 아닌가 싶기도 하다.

• 이 글은 『민족사랑』 2022년 7월호에 게재하였던 것을 수정 보완하였다.

11

4년 새 4.5배의 살인적인 담배값 인상이 자행되던 시절

조선총독부의 연초 전매에 얽힌 생활풍속사의 이면

여기 근대관련 사진첩이나 서울 탐방기에 자주 등장하는 한 장의 사진자료가 있다. 종로거리를 달리는 전차에 백립(白笠) 차림의 사람들이 잔뜩 타 있고, 지붕 위에는 '오루도'와 '히이로'라고 쓴 글자판이 보이는 그런 사진이다. 여기에 나오는 '오루도'와 '히이로'는 그 시절에 잘 나가던 담배회사의 하나인 영미연초회사(英美煙草會社, BAT)에서 판매하던 '올드 골드(Old Gold)'와 '히어로(Hero)'라는 이름의 담배상표인데, 이를 테면 위의 글자판은 그 시절 나름으로는 첨단기법을 이용한 이동광고판이었던 셈이다.

더구나 이 회사에서 파는 담배의 빈 껍질 열 장을 모아오면 동대문전기회사에서 상영하는 활동사진(活動寫眞, 영화)을 공짜로 구경할 수 있는 기회도 종종 있었으므로, 담배는 단순히 기호품(嗜好品)에 머물지 않고 때로는 서양의 근대풍물을 이 땅에 전해주는 매개체의 역할을 하기도 했다. 그런데 근대개화기 우리나라 사람들의 담배사랑은 유달랐던 모양이었다. 주한일본영사관원이던 시노부 준페이(信夫淳平)가 쓴 『한반도(韓半島)』(1901)라는 책(637~638쪽)에는 이런 현상을 다음과 같이 요약하

『실업지일본(實業之日本)』제13권 제19호(1910년 9월 15일 발행)에 수록된 전차 지붕의 담배광고판이다. 여기에 보이는 '오루도(Old Gold)'와 '히이로(Hero)'는 영미연초회사에서 판매하던 담배상표이다. (민족문제연구소 소장자료)

고 있다.

살피건대 한인(韓人)은 그 나라의 형편이 매우 빈약하고 생활의 정도 역시 매우 저열(低劣)하지만 이에 구애되지 않고 상류사회부터 하등노동자에 이르기까지 남녀노약(男女老翁)을 통틀어 끽연(喫煙)의 풍조가 성행한데, 하루 종일 앉고 누울 때와 노역할 때를 불문하고 이를 애용하는 것이 거의 쉴 새가 없고 그 연초(煙草)에 대한 기호(嗜好)가 깊은 것은 참으로 놀랄만한 것이다. 따라서 다른 박래품(舶來品)을 수요함과 아울러 박래연초(舶來煙草)의 수입(輸入)도 몇 해 전부터 역시 현저해진 것을 볼 수 있고, 특히 우등연초(優等煙草)의 수입액이 점차 증가해 온 것이 근래 수년의 추세이다. 목하(目下) 반도내(半島內)에서 가장 세력이 있는 외국산 지권련초(外國産 紙卷煙草)는 예(例)의 무라이형제상회(村井兄弟商會)의 '히이로

(Hero)'인데, 한인 중에 현재 연초(煙草)와 '히이로'를 동일 의의(同一 意義)로 해석하는 자들이 적지 않을 정도이며, …… 요컨대 한인(韓人)은 본래 고집스럽게 구관(舊慣)을 지키려는 성질에 있어서 정평이 나있다 할지라도, 어떤 점에 있어서는 도리어 세상의 풍조에 능가하여 유행을 쫓아가기에 빠르기가 본방인(本邦人, 즉 일본인)조차 뒤에서 눈이 휘둥그레질 정도인데, 박래(舶來)와 관계되어 일컫는 사치품(奢侈品)의 반도 내에 있어서 오늘날의 세력을 살펴보면, 이를 이해하는 데 있어 아마도 여사(餘師)가 되지 않을까 한다.

이른바 '권연(卷煙; 권련, 궐련)'이라고 하는 새로운 형태의 담배가 등장하자마자 큰 호응을 일으켰는데, 하필이면 가장 인기를 끈 것이 일본산 '히이로'였다. 이 담배는 미국산 잎담배를 원료로 하여 제조한 것으로, 원래 일본 교토에 근거를 둔 '무라이형제상회'의 주력상품이었다. 하지만 1904년 일본에서 연초전매제도(煙草專賣制度)의 도입으로 민간담배회사가 일체 사업을 인계하고 폐업에 이르게 되자, 이 브랜드는 영미연초

『독립신문』 1899년 7월 1일자에 수록된 무라이형제상회의 '히이로' 담배광고이다. 이 담배는 그 시절에 가장 인기 있던 제품이었으나 러일전쟁 당시 전비확충을 위한 담배전매제도가 도입되는 와중에 영미연초회사의 브랜드로 넘겨지게 되었다.

회사의 것으로 재활용되었다.[57]

　일본의 경우 전매제도의 확대는 러일전쟁에 따른 전비(戰費)의 확충과 맞물려 진행된 것이라는 사실을 기억할 필요가 있다. 그 결과 1904년 7월 1일 「연초전매법(煙草專賣法)」의 시행과 더불어 연초전매국(煙草專賣局)이 신설되었고, 이어서 1905년 6월 1일에는 소금에 대한 전매제도를 추가로 실시하기에 이른다.[58] 이에 비해 우리나라에서는 1908년 7월에 「홍삼전매법(紅蔘專賣法)」이 도입된 것을 제외한다면, 담배에 대해서는 별도의 전매제도가 적용되지 않았다. 이에 따라 수입담배가 대다수를 점하는 가운데 중소규모의 한국인 담배회사들도 서서히 생겨나게 되었는데, 가령 친일매국노의 대명사인 송병준(宋秉畯)도 자신의 소유이던 옛 독립관(獨立館) 건물 안에 동광사(東光社)라는 담배제조회사를 차린 적도 있었다.

　하지만 이 와중에 전매국 체제로 변한 일본담배의 위세는 전혀 줄어들지 않았다. 그들의 특허를 받은 동아연초주식회사(東亞煙草株式會社)라는 독과점 형태의 조직이 그 역할을 고스란히 대신했기 때문이었다. 1906년 11월에 설립된 이 회사는 일본 전매국에서 제조한 담배판매를

---

57) 무라이형제상회를 운영했던 무라이 키치베에(村井吉兵衛, 1864~1926)는 경남 김해 진영과 창원 대산 및 동면 일대에 구축한 '무라이농장(村井農場)'의 소유주로도 잘 알려져 있다. 이곳은 1928년에 이르러 하자마 후사타로(迫間房太郎, 1860~1942)에게로 넘겨져 통칭 '하자마농장(迫間農場)'으로 전환되었다.

58) 일본의 경우 우선 1904년 3월 31일에 제정된 법률 제14호 「연초전매법(煙草專賣法)」(1904년 7월 1일 시행)과 1904년 5월 24일 제정 칙령 제152호 「연초전매국관제(煙草專賣局官制)」(1904년 6월 1일 시행)를 통해 담배에 대한 전매제도가 실시되었고, 그 이후 1904년 12월 31일에 제정된 법률 제11호 「염전매법(鹽專賣法)」(1905년 6월 1일 시행)에 따라 소금에 대해서도 전매제도가 적용되었다.

대행하는 동시에 1910년 1월 이후로는 조선시대 오군영(五軍營)의 하나인 옛 어영청(御營廳, 서울 종로구 인의동 112번지) 구역을 넘겨받아 이곳에 직접 연초제조소를 설립하여 담배를 생산 판매하였다. 물론 이러한 상황은 경술국치 이후에도 한동안 그대로 지속되었다. 조선총독부가 들어서면서 전매국이 설치되었다가 2년 만에 폐지된 바 있었으나, 이 당시의 전매품목은 인삼과 소금 두 가

『매일신보』 1911년 11월 27일자에 수록된 담배제조소 동광사(東光社)의 전면광고이다. 이 회사는 일진회의 창설자이자 친일매국노의 대명사인 송병준의 소유이며, 광고문안에 표시되어 있듯이 하필이면 '독립관 터'에 자리하고 있었다.

지였을 뿐 담배는 여전히 제외되어 있었던 탓이었다.

 그러다가 조선총독부에 의해 전매국관제(專賣局官制)가 재도입된 것은 1921년 4월의 일이었다.[59] 이때 소금, 인삼 및 홍삼, 아편에 곁들여 담배가 총독부 전매국의 소관업무로 귀속되는 한편 「연초세령(煙草稅令)」의

---

59) 조선에 있어서 전매제도는 1921년 3월 30일에 제정된 칙령 제53호 「조선총독부전매국관제(朝鮮總督府專賣局官制)」(1921년 4월 1일 시행)와 1921년 4월 1일에 제정된 제령 제5호 「조선연초전매령(朝鮮煙草專賣令)」(1921년 7월 1일 시행)에 의해 실시되었으며, 이 당시 전매에 속한 것으로는 '연초(煙草, 담배)', '염(鹽, 소금)', '인삼(人蔘)', '아편(阿片)' 등이 있었다.

이른바 '통안네거리(지금의 종로 4가 네거리)'에 자리했던 일본인 담배제조 전매특허회사인 '동아연초주식회사'의 전경이다. 이곳은 조선시대 오군영의 하나였던 '옛 여영청(御營廳) 터'를 그대로 점유한 공간이었다. (아오야기 츠나타로(青柳綱太郎), 『선철연선명소사적미술대관(鮮鐵沿線名所史蹟美術大觀)』, 1919)

폐지와 「조선연초전매령(朝鮮煙草專賣令)」의 제정이 동시에 이뤄졌다. 뒤늦게 담배에 대한 전매제도를 실시한 것은 식민통치에 필요한 재정적 기반을 크게 확충하려는 뜻이 반영된 것임은 두말할 나위가 없다. 이에 따라 기존에 동아연초가 보유했던 생산설비 일체는 조선총독부로 이전되었고, 어영청 자리에 있던 조선제조소(朝鮮製造所) 역시 총독부 전매국 경성지국 인의동공장으로 전환되었다. 지난 1986년 11월에 신탄진으로 이전할 때까지 전매청 청사가 해방 이후 줄곧 이곳에 있었던 것도 바로 이러한 공간내력의 연장선상에서 비롯된 일이었다.

총독부전매국의 출범과 더불어 1921년 7월 20일에는 부도(敷島, 시키시마), 조일(朝日, 아사히), 송풍(松風, 마츠카제), 백로(白露, 시라츠유) 등 구부(口付, 원통형의 물뿌리를 단 것) 형태와 해태(카이다), 비둘기(피죤), 목단(피오니), 참외

『동아일보』 1921년 7월 19일자에 최초로 등장한 '조선총독부 전매국 제조 연초정가표' 광고이다. 구부(口付, 마우스 피스)는 "물뿌리 달린 것"을 말하고, 양절(兩切)은 "물뿌리 없는 것"을 가리킨다.

(메론), 단풍(메이플) 등 양절(兩切, 물뿌리 없이 양끝을 자른 것) 형태, 그리고 수부(水府, 즈이후), 살마(薩摩, 사츠마), 복수초(福壽草, 후쿠쥬소)와 같은 절초(切草, 썬 담배)가 신발매되었다. 이 가운데 '부도'와 '조일'은 '대화(大和, 야마토)', '산앵(山櫻, 야마자쿠라)'과 더불어 1904년 이래 일본전매국의 대표브랜드였으며, 동아연초 시절에도 이미 수입 판매 또는 직접 생산된 바 있는 제품들이었다.

이러한 담배 이름은 모토오리 노리나가(本居宣長, 1730~1801)가 읊은 "敷島の 大和心を 人間はば 朝日に 匂ふ 山櫻花(일본의 야마토 마음을 누가 물으면 아침 햇살에 빛나는 산벚나무 꽃잎)"라는 구절의 와카(和歌)에서 따온 것으로 알려진다. 특히, 이 명칭들은 일본군함의 이름으로도, 나아가 침략전쟁 시기에 카미카제특공대(神風特攻隊)의 부대명으로도 사용된 바 있었으니, 정작 그 뜻을 알고 보면 참으로 고약한 구석이 많이 내포된 것이라는 사실을 새삼 깨닫게 된다.

한편, 일제강점기가 지속되는 동안 금연운동(禁煙運動)이 적지 않게 벌

조선총독부 전매국에서 발매한 각종 상표의 담배포갑지이다. (민족문제연구소 소장자료)

어졌음에도 불구하고 이에 아랑곳하지 않고 총독부 전매국에서 생산하는 담배는 시간이 흐를수록 판매금액이 줄기차게 늘어났다. 그 실적을 들여다보면 우선 1921년 당시에는 1,175만 원 수준이었던 것이 10년이 흐른 1931년에 가서는 3,115만 원으로 증가하였고, 일제패망기로 치닫던 1942년에는 1억 3,718만 원으로 급증한 것을 드러난다. 전체 판매량으로 보더라도 구부(口付) 및 양절(兩切) 담배를 합쳐 1921년 한 해에 28억 개비가 팔렸던 것이 1942년에는 무려 105억 개비가 소비되는 수준으로 크게 치솟아 올랐던 것이다.

이 와중에 조선총독부는 담배전매제도를 통해 상당한 재원을 확보할 수 있었고, 게다가 기념담배의 발매를 통해 황도주의(皇道主義)와 군국주의(軍國主義)를 홍보하고 강요하는 부수적인 효과도 거둘 수 있었다. 가령, 1928년의 천황즉위기념담배 '코로네이션(Coronation)'과 '국화(菊花)', 1937년의 황군위문담배 '카치도키(勝鬨, 승리의 함성)', 그리고 1940년 기원 2600년 봉축담배 '이야사카(彌榮, '더욱 번창한다'는 뜻)'와 같은 종류가 모두 여기에 속한다. 또 빈 담배갑의 수집을 독려하여 전시체제 아래 물자절

1937년 중일전쟁 당시 황군위문용 담배로 발매한 '카치도키(かちどき, 勝鬨, 승리의 함성)'와 1940년 기원 2600년 봉축용 기념담배로 특별판매한 '이야사카(いやさか, 彌榮)'의 포갑지이다. (민족문제연구소 소장자료)

약과 국방헌금을 조성하는 방도로 활용하였으며, 연초소매상들에게서 갹출한 돈으로 여러 대의 기관총(機關銃)과 애국기(愛國機)를 헌납 받는 한편 심지어 이들의 가게 앞 간판도 금속물 공출의 대상으로 삼아 거둬들이기까지 했다.

그런데 총독부 전매국 시절의 담배에 관한 얘기를 하자면 뭐니 뭐니 해도 가장 경악할 만한 대목은 전시체제기의 막판에 단행된 무지막지한 담배값의 인상조치였다. 총독부 전매국의 출범 이래로 존속했던 담배 제품들을 통틀어 장수브랜드로 분류되는 것은 '부도(敷島, 시키시마)', '조일(朝日, 아사히)', '해태(カイダ, 카이다)', '피죤(ピジョン, 하토)' 등 4가지인데, 이것들의 가격 추이를 비교해보면 그 실상을 잘 포착할 수 있다.

총독부 전매국 발매 연초소매가 인상 연혁 비교표

구분	부도(敷島)	조일(朝日)	해태(카이다)	비둘기(피죤)
	20본입 구부	20본입 구부	10본입 양절	10본입 양절
1921년 7월	15전(錢)	12전	15전	10전
1936년 11월	18전	15전	18전	12전
1939년 11월	21전	17전	21전	14전

1941년 11월	30전	21전	30전	20전
1943년 1월	60전	40전	60전	32전
1943년 12월	95전	65전	95전	50전
1945년 1월	–	–	–	70전

『조선총독부 관보』를 통해 전매국 연초소매가에 관한 사항을 살펴본 결과, 1921년부터 1930년대 중반까지는 담배값의 변동은 전무하다시피 했고, 1936년 11월에 와서야 처음으로 2할 정도의 가격인상이 있었던 것이 확인된다.[60] 그러나 1939년 11월의 소폭인상을 거쳐 전시체제가 가속화하던 1941년 11월에는 5할의 폭으로, 다시 1943년 1월에 종전 가격의 2배, 그리고 1943년 12월에 6할이나 되는 가파른 인상이 이뤄진 것으로 나타난다.[61] 요컨대 불과 4년 남짓에 450퍼센트에 달하는 살인적인 담배값 인상이 있었던 것이다.

이러한 거듭된 가격인상은 무엇보다도 전력증강에 투입할 국고의 세입증가(1944년 이후 연평균 5억 원 예상)를 꾀하는 동시에 원료조달이 점차 어려워지는 담배의 소비를 억제하는 목적을 담고 있었다. 이에 따라 군대 전용담배인 '사쿠라'와 같은 품목만 가격이 동결된 채 나머지는 예외 없

---

60) 이에 관해서는 『조선총독부관보』 1936년 11월 11일자(호외)에 게재된 조선총독부 고시 제614호 「조선총독부 전매국 제조 연초 소매정가」를 참조할 수 있다.

61) 이에 관해서는 『조선총독부관보』 1939년 11월 16일자(호외)에 게재된 조선총독부 고시 제955호 「조선총독부 전매국 제조 연초 소매정가」, 『조선총독부관보』 1941년 11월 1일자(호외)에 게재된 조선총독부 고시 제1730호 「조선총독부 전매국 제조 연초 소매정가」, 『조선총독부관보』 1943년 1월 17일자(호외)에 게재된 조선총독부 고시 제32호 「조선총독부 전매국 제조 연초 소매정가」, 『조선총독부관보』 1943년 12월 27일자(호외)에 게재된 조선총독부 고시 제1496호 「조선총독부 전매국 제조 연초 소매정가」 등을 통해 세부내역을 확인할 수 있다.

『매일신보』 1939년 8월 22일자에는 종이재 활용과 국방헌금 모금을 위해 "담배 빈갑 하나라도 버리지 말고 나라에 국방비로 바치자!"는 구호와 함께 경성연초소매협회에서 담배갑 수집행사를 벌인다는 소식이 소개되어 있다.

이 전비충당(戰費充當)을 위한 담배값 폭등대열에 포함시켰다.

이에 관해서는 『매일신보』 1943년 12월 28일자에 수록된 「어제부터 담배값 인상(引上), 소비(消費) 줄이고 전력증강(戰力增强)에 나가라」 제하의 기사를 통해 다음과 같은 내용을 확인할 수 있다.

> 장기전이 불리함을 깨달은 적은 남태평양에서 초조히 처참 가열한 반공을 하고 있는 이때에 총후 1억 창생은 소비를 일층 억제하여 이를 전력증강에 충당하고자 정부에서는 직접세, 간접세 등의 인상을 단행하기로 되어 이번에 담배값을 인상하게 되었는데 조선에서도 같은 취지 아래 내지와 같이 27일부터 품종간의 균형을 고려하는 한편 조선 민정을 참작하여 다음과 같이 담배값을 올려서 이것을 전비에 충당하기로 되었다.

정부에서는 시국하에 부동구매력을 흡수하는 동시에 국고의 세입증가를 도모하여 이를 전비에 충당하는 한편 연초의 소비를 억제하기 위하여 제조연초의 값을 올리게 된 고로 조선서도 같은 취지 아래 내지와 같이 27일부터 다음 같이 담배값을 올리기로 되었다. 그 인상률(引上率)은 품종 간의 균형을 고려하는 한편 조선민정도 참작하여 상급품은 고율이며 군대전용의 '사쿠라'는 이번에 값을 올리지 않기로 되었다. 정가개정으로 인한 금년도 증수예정액은 약 1천 7백만 원이고 소화 19년도(1944년도)에는 약 7천 9백만 원이다. 그리고 아직 옛 정가가 찍힌 제품이 많은 고로 하릴없이 당분간은 이들을 새 정가로 판다.

하지만 이를 통한 세수증대효과는 생각만큼 오래 지속되지 못하였다. 물자부족으로 인해 담배의 공급 자체가 원활하게 이뤄지지 못하였기 때문이었다. 패전 3개월을 앞둔 1945년 5월, 조선총독부가 성인 남자(미성년자와 여자는 대상에서 제외) 1인당 하루 7개비로 제한하는 담배배급제도를 실시

『매일신보』 1943년 3월 30일자에는 연초소매상들이 담배값 인상차액(종전가격의 2배 인상)에 따른 이익금 전부를 비행기기금으로 헌납했다는 내용의 기사가 수록되어 있다.

한 것이 이러한 형편을 잘 말해준다. 이것은 흡연상습자의 비율을 전인구의 27퍼센트로 잡고, 이에 비례하여 10일치 내지 한 달치의 수량을 애국반(愛國班)을 통해 일괄 공급하는 방식이었다. 이와 아울러 군수공장과 중요산업장의 공원(工員) 및 선원(船員)에 대해서도 하루 7개비 배급 원칙이 적용되었다.[62]

식민지배에 따른 삶의 고통과 고단했던 나날을 잠시나마 잊게 해주었던 한 모금의 담배연기는 부지불식간에 일본제국의 숨통을 하루 더 연명하게 만들었던 돈줄의 역할을 했다는 것은 부인하기 어려운 역설이라 할 수 있다.

● 이 글은 『민족사랑』 2015년 7월호에 게재하였던 것을 수정 보완하였다.

---

62) 이 제도에 관한 자세한 운용방식은 『매일신보』 1945년 5월 18일자에 수록된 「담배 배급제, 애국반(愛國班)을 기준으로, 경성은 21일, 지방 6월 1일 실시」 및 「남자(男子) 1일 7본(本)씩, 직역(職域), 여행자(旅行者)에도 배급」 제하의 기사에 잘 채록되어 있다.

12

일본천황에게 바쳐진 헌상품 행렬은 또 다른 지배종속의 징표

성환참외와 충주담배에서 호피(虎皮)와 비원자기(秘苑磁器)까지

〈1〉 1일 오전 10시부터 이왕 동비(李王 同妃) 양 전하는 대조전(大造殿)에서 왕족 및 어친척 등, 그 다음으로 선정전(宣政殿)에서 조선귀족(朝鮮貴族) 및 이왕직고등관(李王職高等官) 등의 축하를 받으시고 10시 30분부터 총독관저를 방문하여 야마가타 정무총감(山縣 政務總監)에 축하인사를 교환하며 천황, 황후, 황태후 3폐하 및 황태자전께 축사(祝詞)의 집주방(執奏方)을 청하시고 다시 오후 1시로부터 덕수궁에 문안하시고 동(同) 2시에 환궁하실 예정이라더라.

〈2〉 창덕궁 이왕 전하께서 매년 1월 1일에는 총독관저를 방문하옵시고 천폐(天陛, 천황폐하)에 신년어례(新年御禮)의 전주(傳奏)를 총독에게 친히 의뢰하셨으나 금년에는 하세가와 총독(長谷川 總督)이 영제(令弟)의 복중(服中)에 있으므로 총독관저 어방문은 권정(權停, 임시로 정지했다는 뜻)하옵신다더라.

이것은 『매일신보』 1914년 1월 1일자 및 1918년 1월 1일자 신년호에

『매일신보』 1923년 1월 3일자에는 총독 관저에 행차하였다가 돌아오는 이른바 '창덕궁 이왕(순종)'의 모습이 게재되어 있다. 이렇듯 '전직 황제' 순종은 해마다 새해 첫날이 되면 일본 도쿄에 있는 천황에게 새해인사를 올리는 전보를 쳐달라고 부탁하기 위해 꼬박꼬박 이곳을 찾아야만 하는 처지였다.

각각 수록된 짤막한 내용의 기사 한 토막이다. 여길 보면 경술국치 이후 이른바 '창덕궁 이왕(昌德宮 李王)'으로 신분이 격하된 것도 모자라, 새로 상전(上典)이 된 일본천황에게 아뢰는 새해인사를 전보(電報)로 올려줄 것을 부탁하기 위해 해마다 새해 첫날부터 몸소 총독관저에 행차를 해야 했던 '전직 황제' 순종(純宗, 1874~1926)의 서글픈 처지가 그대로 포착되어 있다.

그런데 나라를 잃은 옛 통치자가 감내해야 했던 굴종과 수모의 실상은 때마다 철마다 일본천황과 황실에 바친 헌상품(獻上品) 행렬에서도 잘 드러난다. 이에 관한 자료들을 취합해보면 그야말로 별의별 품목들이 '성의 표시' 차원에서 바다 건너 일본으로 건네진 것을 확인할 수 있다.

우선 이른바 '한일병합' 이후 처음이자 마지막으로 행해졌던 순종의 도쿄 행차를 떠날 당시, 『매일신보』 1917년 6월 9일자에 수록된 「양폐하(兩陛下)께 헌상품(獻上品), 이왕 전하(李王 殿下)께오서」 제하의 기사에는 다음과 같은 구절이 등장한다. 짐작컨대 일본으로 건너가 천황을 직접 알현해야 했던 입장이다 보니 헌상품에 관한 준비를 게을리 하기가 어려웠던 것이 아닌가 한다.

> 8일 조(朝) 경성 어출발(京城 御出發) 동상(東上, 동경에 올라가는 것)하신 이왕 전하께서는 성상(聖上) 황후(皇后) 양폐하께 헌상하실 귀중품(貴重品)은 어승열차(御乘列車)에 동재(同載)하였는데 천황 폐하께는 홍옥문방구(紅玉文房具) 1식(式), 황후 폐하께는 정교한 산호(珊瑚)의 세공품을 헌상하시기로 선택하신 바 해품(該品)은 구한황실(舊韓皇室)의 보고(寶庫)에 비장(秘藏)하셨던 난득(難得)의 진품(珍品)이라 승문(承聞)하였더라.

이로써 옛 한국황실의 귀한 보물은 일본황실의 것으로 귀속되었다. 그리고 그 이듬해인 1918년 1월에는 이른바 '이왕세자(李王世子, 영친왕 이은)'가 서울에 왔다가 일본으로 돌아가는 편에 천황에게 올리는 여러 헌상품들이 함께 꾸려졌는데, 『매일신보』 1918년 1월 30일자에 수록된 「양폐하(兩陛下)께 헌상품(獻上品), 이왕 동비 이태왕(李王 同妃 李太王) 3전하(殿下)로부터」 제하의 기사에는 그 목록이 이렇게 정리되어 있다.

> 금회(今回) 이왕세자 전하(李王世子 殿下) 어귀동(御歸東)에 제(際)하여 이왕(李王), 동비(同妃), 이태왕(李太王) 삼전하(三殿下)로부터 천황 황후 양폐하(天皇 皇后 兩陛下), 황태자 전하(皇太子 殿下)께 헌상(獻上)하신 토산품(土産品)은 좌(左)와 여(如)하더라.

△ 천황폐하께 (이왕, 이태왕 전하로부터)

- 조선고화 요지연도 병풍(朝鮮古畫 瑤池宴圖 屛風) 1좌(坐)
- 비원 근제 양각 청자화병(秘苑 謹製 陽刻 靑磁花甁) 1개(個)
- 백색 태지(白色 苔紙), 각색 태지(各色 苔紙) 각(各) 2권(卷)

△ 황후폐하께 (이왕비 전하로부터)

- 나전수상(螺鈿手箱) 1개(個)
- 동 단책상(同 短冊箱) 1개(個)

△ 황태자 전하께 (이왕 전하로부터)

- 평북 위원산 연(平北 渭原産 硯) 1개(個)
- 필묵(筆墨) 1상(箱) [이왕직미술공장 근제(李王職美術工場 謹製)]

이왕 전하께서 천황 폐하께 헌상하신 '요지연도'는 필자(筆者)의 씨명(氏名)은 미상(未詳)하나 조선의 고명화(古名畫)로 이왕가(李王家)에 비장(秘藏)하셨던 것을 특(特)히 헌상하심이오 우(又) 비원특제(秘苑特製)의 청자라 함은 비원에서 고려소 자기(高麗燒 磁器)를 제조하여 근경(近頃)에는 본(本) 고려기(高麗器)에 열(劣)치 아니한 고귀(高貴)의 물품(物品)을 제출(製出)하기에 지(至)하였으므로 특(特)히 을야(乙夜)의 어람(御覽)에 공(供)하시고저 이왕 전하의 분부(吩付)에 출(出)함이라 승문(承聞)하였더라.

여기에 나오는 '요지연도'는 중국 곤륜산에 있는 전설의 연못 '요지'에서 서왕모(西王母)가 주나라 목왕(穆王)의 방문을 받고 여러 신선들을 불러 연회를 베풀었던 것을 소재로 담은 병풍그림이다. 이 그림은 이왕가(李王家)에 비장되어 있던 것을 특별히 헌상하였다고 설명이 달려 있는 것을 보면 좀 특별한 미술품이었던 것이 분명하다. 안타깝게도 소중한 우리의 그림 한 점은 그렇게 이 땅에서 사라졌던 것이다.

『매일신보』 1918년 1월 30일자에 수록된 일본천황과 황후에 대한 헌상품 목록이다. 여기에는 이 당시 일시 조선을 찾은 이른바 '이왕세자(영친왕)'가 다시 일본으로 돌아갈 때 그 편으로 함께 보내는 '요지연도' 병풍과 비원자기가 포함된 여러 물건들이 자세히 수록되어 있다.

비원자기(秘苑磁器)는 고려청자의 옛 기법을 재현하여 창덕궁 후원에서 제조한 것으로 비록 연륜은 거의 없다 할지라도 품질만은 최상급으로 간주되어, 헌상품의 용도뿐만이 아니라 일본 황족이나 여타 귀빈에 대한 선물용 또는 하사품으로도 곧잘 이용되던 것으로 알려진다.[63] 이러한 도자기를 만든 주체는 서울 태평로의 대로변에 있던 '이왕직미술품

---

63) 이에 관한 것은 『매일신보』 1919년 4월 3일자에 수록된 「매매(買賣)가 잘 되는 미술제작소(美術製作所), 다른 상점이 닫힌 까닭」 제하의 기사를 통해 관련내용을 확인할 수 있다. 특히 이 기사에는 "작년 4월부터 시작한 '비원자기'는 매우 평판이 좋아서 문인 묵객이 비상히 환영을 하는데, '비원자기'라 하는 것은 종래 이왕가에서 예전에 사기 굽던 법을 연구한 결과로 비원에서 굽는 것인 고로 시중에서 파는 것과는 판판이라 하더라"는 구절이 서술되어 있다.

비원자기를 비롯하여 헌상품으로 사용될 각종 미술공예품의 제작처로 잘 알려진 서울 태평통(지금의 태평로) 소재 '경성미술품제작소(옛 이왕직미술품제작소)'의 전경이다. (『경성과 인천』, 1929)

제작소(李王職美術品製作所)'였다. 이곳에서는 주로 이왕가 및 총독부에서 소요되는 '어용품(御用品)', 특히 미술공예품 일체가 제작되었으며 일반인을 대상으로 한 기념품 판매도 곁들여 이뤄졌다.[64]

1915년 11월에 거행된 대례식(大禮式, 천황즉위식) 때에는 '청동제 순금 상감 화병'이 봉축헌상품으로 마련되었는데, 이 또한 이왕직미술품제작소에서 만들어진 것이었다.[65] 천황과 황후에게 각각 한 쌍씩 건네진 이 화

---

64) 여기에 나오는 '이왕직미술품제작소'는 1908년 '한성미술품제작소'로 출발하여 경술국치 이후 1913년 6월에 이르러 이왕직(李王職) 소속의 '이왕가미술품제작소'(태평통 1정목 64번지)로 바뀐 내력을 지녔다. 그 이후 민간 운영으로 변경되면서 1922년 8월 16일에 설립된 '주식회사 조선미술품제작소'로 전환되었다가 1936년 7월 13일에 해산결의가 이뤄졌고, 그 터는 '동양척식주식회사 조선지사'의 수중으로 넘겨졌다.
65) 이에 관한 것은 『매일신보』 1916년 1월 12일자에 수록된 「대례봉축(大禮奉祝)의 대화병(大花瓶), 이왕가에서 양 폐하께 바치신」 제하의 기사를 통해 관련내용을 확인할 수 있다. 여기에는 이때 헌상된 화병과 받침의 모습을 담은 사진자료도 함께 실려 있다.

병은 청동 바탕에 정교한 기술로 순금과 보석을 박아 만들었으며, 이를 보고 천황이 매우 흡족하게 여겼을 만큼 굉장한 수준의 것이었던 모양이었다.

이밖에도 해강 김규진(海岡 金圭鎭, 1868~1933)이 그린 병풍과 서화첩 등이 몇 차례 창덕궁에서 올리는 헌상품으로 선택된 흔적도 눈에 띈다.66) 이보다 앞선 시기인 『매일신보』 1913년 12월 13일자의 보도에는 창덕궁 이왕비(즉, 순종비)가 친잠(親蠶)하여 뽑아낸 실로 비단 수건 여러 장을 만들었는데, 이것들을 일본 도쿄에 있는 황후와 황태후에게 헌상하였다는 소식이 담겨 있다.

이왕직미술품제작소에서 만든 청동제 순금보석상감 화병(花瓶)으로, 이와 동일한 것이 1915년 대정천황 즉위봉축 헌상품으로 사용되었다. (The Bank of Chosen, 『Pictorial Chosen and Manchuria』, 1919)

또한 『매일신보』 1918년 6월 22일자에 수록된 「친잠실(親蠶室)의 수견식(收繭式), 양 전하 임석하신 서향각 수견식, 백단(白緞)을 직출(織出)하여 황후궁에 바치셔」 제하의 기사에도 역시 이러한 내용이 수록되어 있다.

이왕비 전하께서는 일반에게 잠업을 권장하옵시는 뜻으로 연년히 비원의 서향각에서 양잠을 하옵시는 전례가 있더라. 금년에도 친잠실되는

---

66) 이에 관한 내용은 『매일신보』 1915년 4월 7일자에 수록된 「창덕궁(昌德宮)에서 헌상(獻上)하실 조선병풍(朝鮮屏風), 해강 김규진 화백의 광영」 제하의 기사와 『매일신보』 1916년 10월 26일자에 수록된 「동궁전하(東宮殿下)께 서첩헌상(書帖獻上), 십륙체 서첩을 헌상하는 김규진 씨」 제하의 기사에 남아 있다.

비원의 서향각(書香閣)에서 양잠을 행하옵시는 중이더니 이미 그 태반은 올랐으므로 20일 오후 1시부터 서향각에 임석하시와 성대한 수견식을 거행하옵셨더라. …… 비 전하의 친잠에 대하여 곤도(近藤) 영선과장은 말하되, "비 전하의 친잠은 조중응 자작의 농상공부대신 시대에 처음으로 시작하신 이래로 매년 계속하여 실행하시는데 이와 같이 비 전하께서 친히 양잠의 모법을 보이심은 산업장려상에 실로 기꺼운 일이라 말할 것이라. 친잠에서 거둔 고치는 모두 미술품제작소에 명하여 백색의 비단을 짜게 하시는데 작년에는 그 비단을 황후 폐하께 헌상하였은즉 금년에도 아마 그러하실 줄로 생각하노라." (하략)

한편, 일제강점기를 거치는 동안 조선총독이 직접 일본천황에게 바친 헌상품도 무수히 많았는데, 여기에는 주로 조선의 특산품이 포함되었다. 가령, 1917년 6월에 하세가와 총독(長谷川 總督)이 일본 황실에 바친 헌상품 목록을 보면 호피(虎皮) 1장, 녹각(鹿角) 1개, 한산 모시 10필, 지권

『매일신보』 1917년 6월 16일자에 소개된 조선총독이 직접 일본천황에게 바친 조선특산품의 목록이다. 여기에는 함경북도에서 획득한 호피(虎皮) 한 장과 한산모시, 충주산 담배 등이 포함된 것이 눈에 띈다.

『매일신보』 1918년 12월 26일자에는 일본 천황의 애용품으로 조선산 엽연초(충주산)로 특별제조한 권련초 2천 본을 다시 헌상하기로 했다는 소식이 수록되어 있다.

연초(紙卷煙草, 담배) 2종, 자기(磁器, 총독부중앙시험소 제작품) 2개가 천황에게 진상된 것으로 나타나 있다.[67] 이 가운데 특히, 담배는 1915년에 처음 영월지역에서 나온 재래종 엽연초와 충주지방에서 재배한 황색종 엽연초 등으로 만든 특제품이 헌상된 이래로 조선총독이나 정무총감이 정기적으로 일본을 왕래할 때마다 거의 빠짐없이 상납하던 주요한 헌상품목으로 자리매김 된 바 있었다.

이와 관련하여 『매일신보』 1916년 7월 4일자에 수록된 「조선연초(朝鮮煙草)의 광영(光榮), 조선연초를 두 번째 헌상함, 첫 번 헌상품은 가납하옵심」 제하의 기사는 이 당시의 상황을 이렇게 그려놓고 있다.

---

67) 이에 관한 자세한 내용은 『매일신보』 1917년 6월 16일자에 수록된 「헌상품 세목(獻上品 細目)」 제하의 기사에 수록되어 있다.

구중 천폐의 분부를 받들어 중추원(中樞院) 안 탁지부 전매과 분실에서 오카다(岡田) 전매과 기사 감독 하에 근제중이던 제2회의 헌상 지권연초는 지나간 29일에 예정과 같이 3천 본을 다 만들었으므로 그 중에서 다시 2천 본을 선택하여 6월 30일까지에 싸서 봉하기까지의 모든 일을 마치고 총독부원이 휴대 동상하여 헌납절차를 행하게 되었더라. 이에 대하여 오카다 기사는 삼가 말하되 …… 폐하께서는 두 가지를 다 가납하옵셨다 하오며 그 중에서도 가는 권연을 특히 만족하게 생각하시와 그 후 5월 12일부 전보로써 다시 가는 권연을 급급히 헌납하라는 연유가 시종직으로부터 전달된지라, 총독부에서는 6월 말일까지에 근제 헌상할 뜻을 전보하는 동시에 즉시 헌납품의 근제 준비에 착수하여 위선 여섯 가지의 시제품을 만든 후 5월 30일의 정례장관회의에서 품평을 구하고 그 결과로 다시 네 가지를 시제하여 재차 시험한 후 그 중의 한 가지를 선택한 터이라. 인하여 계원 일동은 다시 제반준비를 정돈하고 제1회 헌상품과 같이 중추원 안 탁지부 분실에 설비된 별실을 완전히 소독하고 기구 기계를 청결히 하며 종사원 일동이 건강진단을 받은 후 재계목욕하고 16일부터 근제에 착수하여 29일에는 3천 본의 근제를 마쳤노라. (하략)

이밖에 우리나라의 대표적인 문화유산으로 합천 해인사에 보관되어 있는 팔만대장경(八萬大藏經)의 경우에도 이러한 헌상품 대열에서 비껴서질 못하였다. 테라우치 총독(寺內 總督) 시절이던 1915년에는 죽은 명치천황의 업적을 기리고 명복을 비는 뜻에서 그의 주도로 대장경판의 인출(印出)이 이뤄졌는데, 이 당시에 인쇄된 3부 가운데 하나는 실제로 일본 황실에 헌납되어 교토 센뉴지(京都 泉涌寺)에 봉헌하는 용도로 사용되

었다.[68]

여타의 특산물로는 천하진미로 알려진 금강(錦江)의 종어(宗魚)라는 물고기가 1923년에 충남 부여에서 포획되어 사이토 총독의 손을 거쳐 일본황실에 헌상된 사례가 있다.[69] 평양의 밤(栗), 나주 배(梨), 대구의 능금(林檎, 사과), 천안의 호도(胡桃, 호두), 주안염전의 천일염, 나전칠기제품도 이러한 범주에 속한 대표적인 품목들이었다.

1928년 이후에는 여름더위를 잊게 하는 별미로 성환진과(成歡眞瓜, 참외)가 크게 주목되어 천황에게 진상된 것을 계기로 해마다 일정한 수량이 선별되어 일본으로 발송되었다. '성환'이라고 하면 청일전쟁 당시 일

『매일신보』 1934년 8월 19일자에 소개된 성환참외(일명 개구리참외)의 모습이다. 참외는 흔히 '감과(甘瓜)', '첨과(甛瓜)' 또는 '진과(眞瓜)'로 표기되는데, 이 성환참외는 특히 1928년 이래 일본 황실에 대한 헌상품에 포함되면서 크게 유명세를 떨쳤다.

---

68) 이에 관한 자세한 내용은 『매일신보』 1915년 11월 30일자에 수록된 「봉납 대장경(奉納 大藏經) 휴행(携行)」 제하의 기사 및 『매일신보』 1917년 9월 20일자에 수록된 「궁중(宮中)에 헌상(獻上)된 해인사(海印寺)의 대장경(大藏經), 테라우치 수상이 헌상, 책고를 건설한다」 제하의 기사를 통해 확인할 수 있다.

69) 이에 관한 것은 『매일신보』 1923년 2월 13일자에 수록된 「부여 명산(夫餘 名産) '종어(宗魚)', 사이토 총독이 황실에 헌상 차로」 제하의 기사를 통해 관련내용을 확인할 수 있다.

본의 전승지였으므로, 이곳에서 생산된 특산품에 대해 그들로서는 남다른 감회를 더 느꼈는지도 모를 일이다. 아무튼 이러한 '로얄 마케팅' 덕분에 성환참외는 1930년대 이후 전국에 걸쳐 대단한 유명세를 떨친 것도 사실이었다.

그런데 간혹 조금은 별스러운 것들이 헌상품의 대열에 포함되는 경우도 있었다. 『매일신보』 1935년 10월 27일자에는 「금섬(金蟾, 금두꺼비)을 헌상」제하의 기사가 한 장의 사진자료와 더불어 다음과 같이 수록되어 있다.

> 경북에 사는 문명기(文明琦) 씨는 지난 5일 토쿠다이지 시종(德大寺 侍從)이 대구(大邱)를 가셨을 때 자기의 소유광산 영덕금광(盈德金鑛)에서 발견한 두꺼비 형상의 금덩어리를 보여드렸는데 이것은 즉 성대서조(聖代瑞兆)라 하여 우가키 총독을 통하여 천황폐하께 헌상하기로 되었다 한다.

여기에 등장하는 문명기는 국방헌금과 애국기(愛國機) 헌납에 앞장 선 것으로 오명을 남긴 바로 그 친일재산가와 동일인이다. 어쩌다가 그의 광산에서 두꺼비를 꼭 닮은 금괴가 발견된 모양인데, 이에 옳다구나 하고 천황이 누릴 상서로운 조짐이니 뭐니 하는 언어의 치장을 곁들여 기어코 이를 헌상하겠다는 것이니 참으로 일제로부터 '애국옹(愛國翁)'이라는 칭호를 얻은 대표적인 친일파다운 행적이라 하지 않을 수 없다. 이것 말고도 1924년 6월에는 경상북도 안동에서 주재소 순사가 호랑이 새끼 두 마리를 잡은 것을 사이토 총독을 통해 섭정궁(攝政宮, 당시의 황태자)에게 헌상하기로 하여 대구역으로 이를 실어나갔다는 기록도 보

인다.⁷⁰⁾

　위에서 살펴본 특제품이나 특산물 이외에 조선산 쌀(米), 조(粟) 등도 신상제(新嘗祭)에 사용될 헌상곡(獻上穀)이라는 명목을 달고 일본 천황과 황실에 바쳐진 사례들은 어렵지 않게 찾아낼 수 있다.⁷¹⁾

● 이 글은 『민족사랑』 2015년 8월호에 게재하였던 것을 수정 보완하였다.

---

70) 이것은 『매일신보』 1924년 6월 18일자에 수록된 「호자(虎子) 2두(頭) 헌상(獻上), 섭정궁 전하께」 제하의 기사를 말한다.
71) 여기에 나오는 '신상제(新嘗祭, 니나메마츠리)'는 "천황이 새로 수확한 곡식을 천신지기(天神地祇)에게 바치고, 시식하는 의식일(11월 23일)"을 말하며, 이 날은 1912년 9월 3일에 제정된 「휴일(休日)에 관한 건」에 포함된 각종 제일(祭日)과 축일(祝日)의 하나이다.

제3부　　잊혀진 항일의 현장을 찾아서

13

아무런 흔적도 없는
'안국동' 이준 열사의 집터를 찾아서

헤이그특사의 출발지이자
최초의 부인상점이 있던 역사 공간

1907년 6월 25일은 고종황제의 특사인 이상설(李相卨, 1870~1917), 이준(李儁, 1859~1907), 이위종(李瑋鍾, 1887~?) 등 세 사람이 제2차 만국평화회의(1907.6.15~10.18)에 참석하기 위해 네덜란드 헤이그에 도착한 날이다. 하지만 한국의 독립을 주장하고 을사조약의 부당성을 호소하려던 이들의 계획은 서구열강의 외면과 일본의 방해로 회의장에 발을 디뎌보지도 못한 채 수포로 끝났고, 특사 가운데

미국의 시사주간지 『디 인디펜던트(The Independent)』 1907년 8월 22일자에 수록된 '헤이그특사(특파위원) 위임장'이다. 1907년 4월 20일 서울 경운궁에서 대한황제 이형(Ye Hyeng)이 친서하고 친압한 것으로 표시되어 있다.

식민지 비망록 1

한 사람인 이준은 울분에 겨워 여러 날에 걸쳐 단식을 하던 도중에 그 해 7월 14일 머나먼 이국의 호텔 방에서 숨을 거두고 말았다.

이들의 의거에도 불구하고 이 사건의 여파는 가혹했다. 무엇보다도 고종은 황태자의 '대리청정(代理聽政)'을 윤허한 것을 빌미로 퇴위를 당하였고, 곧이어 정미칠조약(丁未七條約)과 군대해산이 강요됨에 따라 대한제국의 국권은 회복불능의 상태로 빠져들게 되었다. 또한 세 특사에 대해서는 '위칭밀사(僞稱密使, 거짓되이 밀사로 자칭)'하였다는 이유로 궐석재판을 통해 교형(絞刑)과 종신징역(終身懲役)의 판결이 가해지기도 했다.[72]

그런데 '헤이그특사사건'에 관한 자료를 찾아보면 이른바 '밀사'의 신분인 탓에 그런지는 몰라도 몇 가지 관련사항들이 명쾌하게 드러나지 않고 있는 부분도 없지 않다. 예를 들어, 이들이 지닌 위임장과 황제친

---

[72] 이에 관해서는 『관보』1907년 8월 5일자에 게재된 '궁정록사(宮廷錄事)' 항목에 "조왈(詔曰) 이상설(李相卨) 이위종(李瑋鍾) 이준(李儁) 배(輩)가 부하흉성(賦何凶性)이며 포하흉모(包何陰謀)이던지 잠투해외(潛投海外)하여 위칭밀사(僞稱密使)하고 자행현혹(恣行眩惑)하여 기사방교(幾使邦交)로 승손(乘損)하니 구궐소위(究厥所爲)하면 합치중벽(合寘重辟)이니 기령법부(其令法部)로 의율엄감(依律嚴勘)하라. 광무(光武) 11년 7월 20일. 내각총리대신 훈이등 이완용(內閣總理大臣 勳二等 李完用) 법부대신 조중응(法部大臣 趙重應)"이라는 구절이 남아 있다. 그리고 다시 『관보』1907년 8월 12일자에 게재된 '휘보(彙報)'의 '사법(司法)' 항목에 "접준(接准) 평리원재판장(平理院裁判長) 조민희(趙民熙) 질품서내개(質稟書內開)에 이상설(李相卨) 이위종(李瑋鍾) 이준(李儁) 등(等)의 안건(案件)을 검사공소(檢事公訴)에 유(由)하와 차(此)를 심리(審理)하오니 …… 피고 이상설(被告 李相卨)은 형법대전(刑法大全) 제352조 사명(使命)을 승(承)한 관인(官人)이라 사칭(詐稱)한 자율(者律)에 조(照)하여 교(絞)에 처(處)하옵고 피고 이위종(被告 李瑋鍾) 피고 이준(被告 李儁)은 동조동률(同條同律)로 동(同) 제135조 종범(從犯)은 수범(首犯)의 율(律)에 일등(一等)을 감문(減文)에 조(照)하와 징역종신(懲役終身)에 처(處)할줄로 수정선고서(修正宣告書)하옵고 자(玆)에 질품등인(質稟等因)이온 바 해범(該犯) 이상설(李相卨) 이위종(李瑋鍾) 이준(李儁) 등(等)을 의해원소의율처판(依該院所擬律處辦)하여 대현착집형(待現捉執刑)하옴이 여하(如何)하올지 법부대신(法部大臣)이 상주(上奏)하와 봉지의주(奉旨依奏). 이상(以上) 8월 8일"이라는 결정내용이 포함되어 있다.

서의 전달경위와 장소 등과 같은 사항들이 그것이다. 이 당시 이상설은 만주에서 활동중이었고 이위종은 러시아에 머물고 있었으므로, 황제의 밀명을 전달받고 위임장과 친서를 수령하는 일은 오롯이 국내에 남아 있던 이준의 몫이 되었다.

그렇다면 그가 황제의 신임장을 수여받은 곳은 어디였을까? 이 점에 있어서 흔히 경운궁 중명전(慶運宮 重明殿)이 언급되고 있으나 이에 관한 근거자료는 존재하지 않는다. 그 대신 유자후(柳子厚, 이준의 사위)의 『이준선생전』(동방문화사, 1947), 316쪽에는 그 장소를 이준의 자택으로 지목하는 구절이 등장한다.[73]

> 해아밀사(海牙密使) 특파밀칙(特派密勅)의 하부(下付)인 역사의 날은 드디어 왔다. 때는 4월 20일(음 3월 9일)이었다. 시종 이종호(侍從 李鍾浩) 씨와 박상궁(朴尙宮)이 밀조를 뫼셔 안국동 이준 선생의 자택으로 나왔다. 잡인을 금지하고 일성 이준 선생은 예복을 정제하고 청결한 상 위에 홍보(紅褓)를 깔고 황은(皇恩)을 감읍하면서 북향재배(北向再拜)하고 삼가 우악하옵신 밀조(密詔)를 봉대하였다. 그 밀조와 해아밀사의 친임장(親任狀)은 좌(左)와 같은 것이었다. …… (하략)

---

[73] 여기에 나오는 이준의 사위 유자후(柳子厚, 1895~?)는 경기도 개성 출신으로 일본 중앙대학(中央大學) 경제과를 나왔으며, 원래 이름은 유래정(柳來禎)이다. 연희전문학교 교수, 중추원 조사과 촉탁, 조선식산신탁회사 취체역 등을 지냈고, 해방 직후에는 『동신일보(東新日報)』를 인수하여 『세계일보(世界日報)』로 개제하고 이곳의 사장으로 취임하기도 했다. 한국전쟁 시기에 피랍되어 그의 정확한 사망연대를 알 수 없다. 『조선화폐고(朝鮮貨幣考)』(학예사, 1940), 『이준선생전(李儁先生傳)』(동방문화사, 1947), 『율곡선생전(栗谷先生傳)』(동방문화사, 1947), 『해아밀사(海牙密使)』(일성이준선생기념사업협회, 1948), 『조선민주사상사(朝鮮民主思想史)』(조선금융조합연합회, 1949) 등의 저서를 남겼다.

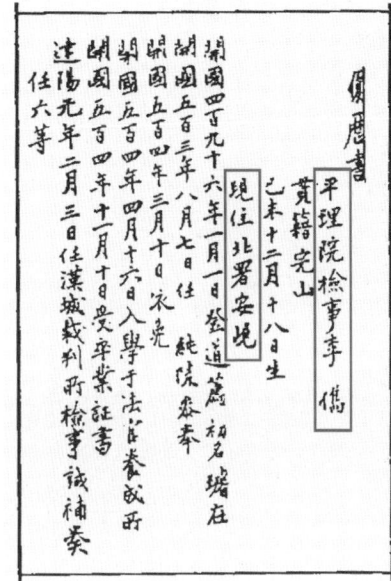

『대한제국관원이력서』(국사편찬위원회, 1972)에 수록된 '평리원 검사 이준' 항목에는 그의 주소지가 '북서 안현(北署 安峴)'이라고 표시되어 있으므로 지금의 안국동 지역에 살았다는 사실이 잘 드러난다.

물론 이 내용조차도 무려 40년의 세월이 흐른 뒤에 출판된 내용이기 때문에 액면 그대로 받아들이기는 어려운 측면이 있다. 하지만 그렇더라도 최소한 헤이그특사사건의 출발지로서 역사적 의미를 지닌 이준의 집터 위치가 어디였는지는 구체적으로 확인해볼 필요가 있다.

이 부분에 대해서는 우선 『대한제국관원이력서(大韓帝國官員履歷書)』(국사편찬위원회, 1972)의 이준(李儁)[74] 항목(관원이력 18책, 481)에 주소지가 "한성 북서 안현(漢城 北署 安峴)"으로 표시하고 있으므로, 이준의 집이 안현 즉 '안국동'에 있었다는 사실이 잘 드러난다.[75] 그리고 『황성신문』 1906년 4

---

[74] 『대한제국관원이력서』에는 초명이 '이선재(李璿在)'였던 그가 '이준(李儁)'으로 개명(改名)한 때가 "광무 10년(1906년) 6월 17일 면징계 개명 준(免懲戒 改名 儁)"이라고 기재되어 있으나, 『관보』 1904년 4월 14일자에 게재된 '휘보(彙報)'의 '사법(司法)' 항목에 "이준(李儁)은 일찍이 한성재판소 검사시보(漢城裁判所 檢事試補)를 지낸 이선재(李璿在)인 고(故)로 …… 운운"하는 구절이 있으므로 개명의 시기는 최소한 1904년 이전으로 보는 것이 맞다고 하겠다.

[75] 『대한제국관원이력서』에 표시된 내용을 살펴보면 '평리원 검사 이준'의 출생연월일은 '기미(己未; 1859년) 12월 18일생'으로 되어 있다. 이는 당연히 '음력' 표기인 것으로 판단되

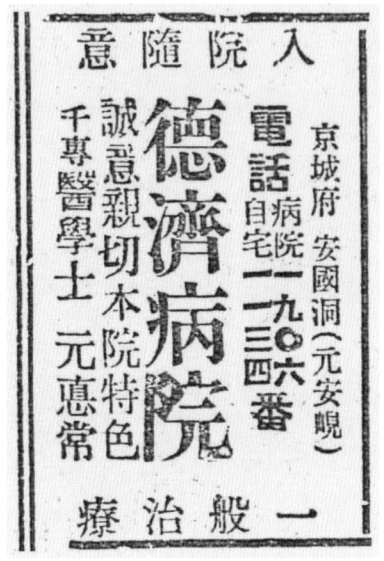

『매일신보』 1915년 9월 25일에 수록된 덕제병원(德濟病院, 안국동 163번지)의 광고문안이다. 여기에는 이곳의 지명이 원래 '안현(安峴)'이었다는 사실을 적고 있다.

월 4일자에 수록된 「이씨즉방(李氏即放)」제하의 기사에도 "재작일에 안현거(安峴居) 전검사 이준 씨(前檢事 李儁氏)가 유하사고(有何事故)인지 …… 운운"하는 구절이 있으므로 이로써도 잘 알 수 있다.

특히 주목되는 것으로는 『이준선생전』의 본문 가운데 "북서 안현(北署 安峴) 11통(統) 16호(戶)"로 그 위치를 적시하는 구절이 있으며, "안동별궁(安洞別宮, 안국동 175번지 지금의 풍문여고 자리) 동쪽 담장을 지나 4, 5번째 집"으로 설명한 대목도 포함되어 있어서 집터 확인에 중요한 단서를 남겨주고 있다.

므로, 이를 '양력'으로 환산하면 '1860년 1월 10일'에 해당하는 것으로 드러난다. 하지만 유자후의 『이준선생전』(1947)의 말미에 붙어 있는 연표(年表)에는 '기미년'이라 해놓고도 이를 '1858년 12월 18일'로 옮겨놓은 것이 보인다. 이 때문인지 많은 자료에는 이준의 출생일자를 '1859년 1월 21일'이라고 적어놓고 있는데, 이것은 바로 '1858년 12월 18일'을 양력으로 환산했을 때 나타나는 결과값인 것으로 확인된다. 한편, 이것과는 약간 다르게 『통일뉴스』 2023년 8월 7일자에 게재된 「애서운동가 백민 이양재(白民 李亮載)의 '신 잡동산이'(23) 이준 열사 자손고(子孫考)」라는 기고문을 보면, 『선원속보(璿源續譜)』(1902)에 수록된 이선재(李璿在; 이준의 초명)의 출생일자는 '철종 기미 11월 18일생'으로 표시되어 있다. 만약 이쪽의 기록을 따른다면 그의 출생일자는 '1859년 11월 18일(음력)'이거나 '1859년 12월 11일(양력)'이어야 맞을 것이다.

▷ 151쪽 : 2월에 돈의동(敦義洞) 집을 팔고 길가 집인 안현동(安峴洞) 11통(統) 16호(戶)로 이사한 후 부인 이일정 여사(李一貞 女史)와 항종(恒從), 추종(追從)하던 청년 김진극(金眞極)을 불러 안현부인상점(安峴婦人商店)이라는 이름으로 개점케 한 것이 이것이었다.

▷ 270쪽 : 저동(苧洞) 불란서교당(佛蘭西敎堂) 부근에 사는 전 참찬(前參贊) 외부 교섭국장(外部 交涉局長) 법무협판(法務協辦)을 지낸 보재 이상설 선생(溥齋 李相卨 先生)은 불란서교회로 울려오는 성종(聖鍾)의 아침 소리에 잠을 깨워 가지고 이런 생각 저런 생각을 하다가 그 어떠한 의중의 친우를 꼭 찾아보기로 하고 아침 일을 마치고 나섰던 것이다. 그는 명동(明洞)으로 내려와 구리개 네거리에 당도하여 동서남북의 시정(市情)을 일망하고 운종가(雲從街)로 향하여 종로의 종각(鍾閣)을 스쳐 전동병문(典洞屛門)으로 올라와 안동별궁(安洞別宮) 동향(東向) 담을 끼고 한참 올라오다가 북서 안동(北署 安洞) 11통(統) 16호(戶)의 문패가 붙은 집에 이르러 통자(通刺)하였다. 그 집의 주인공은 말할 것도 없이 이준 선생이었었다.

▷ 291쪽 : 이 박상궁(朴尙宮)은 이상설 선생의 밀촉(密囑)을 받고 활동한 결과 보고차(報告次)로 어느 날 밤중에 별궁(別宮)에서 4, 5채 지나 이준 선생의 댁(宅)을 극비밀리(極秘密裡)에 찾아 왔었다.

그러나 아쉽게도 여기에 표시된 '몇통 몇호' 방식의 주소지로는 일제강점기 이후로 정착된 '지번주소체계'로 곧장 전환하는 것이 어렵다. 따라서 이에 관해서는 좀 더 세밀한 자료추적과 지번대조 확인 과정을 필요로 한다.

그런데 문제는 무엇보다도 『이준선생전』에 표기된 "북서 안현(北署 安峴) 11통(統) 16호(戶)"라는 주소지가 잘못된 내용이라는 점이다. 1906년

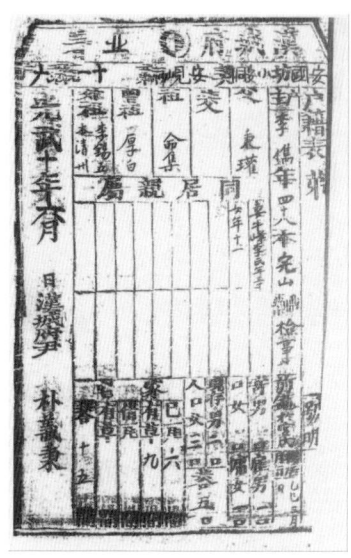

1906년 6월 작성된 「한성부 호적자료」(국사편찬위원회 수집)에는 이준의 주소지가 "한성부 북서 안국방 소안동계 안현 11통 6호"라는 사실이 또렷이 기재되어 있다.

6월에 작성된 「한성부 호적자료(일본 학습원대학 소장, 국사편찬위원회 수집자료)」에 의하면 이준의 주소지는 『이준선생전』에 거듭 등장하는 안현 11통 16호가 아니라 "안국방 소안동계 안현 11통 6호(安國坊 小安洞契 安峴 十一統 六戶)"로 표기되어 있기 때문이다.[76] 이와 같이 주소지가 문헌에 따라 다르게 나타나 있으므로, 일단 공문서인 호적자료 쪽의 기록을 존중하여 이준의 안국동 집터는 '안현 11통 6호'라고 보는 것이 타당할 듯하다.

이를 단서로 삼아 '안현 11통 6호'의 흔적을 따라가기에 앞서, 안국동의 이준 집터는 헤이그특사의 출발지라는 사실도 중요하지만, 그에 못지 않게 이곳이 우리나라 최초의 부인상점이 있던 공간이라는 역사적 의미도 함께 지니고 있다는 점에도 주목할 필요가 있다. 이에 관해서는

---

76) 이 자료는 '이준 집터 표석 제막식'을 하루 앞둔 2017년 7월 13일에 연세대학교 원주캠퍼스 역사문화학과 왕현종 교수의 제보메일을 통해 접하게 되었는데, 애당초 이준 집터는 '부인상점'의 위치이자 '중화요리점 장송루'가 자리했던 곳을 기준으로 '안국동 152번지'로 비정하였으나 「한성부 호적자료」를 통해 '안현 11통 6호'의 범위가 실상은 '안국동 152번지'만이 아니라 '안국동 153번지'까지 모두 포괄하는 공간이었다는 사실이 새로 확인된 바 있다. 자칫 중대한 고증오류가 될 뻔했던 상황을 바로 잡아준 왕현종 교수께 이 자리를 빌려 깊은 감사의 뜻을 표시하고자 한다.

『황성신문』 1905년 6월 16일자에 수록된 「부인상점(婦人商店)」 제하의 기사에 다음과 같은 내용이 채록되어 있다.

> 전 공진회장(前共進會長) 이준 씨(李儁氏)의 부실(副室) 모씨(某氏)가 북서 안현(北署 安峴) 기 소주가(其 所住家)에서 일상점(一商店)을 개설하고 게방왈(揭榜曰) 여인상점(女人商店)이라 하였는데 해(該) 점사(店肆)는 양제(洋制)로 유리창벽(琉璃窓壁)을 정쇄(淨洒)히 장찬(粧撰)하고 내외국 각색잡화(各色雜貨)를 포치(鋪置)하여 매매하는데 아국(我國) 경성 내에 잡화상점을 신사(紳士)의 부인(婦人)이 개설함은 차차(此次)에 창유(刱有)함이라. 내왕사녀간(來往士女間)에 관광도 겸하여 해점(該店)에 폭주하므로 물건발수(物件發售)가 점차 흥왕할 모양이라는데 대한(大韓)도 종금(從今)으로 부녀(婦女)의 상업이 차(此)에 효시(嚆矢)가 되리라 하더라.

여기에 이준의 부실로 표시된 인물은 18세 연하의 둘째 부인 이일정(李一貞, 1877~1935)이다. 『이준선생전』에 서술된 내용으로는 "1905년 2월

『동아일보』1935년 5월 15일자에 수록된 이준 열사의 부인 이일정(李一貞)의 사망관련기사이다.

에 돈의동(敦義洞) 집을 팔고 길가 집인 안현동 11통 16호(6호의 착오)로 이사한 후 청년 김진극(金眞極)을 고용하여 가게를 열었다"고 설명하고 있다. 그 당시로서는 이러한 여인상점(즉, 부인상점)이라는 것 자체가 매우 획기적인 존재였던 모양이었다.

이준의 부인 이일정은 부인상점을 운영하는 이외에도 여러 분야의 사회계몽활동에도 종사하였고, 1935년 5월 13일 누하동 114-2번지에 있는 사위 유래정(柳來禎)의 집에서 심장병으로 숨졌다.[77] 이에 관해서는 『동아일보』 1935년 5월 15일자에 수록된 「고 이준 씨 미망인(故 李儁氏 未亡人) 이일정 여사(李一貞 女史) 장서(長逝), 작(昨) 13일 누하동 자택(樓下洞 自宅)에서, 15일에 장례 거행」 제하의 기사가 남아 있다.

지금부터 약 30년 전 1907년 6월에 화란(和蘭) 수부 해아(海牙, 헤이그)에

---

[77] 『동아일보』 1920년 4월 3일자에는 「남녀(男女)의 동권(同權)은 인격(人格)의 대립(對立), 당파열 타파(黨派熱 打破)의 필요(必要)」 제하의 구술담이 제법 길게 수록되어 있는데, 이 내용에 대해 흥미롭게도 '이일정 여사담(李一貞 女史談)'이라는 표시가 붙어 있는 것이 눈에 띤다.

북한산 자락 수유동에 자리한 이준 열사 묘역에 수습되어 있는 이일정(李一貞) 부인의 묘비석(1935년 건립)이다. 기단부에는 "원래 묘소가 불광동에 있었는데 그 자리에 서울 소년원이 건립되면서 분묘가 철거되고 유해는 화장되었으며, 묘비석도 한때 분실되었다가 1973년 7월에 수습되었다"는 내용이 새겨져 있다.

서 열린 만국평화회의에서 굳이 먹었던 뜻이 한때의 꿈으로 사라지게 되자 그 회의 석상에서 자결한 고 이준(李儁) 씨의 미망인 이일정(李一貞) 여사는 향년 59세를 일기로 숙환으로 인하여 13일 오전 9시경 부내 누하동(樓下洞) 114번지의 2호 사위 유래정(柳來禎) 씨 댁에서 이 세상을 떠났다. 동 여사는 지금부터 40여 년전 17세 때에 당시 급박하던 한말(韓末) 풍운을 만회하고저 동분서주하던 고 이준 씨와 결혼하였었다. 그 후 이준 씨가 해아에 가서 자결을 한 후 딸 이종숙(李鍾肅) 여사를 데리고 파란중첩한 근 30년 동안을 공방을 지켜오다가 숙환이었던 심장병(心臟病)으로 그와 같이 별세하였다는 바 장례식은 15일 오전 10시 경 누하동 자택에서 거행한다고 한다.

참고로, 이준의 첫째 부인이던 신안 주씨(新安朱氏, 1854~1931)는 이보다 몇 년 앞서 1931년 9월 19일 함경남도 북청군 평산면 용전리에 살다가 78세의 나이로 세상을 떠났다. 『조선일보』 1931년 9월 26일자에 수록된 「해아 밀사(海牙 密使) 이준 씨 부인(李儁氏 夫人) 별세(別世)」 제하의 기사는 그 소식을 이렇게 알렸다.

거금 25년전 구한국 광무제(光武帝) 11년 6월 화란(和蘭)의 수도 해아(海牙)에서 열린 만국평화회의(萬國平和會議)에 광무황제의 밀사로 갔다가 그 사명을 이루지 못하고 마침내 그곳에서 배를 갈라 자살한 이준(李儁) 씨의 미망인 신안 주씨(新安朱氏)는 당년 80세의 고령으로 지난 19일 함남 북청군 평산면 용전리(北青郡 平山面 龍田里) 자택에서 고독한 단신으로 별세하였다. 그의 아들 이용(李鏞) 씨는 당시 그 아버지의 부음(訃音)을 받고 해외로 망명한 지 25년 사이 최근에 와서는 풍편의 소식조차 막연하다 하며 손자 둘도 하나는 만주에 망명중이고 하나는 지금 일본 동경에서 유학하는 중이라고 한다.

아무튼 부인상점의 가게 위치에 대해서는 『대한매일신보』 1906년 4월 7일자에 수록된 '한성염직회사(漢城染織會社)'의 광고문안 가운데 제품을 취급하는 지사(支社)의 목록에 "북서 안현(北署 安峴) 11통(統) 6호(戶) 부인상점(婦人商店)"이라고 적어놓은 것이 확연히 포착된다. 그 이후 헤이그 특사사건의 여파로 부인상점의 경영이 사실상 불가능하게 되었을 무렵, 『대한매일신보』 1907년 12월 18일자에 수록된 '장학월보사(獎學月報社)'의 광고문안을 보면 "북서 안현 십일통(拾一統) 육호(六號) 전 부인상점(前 婦人商店)"이 제일출장사무소(第一出張事務所)로 소개된 구절이 등장한다.[78]

---

[78] 여기에 수록된 광고문안을 보면 인쇄상태가 다소 불량한 탓인지 주소지인 '안현 11통 6호'가 마치 '8호(八戶)'인 듯이 착각을 일으키지만, 그 다음 날인 『대한매일신보』 1907년

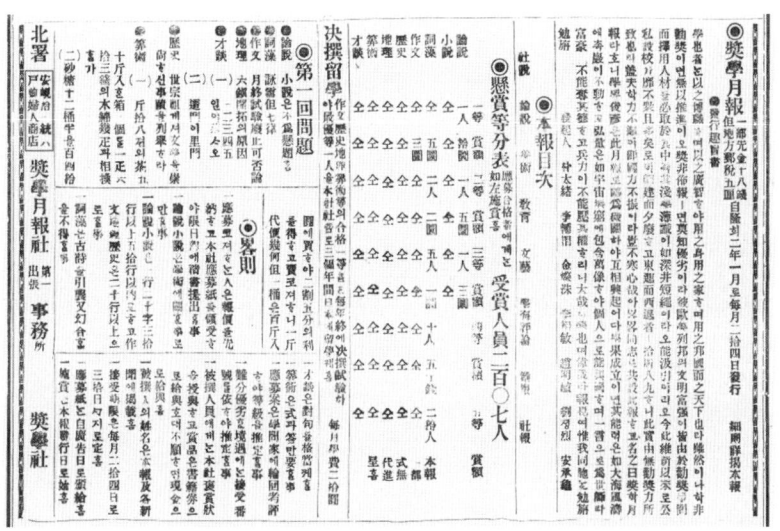

『대한매일신보』 1907년 12월 18일자에 수록된 '장학월보(獎學月報)'의 광고문안에는 "북서 안현 11통 6호 전 부인상점(前婦人商店)"이라는 구절이 등장한다. 이것으로 보아 '부인상점'은 1907년 헤이그특사 사건의 여파로 이내 문을 닫았다는 것을 알 수 있다.

다시 『황성신문』 1909년 9월 7일자에 수록된 「직소이접(織所移接)」 제하의 기사는 장학월보사 자리가 양말직조소로 변한 소식을 이렇게 알리고 있다.

> 전 군수 서상팔 씨(前郡守 徐相八氏)가 양말직조(洋襪織造)의 영업(營業)을 개(開)함은 이보(已報)어니와 해 직조소(該織造所)를 삼작일(三昨日)에 안현 전 장학월보사(安峴 前獎學月報社)로 이정(移定)하였다더라.

이 기사의 아래쪽에 함께 게재된 별도의 '양말제조판매소' 광고문안

12월 19일자에 재수록된 동일한 광고문안에는 좀 더 또렷하게 '육호(六戶)'의 흔적이 보이는 만큼 이곳의 주소지는 "안현 11통 6호"로 표시된 것이 맞다고 하겠다.

을 보면 이곳의 주소지가 "경성 북부 안현 11통 6호"로 표기되어 있으므로 이를 통해 이곳이 원래 '부인상점' 자리였다는 것도 저절로 드러난다.[79] 여기에 나오는 서상팔(徐相八, 1878~1923)이라는 인물은 무관학교(武官學校)를 나와 육군참위(陸軍參尉)로 근무하다가 군대해산 때 면직을 당하고 1907년 12월 31일 이후 신계군수(新溪郡守)를 지낸 경력을 지녔다.

이 대목에서 1914년 3월 일제에 의한 전국적인 행정구역개편과 지번주소체계의 도입 당시에 옛 부인상점 자리가 구체적으로 몇 번지에 해당하는 곳으로 바뀌었는지를 파악해 볼 필요가 있다. 이를 위해 조선총독부 임시토지조사국에서 조사 정리한 『토지조사부(土地調査簿, 1912년 작성)』(국가기록원 소장자료)의 '경성부 북부 안국동(京城府 北部 安國洞)' 항목과 「한성부 호적자료(1906년 6월 작성)」를 상호대조하면 다음과 같은 결과가 도출된다.[80]

---

79) 『황성신문』 1909년 10월 31일자에 수록된 「확장제조(擴張製造)」 제하의 기사에는 서상팔이 운영하는 양말제조소가 근방에 있는 이층양옥(二層洋屋)을 사들여 기계를 추가 설치하여 사업을 크게 확장하였다는 내용이 수록되어 있다.

80) 일반적으로 한성부 호적자료에 나타난 '통호식(統戶式)' 주소지만 가지고 일제가 새로 부여한 '지번식(地番式)' 주소지를 추적하는 것은 매우 힘든 작업이다. 주소지 전환내역을 직접 대조 확인할 별다른 자료가 없는 상태이므로 대개 호주의 성명과 토지소유주의 성명이 일치하는 경우(즉, 호주가 세입자가 아닌 토지소유주여야 하고 또한 이사 등으로 거주지가 변경되지 아니한 경우)에만 간신히 이를 알아낼 수 있을 따름이기 때문이다. 이러한 형편을 감안하면 이준의 집인 '안현 11통 6호'의 인접지에 해당하는 안현 11통 5호, 7호, 8호, 9호 등은 호주와 소유주의 이름이 그대로 일치하고, 더구나 지번전환에 있어서도 말끔하게 연속번호로 배치되어 있는 것은 매우 운이 좋은 경우라고 할 수 있다.

한성부 호적자료와 토지조사부의 소유자 변동 대조표

한성부 호적 (1906년 6월 작성)		토지조사부 (1912년 8월 작성)		비고
주소	호주	주소	소유자	
안동 11통 5호	김덕천	안국동 150번지	김덕천	151번지 포함(?)
안현 11통 6호	이준	안국동 152번지	김규	토지분할(?)
		안국동 153번지	서상팔	
–	–	안국동 154번지	장석환	포함여부(?)
안동 11통 7호	엄재신	안국동 155번지	엄재신	
안동 11통 8호	김치언	안국동 156번지	김치현	
소안동 11통 9호	피상덕	안국동 157번지	피상덕	

　이를 통해 이준의 집터인 '안현 11통 6호'는 서상팔이 소유한 '안국동 153번지'로 전환된 것은 확실하고, 여기에 더하여 '안국동 152번지' 구역도 유력한 후보지의 하나인 것으로 보인다. 짐작컨대 서상팔의 양말직조소가 있던 자리가 1912년 이전의 어느 시점에서 두 구역으로 분할되는 바람에, 그 결과로 토지조사사업이 진행되는 과정에서 각각 별도의 지번이 부여된 것으로 보는 것이 타당할 듯하다.

　이에 앞서 서상팔은 양말직조소에 이어 다시 사업을 확장하여 조선인 최초의 재단사(裁斷師)로 알려진 윤창현(尹昌鉉)이라는 사람과 함께 '양복제조소'도 운영하였으며, 이에 관해서는 『황성신문』 1910년 1월 9일자에 수록된 「염상배리(廉商培利)」 제하의 기사에 이러한 내용이 보인다.[81]

---

81) 서상팔이 최초의 조선인 재단사로 일컫는 윤창현(尹昌鉉)을 고용하여 양복점을 개설한 때의 얘기에 대해서는 『매일신보』 1936년 1월 14일자에 수록된 「현대 조선(現代 朝鮮) 원조(元祖) 이야기 (11) 양복편(洋服篇)」 제하의 연재기사에 잘 언급되어 있으므로 이 자료를 참고하여도 좋을 듯하다.

서상팔 씨(徐相八氏)가 안현(安峴)에서 양말직조소(洋襪織組所)를 설치영업(設實營業)함은 이보(已報)한 바어니와 근일(近日)에는 양복제조소(洋服製造所)를 가설(加設)하고 청구인(請求人)에게 염가(廉價)로 응급(應給)하는 고(故)로 청구자(請求者)가 다(多)하다더라.

『매일신보』1916년 1월 1일자에 게재된 '서상팔 대평양복점(안국동 153번지)'의 근하신년광고이다. 이준 집터이자 부인상점이 있던 자리에는 장학월보사를 거쳐 서상팔의 양말직조소가 들어섰다가, 다시 별도의 공간에서 운영하던 대평양복점이 이곳으로 옮겨온 내력을 지니고 있다.

그러나 『매일신보』 1913년 1월 1일자에 게재한 대평양복점(大平洋服店, 혹은 '태평양복점') 주인 서상팔(徐相八)의 '근하신년광고'를 보면 이곳의 주소지가 "안현(安峴) 11통 13호"로 표시된 걸로 보아 처음에는 옛 부인상점 자리이자 서상팔 양말제조소가 있던 '안현 11통 6호'와는 별개의 공간이었다는 것을 알 수 있다. 그러다가 이보다 3년의 세월을 건너 뛰어 『매일신보』 1916년 1월 1일자에 실린 대평양복점(서상팔)의 근하신년광고에는 "안국동 153번지"라는 표시가 등장하므로 그 사이에 양말직조소가 있던 곳으로 양복점 가게를 옮겨왔다는 추정이 가능하다.[82]

---

82) 『매일신보』 1918년 3월 26일자에는 신장희(申章熙)와 윤창현(尹昌鉉)이 각각 주인과 영업주임으로 표시된 '대평양복점(안국동 153번지)' 광고문안이 등장하며, 다시 『조선총독

토지대장(종로구청 발급)에 표시된 안국동 153번지(26평)의 토지소유자 변경 내역

> 서상팔(徐相八, 1912.8.4일 최초 사정) → 신장희(申章熙, 1918.5.28일) → 윤창현(尹昌鉉, 1920.3.19일) → 중국인 기대학(紀大鶴, 1920.6.5일) → 백학표(白鶴表, 1931.3.18일) → 중국인 기대학(紀大鶴, 1931.3.31일) → 박말보(朴末甫, 1932.1.29일) → 이중건(李重乾, 1933.9.28일) → 이중건·이우식(李重乾·李祐植, 1935.9.14일) → 이병표·이우식(李炳杓·李祐植, 1939.3.3일) → 박인환·한택교(朴仁煥·韓澤蛟, 1939.3.3일) → 박인환(朴仁煥, 1940.5.23일) → 한용표(韓龍杓, 1963.8.20일) → 심옥진(沈玉珍, 1971.3.10) → (이하 생략) → 안국동 153-1번지, 154번지, 154-1번지를 흡수 합병(1990.4.6일)

한편, 한참의 시간이 흐르고 『별건곤』 제16·17호(1928년 12월)에 수록된 관상자(觀相者, 차상찬)의 「각계 각면 제일 먼저 한 사람」이라는 글에는 부인상점의 의미에 대해 이러한 부연 설명을 덧붙이고 있다.

> [부인으로 상점을 먼저 낸 사람] 부인이 자기의 영업으로 상점을 내든지 남자가 부인의 이름을 팔기 위하여 여점원 몇 사람을 두고서도 염치 좋게 부인상점이라는 간판을 붙이고 영업을 하든지 그것은 별문제로 하고, 근래에 와서는 소위 무슨 부인상회, 무슨 부인상점, 심지어 부인이발소, 부인다점까지 생겨서 골목마다 부인무엇이라는 간판을 흔히 볼 수가 있지마는 과거 수십 년 전에 부인이 아직 문밖출입도 하기를 싫어할 때에 부인으로서 당당하게 상점을 내고 남자와 조금도 다름이 없이 영업을 한 이가 있었다면 그 얼마나 선각한 부인이라 하랴.
> 지금으로부터 23년 전 바로 한일신협약이 체결되던 그 해 봄 2월경에 서울 북촌의 한 요지인 안국동가로변(安國洞街路邊, 현 지나요리점 장송루 자리)

부관보』 1921년 6월 20일자에는 "1921년 6월 1일에 신장희가 사용하는 상호(商號) 대평양복점(大平洋服店)을 폐지(廢止)했다"는 경성지방법원의 상업등기내용이 수록된 것이 눈에 띈다. 따라서 최소한 1918년 이전에 대평양복점의 주인은 서상팔에서 산장희로 바뀌었다가 다시 몇 년 사이에 폐업절차를 밟았던 것으로 보인다.

에는 일정상회(一貞商會)라는 한 부인상회가 생기었으니 그것은 정미년에 해아사건(海牙事件)으로 내외의 이목을 경동케 하던 고 이준(李儁) 씨의 부인 이일정(李一貞) 씨의 경영한 바이다. 그 상회의 규모는 그리 크지 못한 한 잡화점으로 불과 2년 만에 폐점(廢店)을 하였지마는 조선에서 부인상점으로는 한 원조(元祖)이다. ...... (하략).

이 글에는 다행스럽게도 부인상점이 있던 터를 "지금의 중국요리점 장송루(長松樓) 자리"라고 알려주고 있다. 이와 아울러 『조선일보』 1935년 5월 17일자에 수록된 「부군유해(夫君遺骸) 찾으러 막사과(莫斯科, 모스크바)까지 독행(獨行), 여자로서 처음 장사 시작했던 고(故) 이준 씨 부인(李儁氏 夫人)의 생애(生涯)」 제하의 기사에도 이러한 내용이 포함되어 있다.

...... 로서아에 약 3년 동안 체류하다가 결국 유해도 찾지 못하고 1911년에 조선으로 돌아와서 전에 살던 안국동(安國洞) 지금 중국요리집 장송루(長松樓) 자리로부터 누하동으로 이사하여 살아오다가 약 15년 전에 사위 유래정(柳來禎) 씨를 맞아 지금까지 사위와 따님의 모심을 받아 20여 년간 여생을 보냈다 한다. (하략)

이곳 중국요리점 장송루에 대해서는 우선 「경성중화요리음식조합 회원록(1922년)」을 통해 "79. 장송루/ 종로구 안국동/ 마진림(馬振林)"이라는 구절을 확인할 수 있다.[83] 이를 근거로 『경성부관내지적목록(京城府管內地

---

83) 이 자료는 이정희, 『한반도 화교사』(동아시아, 2018), 287~290쪽에 걸쳐 수록되어 있으며, 원출처는 "(경성)중화요리음식조합장 서광빈(徐廣賓)이 주조선 총영사 왕수선(王守

안국동 152번지 소재 중국요리점의 주인인 마진림(馬振林)이 아편밀매로 검거되었다는 소식을 알리는 『매일신보』 1934년 2월 23일자의 보도내용이다. 「경성중화요리음식조합 회원록」에 장송루의 주인이 마진림으로 표시되어 있으므로, '안국동 152번지'가 곧 장송루 자리라는 사실은 저절로 드러난다.

籍目錄, 1927년판)』을 뒤져 보니까 '안국동 152번지'의 소유주가 '마진림'으로 표시된 것이 확인되므로, 앞서 살펴본 바와 같이 옛 부인상점의 위치는 서상팔이 소유했던 '안국동 153번지'와 함께 이곳 장송루 자리인 '안국동 152번지'를 모두 포괄하는 구역이었다는 얘기가 된다.[84]

善)에게 보낸 공문(1927.12.6), '중화요리음식조합', 『주한사관보존당안(駐韓使館保存檔案)』(동 03-47-165-01)"으로 표시되어 있다. 또한 같은 책, 318쪽 부분에 수록된 '1931년 7월 경성부 화교 중화요리점의 각 지역별 피해 상황'에 "요리점 장송루(長松樓)/ 안국동 154번지/ 07.04.14.30 / 투석, 유리 2장 파손/ 조선총독부경무국(朝鮮總督府警務局), 1931.7)을 근거로 필자가 작성"이라고 서술된 부분도 눈에 띈다. 여기에는 이곳의 주소지를 '안국동 154번지'라고 정리하고 있으나, 중화요리점 장송루의 정확한 위치는 '안국동 152번지'로 보는 것이 맞다.

84) 이와 관련하여 『매일신보』 1934년 2월 23일자에 게재된 「표면은 요리점, 내용은 아편마굴」 제하의 기사는 중국요리점을 운영하는 마진림(馬振林, 51세)이라는 중국인이 아편을 밀매하다고 체포된 사실을 알리고 있는데, 그의 주소지를 '안국동 152번지'로 표기하고 있으므로 장송루의 위치가 바로 이곳이라는 사실도 어렵잖게 확인할 수 있다.
한편, 채만식(蔡萬植)의 단편소설 「회(懷)」(1940년 발표)에도 청요리집 장송루의 건물 풍경을 묘사한 대목이 들어 있다는 점도 주목할 만한 가치가 있다고 하겠다. 참고 삼아 그 내용을 소개하면 다음과 같다. "재동 네거리에서 안동 육거리를 바라고 내려오느라면 별궁을 채 못 미쳐 바른손 편으로 일컬어 '장송루'라는 한 가구의 청요리집이 있다. 줄행랑

제3부 | 잊혀진 항일의 현장을 찾아서

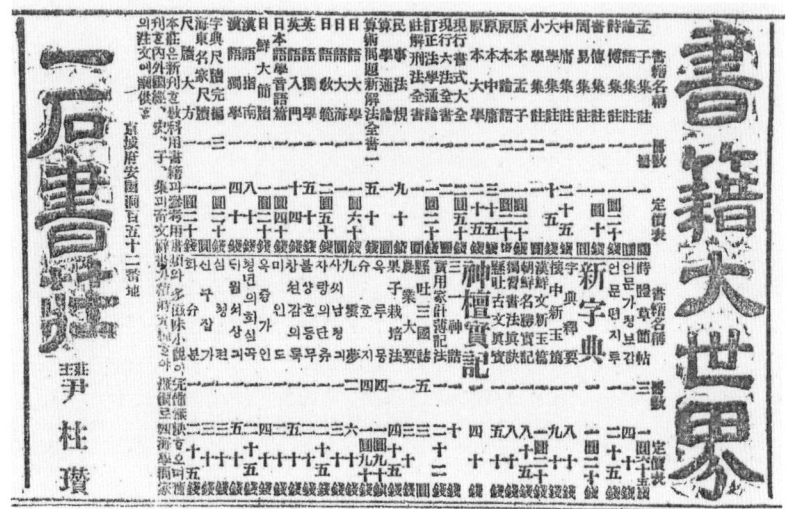

『매일신보』 1916년 12월 19일자에 수록된 서적상 '일석서장(一石書莊)'의 광고문안이다. 이곳의 지번주소가 '안국동 152번지'로 표시되어 있는데, 중화요리점 장송루가 들어서기 이전에 사용되던 가게의 흔적인 셈이다.

그런데 이곳 장송루가 들어선 구역 쪽에는 부인상점 이후 어떠한 내력이 얽혀 있는지가 궁금하여 여러 신문자료를 뒤져보았으나 아쉽게도

> 본의 조선 고옥을 겉만 뜯어고쳐 유리창을 해 달고 유리문을 내고 문설주하며 기둥과 연목 등엔 푸른 페인트칠을 하고 한, 심히 그 어설픈 문간을 비롯하여 영락없이 추녀 끝에 가 쌍으로 매달린 包辦酒色[포변주색], 應時小賣[응시소매]의 금자박이 검정 팻조각이랄지, 찌부러진 처마 위에 덜씬 커다랗게 올라앉은 간판이랄지, 무릇 북촌이면 거기 아무데서나 흔히 만나곤 하는 썩 전형적인 청요리집의 한 집이었다. 그게 그런데 좀 더 으슥한 거리나 골목이라면 몰라도 좌우와 건너편이 모두 들뭇들뭇 여러 층짜리 벽돌집에다가 훤칠한 근대식 점포들이 즐비한 상가의 번화한 한복판이 되고 보니 그 틈사구니에 가서 좌정을 하고 있는 한 채의 근천스런 청요리집 '장송루씨'의 행색이란 한결 초라한 것이지만 일변 무던히 또 주제넘어 보이기도 한다. 그 주제넘음을 짜장 겸손하는 듯 길로부터 약간 물러나서 ××××관의 비죽 내민 뒷그늘로 넌지시 비껴 앉았는 양은 일종 애교라고도 할는지. 하여튼 그래서 실상은 잘 주의나 하기 전엔 여기에 이런 집이 있으려니 여기지도 않는 그 장송루요. 나만 하더라도 인연이랄 것이 있자면 노상 없지는 않은 타이면서 무심코 그대로 지나쳤을 참인데 김군이 그러자 주춤하고 가던 걸음을 멈춰 섰다. …… (하략)"

뚜렷한 흔적이 포착되질 않는다. 그나마 겨우 하나 찾아낸 것이 『매일신보』 1916년 11월 7일자에 수록된 일석서장(一石書莊)이라는 이름의 서적상 광고이다. 한 달 남짓 드문드문 게재된 광고문안에는 이곳의 주소지가 '경성부 안국동 152번지'이며 윤주찬(尹柱瓚)이라는 사람이 이곳의 주인이었다는 사실이 분명히 표시되어 있다.

토지대장(종로구청 발급)에 표시된 안국동 152번지(45평)의 토지소유자 변경 내역

> 김규(金珪, 1912.8.9일 최초 사정) → 김상엽(金相燁, 1919.12.15일) → 중국인 마진림(馬振林, 1920.3.3일) → 정기섭·윤명선(鄭起燮·尹命善, 1936.12.13일) → 안종서(安鍾書, 1939.12.22일) → 탁연진(卓然振, 1948.12.20일) → 박준원(朴埈遠, 1958.5.17일) → 김한배(金漢培, 1963.10.1일) → 학교법인 덕성학원(學校法人 德成學院, 1964.8.13일) → 안국동 148번지에 합병 말소(1975.8.4일)

『경성부일필매지형명세도』(1929)를 통해 살펴본 이준 집터이자 옛 부인상점(안국동 152번지 및 153번지) 주변의 배치상황이다.

이준 열사의 집터이자 최초의 부인상점이 있던 안국동 152번지 및 153번지 구역의 현재 모습이다. 하나은행 심벌마크가 보이는 곳(해영회관, 안국동 148번지로 지번통합)이 중화요리점 장송루가 있던 152번지이고, 왼쪽에 따로 떨어져 있는 이층건물(안국 153 베이커리 카페)이 153번지에 해당하는 지점이다. 이 자리에는 현재 지난 2017년에 신설한 '이준 집터' 표석이 설치되어 있다.

요컨대, 이준 집터이자 부인상점(婦人商店, 안현 11통 6호) 자리 가운데 '안국동 153번지' 쪽은 "부인상점(1905.6) → 장학월보사 제1출장사무소(獎學月報社 第一出張事務所, 1907.12) → 서상팔 양말직조소(徐相八 洋襪織造所, 1909.9) → 대평양복점(大平洋服店, 1916.1) → 기대학 잡화상(紀大鶴 雜貨商, 1920.6)"의 순서로 공간변천이 있었던 것으로 요약된다. 그리고 '안국동 152번지' 쪽은 관련 자료의 확인이 미흡한 탓인지 "부인상점(1905.6) → 일석서장(一石書莊, 1916.11) → 중화요리점 장송루(長松樓, 1920.3)"로 변천된 내력 정도만 확인될 따름이다.

현재 '안국동 152번지 구역'은 학교법인 덕성학원 소유의 '해영회관(海影會館; 안국동 148번지가 통합지번)'이 들어선 상태로 바뀌었으며, 이 가운데 정확하게는 하나은행 안국동지점이 자리한 빌딩의 서단부(西端部)가 바로 이곳에 해당한다. 또한 '안국동 153번지'는 해영회관의 서쪽(안국 153 베이커리 카페)에 옛 지번 그대로 남아 있는 상태이다.

헤이그특사의 출발점이자 최초의 여인상점이 있던 역사공간은 오랜 세월 아무런 흔적도 남기지 못하고 고층빌딩에 짓눌린 채 오랜 세월 망각의 대상으로 전락하고 있었던 셈이다. 그나마 이 자리에는 헤이그특사사건 110주년을 맞이하여 일제에 의한 국권침탈의 역사를 잊지 말자는 뜻으로 지난 2017년 7월 14일 '이준 집터 표석' 하나가 간신히 제막되어 이곳이 헤이그특사의 출발지이자 최초의 부인상점이 있었던 곳이라는 역사적 사실을 묵묵히 알려주고 있다.[85]

- 이 글은 『민족사랑』 2017년 2월호에 처음 게재하였던 것을 '이준 집터' 표석 설치와 관련한 사료추가조사 과정에서 확인된 내용들을 바탕으로 크게 수정 보완하여 재구성하였다.

---

85) 『민족사랑』 2017년 2월호를 통해 이준 열사의 집터 위치를 추적 확인하는 글이 처음 소개된 것을 계기로 민족문제연구소가 종로구청을 경유하여 역사문화유적 표석의 설치를 신청하였고, 이에 서울특별시 문화재위원회 표석분과의 심의를 통과함에 따라 이준 열사의 순국 110주기에 해당하는 2017년 7월 14일에 당시 박원순 서울특별시장과 내외인사 다수의 참석 하에 성대한 표석제막식이 거행된 바 있다. '이준 집터' 표석에는 "이준(1859~1907)이 1907년 네델란드 헤이그에서 열린 만국평화회의에 이상설(李相卨), 이위종(李瑋鍾)과 함께 특사로 파견될 때 살던 집이 있었다. 이준의 아내 이일정(李一貞)이 1905년 우리나라에서 처음으로 부인상점(婦人商店)을 연 곳이기도 하다. 2017년 7월 서울특별시."이라는 문구가 새겨져 있다.

14

권총을 지닌 그는
왜 이완용을 칼로 찔렀을까?

이재명 의사의 정확한
의거장소에 대한 재검토

여러 해 전, 몇몇 인터넷 사이트 상에 언제부터인가 백범 김구(白凡 金九, 1876~1949)의 키 높이에 관한 엉뚱한 주장 하나가 떠돌고 있다는 사실을 전해들은 적이 있다. 이게 무슨 소린가 해서 살펴봤더니 김구 선생은 알고 보면 굉장한 장신거구(長身巨軀)였다는 것인데, 이를 입증하려는 듯이 창덕궁 인정전 월대에서 이승만(李承晚, 1875~1965)과 나란히 선 김구의 모습과 같은 것이 그럴싸하게 증거자료로 제시되어 있었다.

1947년 7월 15일에 개최된 한국민족대표자대회의 기념사진으로 찍은 이 장면만 놓고 보면 확실히 이승만의 신장에 비해 김구 쪽이 월등히 키가 커 보인다. 그래선지 이런 종류의 자료들을 근거로 어떤 이는 김구의 키가 190센티미터는 된다고 하고, 못해도 180센티미터는 넘는다고 공공연히 얘기하는 사람들도 있는 모양이다.

하지만 이들의 말은 다 틀렸다. 김구 선생의 키에 대해서는 이미 『백범일지(白凡逸志)』에 서대문감옥에서의 수형생활과 관련한 대목에서 본인 스스로 써놓은 구절이 있으므로 이를 통해 명쾌하게 확인하는 것이 가능하기 때문이다.

옥중의 고통은 여름, 겨울 두 계절에 더욱 심하다. …… 감옥생활에서 제일 고생을 많이 하는 사람은 신체가 큰 사람이다. 내 키가 5척 6촌 중키에 불과하나 잘 때 종종 발가락이 남에 입에 들어가고 추위도 더 받는다.

• 인용출처 : 김구(도진순 주해), 『백범일지』(돌베개, 2002 개정판), 252쪽.

이로써 그의 키는 다섯 자 여섯 치(곧, 169.697센티미터)로, 딱 170센티미터에 달하는 것임을 알 수 있다. 옛날 사람들의 평균체격에 비해서는 상대적으로 큰 키로 볼 수 있겠으나 터무니없이 장신거구라고 추측하는 것과는 다소 거리가 있는 신장이라는 것은 분명한 사실이다.

이렇듯 김구 선생이 남겨 놓은 『백범일지』는 조금만 세심하게 탐독하면 근현대사의 사건, 인물, 현상 등과 관련한 여러 가지 궁금증을 해소할 수 있는 단서들이 수두룩하게 남아 있는 것을 알게 된다. 이것과는 약간 다른 맥락이지만, 이 책에 수록된 것으로 개인적으로 많이 기억에 남는 얘기의 하나는 이재명(李在明, 1887~1910) 의사와 얽힌 일화(逸話)

명동성당 앞쪽 보행도로에 설치되어 있는 '이재명 의사 의거터' 표석(1999년 11월, 서울특별시 설치)의 모습이다. 이곳에는 이재명의 생몰연대가 '1890~1910'으로 표시되어 있으나, 여러 가지 기록으로 비춰보아 출생연도는 1887년의 잘못인 듯하다.

한 토막이다.[86]

바야흐로 1909년의 초겨울로 막 접어들던 어느 날, 김구와 노백린(盧伯麟, 1875~1926) 둘이 함께 어울려 서울로 올라가는 길에 우연히 재령 여물평에서 하루를 묵게 되었을 때의 일이었다. 하필 그날 그 동네 진초학교의 여교사인 오인성(吳仁聖, 1891~?)의 남편이 되는 이가 부인을 위협하고 매국노(賣國奴)를 일일이 총살하겠노라고 소리치며 동네 어귀에서 단총(短銃, 권총)을 쏘아대는 통에 큰 소동이 일어났던 것이다.

그러자 김구와 노백린은 짐짓 이 사람을 불러 자초지종과 신상에 관한 얘기를 듣게 되었고, 그 결과 그를 "시세의 격변 때문에 헛된 열정에 들뜬 청년"으로 판단하여 "의지를 더욱 강하고 굳게 수양한 다음에 총과 칼을 찾아가라"고 타일러 그가 소지했던 총과 칼을 넘겨받는 것으로 상황이 정리되었다. 하지만 아뿔싸, 이러한 마무리가 전혀 뜻밖의 결과를 불러오고야 말았다.

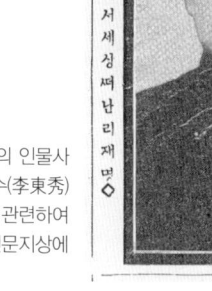

『동아일보』 1924년 11월 16일자에 게재된 이재명 의사의 인물사진이다. 이 당시 1909년 12월 의거 때의 동지였던 이동수(李東秀)가 궐석재판의 시효만료를 얼마 앞두고 체포되자, 이와 관련하여 이재명 사건에 대한 옛 자료와 관련기사들이 잇달아 신문지상에 쏟아져 나오면서 이 사진도 지면에 함께 소개되었다.

---

86) 이재명 의사의 출생연대에 대해서는 대개 1890년으로 알려진 자료들이 많다. 실제로 현재 명동성당 앞에 설치된 '이재명 의사 의거 터' 표석에는 그의 생몰연대가 '1890~1910'으로 명기되어 있다. 그러나 이재명 의사의 판결문 자료(경성지방재판소, 경성공소원, 고등법원)에는 한결같이 이 당시 그의 나이가 24세(10월 16일생)인 것으로 표시되어 있으므로 1887년으로 보는 것이 타당할 듯하다.

뉘가 알았으랴, 그가 며칠 후 경성 이현(泥峴)에서 군밤장수로 가장하고서 충천하는 의기를 품고 이완용(李完用)을 저격하여 조선 천지를 진동하게 할 이재명 의사인 줄을. 그는 먼저 인력거를 끄는 차부(車夫)를 죽이고 이완용의 생명은 다 빼앗지 못하고 체포되어 순국하였던 것이다.

…… 나는 깜짝 놀랐다. 이 의사가 단총을 사용하였다면 국적 이완용의 목숨을 확실히 끊었을 것인데, 눈 먼 우리가 간섭하여 무기를 빼앗는 바람에 충분한 성공을 못한 것이다. 한탄과 후회가 그치지 않았다.

• 인용출처 : 김구(도진순 주해), 『백범일지』(돌베개, 2002 개정판), 213~214쪽.

『경성일보』1926년 2월 14일자에 게재된 이재명 의사의 인물사진이다. 1926년 2월 12일에 이완용이 숨지자 그와 관련한 회고특집 기사가 꾸려지면서, 1909년에 벌어진 이완용 피습사건에 대한 내용과 함께 이 사진도 함께 해당 지면에 소개되었다.

이재명 의거는 우선 이완용을 처단하려다가 끝내 미수에 그쳤던 사건이지만, 원래 일진회장 이용구(李容九, 1868~1912)와 내각총리대신 이완용(李完用, 1858~1926)을 모두 응징하려는 계획에 따라 진행된 거사였다. 일찍이 일제가 강요한 두 차례 협약(協約)의 부당성에 그렇잖아도 분개하던 차에, 때마침 1909년 12월에 이르러 일진회(一進會)가 이른바 '일한합방 청원(日韓合邦 請願)'을 위해 「정합방 상소문(政合邦 上疏文)」, 「통감부에 보내는 장서(長書)」, 「전국 동포에 대한 성명서(聲明書)」 등을 제출하는 등 친일매국의 본성을 노골적으로 드러낸 것에 대한 반작용이었다.

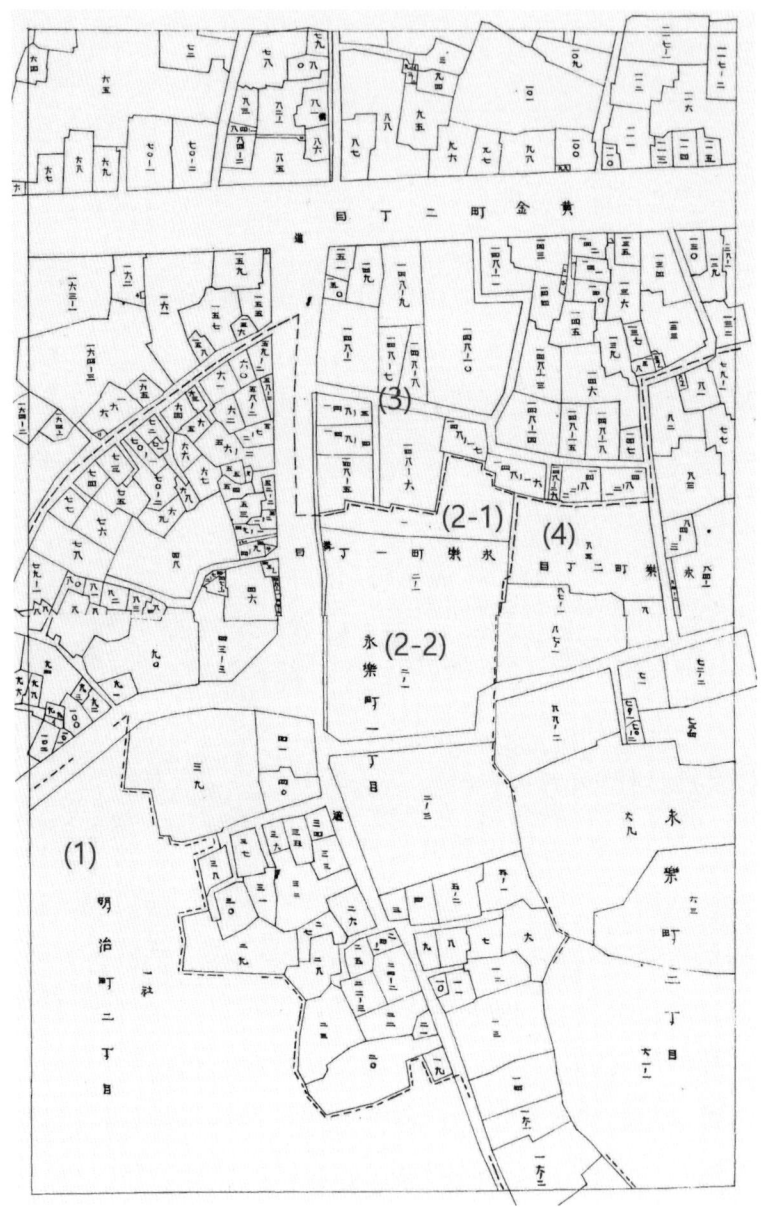

『경성부일필매지형명세도(京城府一筆每地形明細圖)』(1929)에 표시한 이재명 의거와 관련한 주요 공간의 배치이다. (1)은 불란서교회당(즉, 명동성당), (2-1)는 특허국 청사(옛 양향청), (2-2)는 특허품 진열소(옛 양향청), (3)은 이완용 저동본가(옛 남녕위궁), (4)는 조중응의 집을 나타낸다.

더구나 이러한 시국의 변화와 관련하여 그 책임이 막중한 자리에 있는 이완용이 그 동안의 전력에 비춰보아 이번에도 반드시 합방의 협약 체결에 이를 것이라는 점이 충분히 예견되고 있었으므로, 이를 막기 위해 이완용과 이용구 두 사람에 대한 응징은 불가피한 요소로 간주되었다. 이에 이재명 의사는 이들을 처단하고자 함께 결의한 김정익(金貞益), 김병록(金丙錄), 조창호(趙昌鎬), 이동수(李東秀), 오복원(吳復元), 박태은(朴泰殷), 김태선(金泰善), 김용문(金龍文), 이응삼(李應三), 김병현(金秉鉉), 이학필(李學泌), 김이걸(金履杰) 등 여러 동지들과 협력하여 거사를 실행에 옮기기에 이르렀던 것이다.

그런데 일제에 의해 이른바 '모살미수 및 고살사건(謀殺未遂 及 故殺事件)'으로 명명된 이재명 의거와 관련하여 작성된 「이재명 등 13인 판결문(경성지방재판소, 1910년 5월 18일)」 자료를 보면, 『백범일지』에서 언급된 상황과는 달리 이재명 의사가 명동성당 앞에서 이완용을 처단하려고 했을 그 시점에 그는 명백히 김태선(金泰善)에게서 건네받은 단총 한 자루를 몸에 지니고 있었던 것으로 드러난다.

제1(第一). …… 경성 이외(京城 以外)의 거주자인 피고(被告) 이재명(李在明), 김정익(金貞益), 이동수(李東秀), 김병록(金丙錄), 조창호(趙昌鎬) 등은 학생풍(學生風)의 차림으로 서로 앞서거니 뒤서거니 경성으로 숨어들어와 재경성(在京城)의 피고들과 상대(相待)하여 각기 목적의 수행에 힘썼고, 피고 김태선(金泰善)은 단총(短銃) 2정(挺)을 경성으로 운반하여 피고 이재명에게 교부하였으며, 피고 이재명, 김정익은 단도(短刀) 2정, 소도(小刀) 1정을 마련하여 살해실행의 준비를 마치게 되었는데, 먼저 호위(護衛)가 엄한 이완용(李完用)을 살해하고 이어서 이용구(李容九)에게 가는 방략(方略)

을 정하여 그 시기를 엿보고 있었더니,

동년(同年, 1909년) 12월 22일 이른 아침 피고 이재명은 피고 김용문(金龍文)에게서 동일(同日) 오전 10시 경 이완용이 백이의국 황제폐하(白耳義國皇帝陛下, 벨기에국왕 레오폴드 2세)의 추도식(追悼式)에 참렬하기 위해 경성 명치정(明治町)에 있는 불란서교회당(佛蘭西敎會堂, 명동성당)에 나간다는 것을 듣고 호기(好機)를 놓치지 않으려고 피고 이동수 등과 함께 각기 단총(短銃) 및 단도(短刀)를 휴대하고 동(同) 교회당의 문전(門前)에서 그 귀로(歸路)를 숨어서 기다리다가 동일(同日) 오전 11시 경 이완용이 그 참렬을 마치고 교회당을 나와 인력거(人力車)에 올라 귀로에 오르려고 서행중(徐行中)에 피고 이재명이 돌연 그 도로좌측(道路左側)에서 뛰어나와서 옷 속에 은닉(隱匿)해 두었던 자기 소유의 단도로써 거상(車上)에 있던 이완용의 좌견갑골(左肩胛骨) 안쪽 상부를 찔러 폭(幅) 3센티미터, 깊이 6센티미터로 늑간동맥(肋間動脈)을 절단하였고, 또한 폐장(肺臟)에 손상을 끼치는 자창(刺創)을 주었는데, 동인(同人)이 인력거에서 내려 피난(避難)하려는 것을 추적하여 후방(後方)에서 우배(右背) 제11늑골 견갑선부(第十一肋骨 肩胛腺部)를 찔러 폭 3센티미터, 깊이 6, 7센티미터로서 그 칼끝이 안쪽에서 외피(外皮)를 뚫어버린 자창(刺創)이 생겼으며, 더구나 육박(肉薄)하여 그 살해의 목적을 달성하려던 사이에 호위순사(護衛巡査), 차부(車夫, 인력거꾼) 등이 조지(阻止, 저지)하는 바가 되어 2개의 창상을 입혔을 뿐으로 현장에서 체포되어 그 목적을 달성하지 못하였다. 그리고 이어서 다른 피고들도 체포되었으므로 이용구에 대한 살해도 그 준비에 그쳤고, 이 역시 그 목적을 달성하기 어려운 것이 되었다.

제2(第二). 피고 이재명은 전게(前揭) 불란서교회당 앞에서 이완용을 살해하려고 했을 제(際), 동인(同人)의 차부 박원문(朴元文)은 이완용의 위급을 구하기 위해 그 흉행(兇行)을 막으려고 했으므로 그를 살해하여 그 방해를 배제(排除)시키고자 휴대하고 있던 단도(短刀)로써 박원문의 우배부 견갑골 하연(右背部 肩胛骨 下緣)을 찔렀는데 그 칼끝이 오른쪽 폐(肺)를 뚫고 왼쪽 폐에 이르러 오른쪽 폐의 절반이 절단됨으로써 대출혈(大出血)을 일으켜 동인(同人)은 즉시 그 현장에서 죽게 되어 그 목적을 달성하는 것이 되었다. (하략)

이것이 아니더라도 그 당시의 여러 신문보도에는 '5연발 단총'이니 '7연발 권총'이니 하여 이를 소지하고 있었다는 표현이 거듭 등장할 뿐더러 1910년 5월 13일에 경성지방재판소 제1호 법정에서 열린 공판(公判)에서도 재판장이 "피고는 육혈포(六穴砲. 권총)를 지니고 있었는가?"라고 묻자 이재명 의사가 "그렇다"라고 대답한 내용이 분명히 포함되어 있다.[87] 그렇다면 이 대목에서 문득 떠오르는 질문은 한 가지이다. 왜 그는 권총을 사용하지 않았던 것일까?

그가 몸에 총을 지니고 있었음에도 불구하고 정작 이완용을 처단할 당시에 그 무기로 단총(短銃)이 아닌 단도(短刀)를 선택한 까닭에 대해서는 별다른 설명자료가 없는 관계로 아쉽게도 그 연유를 자세하게 풀어낼 방도가 없다. 겨울철에 대개 두터운 옷을 착용하므로 칼을 사용하는 것이 불리했을 수도 있었을 텐데, 원래 단총으로 저격하려 했으나 총이 격발되지 않았던 것인지 아니면 근접한 위치였기 때문에 굳이 총을 사용하지 않더라도 칼만으로도 충분히 제거할 수 있다고 판단했던

---

[87] 이 당시 공판정에서 주고받은 심문내용에 대해서는 김명수(金明秀) 편, 『일당기사(一堂紀事)』(일당기사출판소, 1927), 196~215쪽 부분에 걸쳐 수록되어 있다.

것인지는 전혀 알 도리가 없는 것이다.

『대한민보』1909년 12월 23자에 수록된 「총상 조난 전말(摠相 遭難 顚末)」제하의 관련 기사에는 "그가 몸에 권총을 품고 있었어도 총 한 발 쏘지 못했다"라고만 간략히 기술되어 있다.

[범인소성(犯人素性)] 범인(犯人)의 성명(姓名)은 이재명(李在明)이오, 연령(年齡)은 21인데 평양인(平壤人)이라 하며 6년 전에 미국 상항(米國 桑港. 샌프란시스코)에 유학(留學)하였다가 1개월 전에 귀(歸)한 자(者)인데, 목하(目下) 한성 입정동 백소사 가(漢城 笠井洞 白召史家)에 기류(寄留)하는 자(者)이라. 신문실(訊問室)에 횡와(橫臥)하여 취조(取調)에 응(應)하는데 언어(言語)가 명석(明晳)하고 태도(態度)가 자약(自若)하다 하며 신(身)에 5연발 권총(五連發 拳銃)을 회(懷)하였어도 1발(一發)을 방(放)치 못한 자(者)이라 하며 …… (하략)

그리고 1909년 12월 22일에 경시청(警視廳)에서 작성한 「차압조서(差押調書)」를 보면, 피차압인(被差押人)이 '노백린(경성 북부 계동 7통 6호)'으로 표시

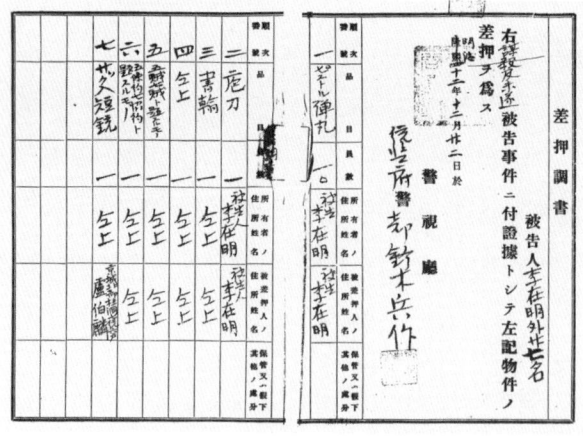

1909년 12월 22일에 경시청(警視廳)에서 작성한 「차압조서(差押調書)」에는 피차압인(被差押人)이 '노백린'으로 표시된 "삿쿠(가죽갑)에 든 단총(サック入 短銃)"이 목록에 포함되어 있다. 혹여 이것이 바로 『백범일지』에 등장했던 그 권총이 아닌가 한다.

된 "삿쿠(가죽갑)에 든 단총(サック入 短銃)"이 목록에 포함되어 있는데, 혹여 이것이 바로 『백범일지』에 등장했던 그 권총이 아닌가 싶기도 하다. 아무튼 이재명 의사가 왜 이완용을 처단하는 자리에서 권총을 지니고도 사용하지 않았던 것인지는 앞으로 누군가 풀어야 할 수수께끼가 아닐 수 없다.

이왕 말이 난 김에 이 대목에서 이재명 의거와 관련한 궁금증 한 가지를 덧붙인다면, 그것은 정확한 의거장소가 과연 어디인지에 관한 부분이다. 현재 명동성당의 출입구 앞쪽에 서울특별시에서 설치한 '이재명 의사 의거터' 표석(1999년 11월 설치)이 엄연히 남아 있는 것은 물론이고 의당 그 자리가 '명동성당 앞'이라는 사실에 대해서는 그 누구도 이의를 제기하지 않는 것이 사실이다.

이재명 의거에 관한 각종 자료별 서술 내용 비교

구분	이완용 피습지	차부 박원문 절명장소	이재명의 복장 상태	단총 관련
대한매일신보 (1909.12.23)	종현천주교당 문앞 약 7, 8칸	–	군밤장사 변장, 단발	5연발 권총
황성신문 (1909.12.23)	특허국 앞	–	배광양복(단발양복)	5연발 권총
대한민보 (1909.12.23)	특허국 진열장 (전 양향청) 앞	이완용 집 문앞	단발양복	5연발 권총
국민신보 (1909.12.23)	종현천주교당 문앞 약 7, 8칸	특허국 문앞	단발, 검은 두루마기	–
경시총감보고서 (일자미상)	불란서교회 앞	–	–	7연발 단총
경성지방재판소 판결문(1910.5.18)	불란서교회당 문앞	–	–	단총, 탄환
일당기사(1927)	카톨릭교당 앞 동측 언덕길	특허국 진열소 앞	단발양복, 검은 두루마기	–
경성부사(1936)	종현예배당 문앞 동측 언덕길	현 전매국 앞	양복	–

김명수(金明秀) 편, 『일당기사(一堂紀事)』(일당기사출판소, 1927)에 수록된 이른바 '종현 카톨릭교당 앞의 조난사건(遭難事件)' 관련 참고도판이다. 사진 아래에 "교당 앞 동측 판로(坂路, 언덕길)"라고 적은 것은 이곳을 피습지로 인지하고 있다는 뜻인 듯하다. 뒤쪽으로 명동성당의 모습이 흐릿하게 보이고, 담장에는 '계성보통학교(啓星普通學校)' 간판이 붙어 있다. (민족문제연구소 소장자료)

하지만 이재명 의거와 관련하여 그 시절에 생성된 여러 자료들을 살펴보면, 세부 사항에 들어가서는 제각기 조금씩 다르게 서술하고 있는 것이 금세 파악이 된다. 예를 들어, 『대한매일신보』의 보도에는 '외율상(煨栗商, 군밤장사)'으로 변장하고 기다렸다고 하였으나 『황성신문』의 보도에는 그런 언급은 없고 '배광양복(背廣洋服, 세비로양복)'이라거나 '단발양복(斷髮洋服)'이라고 적고 있을 따름이었다. 그리고 『국민신보』의 경우에는 이와는 달리 그의 복장이 '흑주의(黑周衣, 검은 두루마기)'라고 채록하고 있다.

이러한 차이는 의거현장의 구체적인 위치를 설명하는 대목에서도 뚜렷하게 드러난다. 간략하게 '불란서교회당 앞'이라고만 서술한 자료가 일반적이지만, 천주교당 문앞 약 7, 8칸(間 ; 1칸=1.818미터) 지점이라거나 동측 판로(坂路, 언덕길)라거나 그게 아니라면 아예 특허국진열소 앞이라고 적고 있는 사례도 여럿 눈에 띈다. 이렇게 본다면 명동성당 앞쪽에서 이완용의 피습지로 언급되는 지점은 자료에 따라 최대 100미터 남짓한 편차를 두고 여기저기 흩어져 있는 셈이 된다.

여기에 나오는 '특허국진열소'라는 것은 정식명칭으로 '통감부 특허국 특허품진열소(統監府 特許局 特許品陳列所, 1909년 11월 18일 설치)'를 가리키는데, 이곳은 원래 조선시대 훈련도감에 소속되어 물품조달과 급료 등 재정을 관리했던 기구였던 양향청(糧餉廳, 영락정 1정목 1번지 및 2번지 포괄)'이 자리했던 구

『황성신문』 1909년 3월 5일자에 수록된 탁지부 건축소의 '건물매각 입찰광고'이다. 이를 통해 옛 양향청 자리(당시 특허국 특허품진열소가 있던 곳)에 농상공부 신축청사가 들어선 것을 알 수 있다.

역이었다. 이 일대의 면적은 2,517평에 달할 정도로 꽤나 너른 공간이기 때문에 이곳에 특허국 청사(特許局 廳舍, 영락정 1정목 1번지에 해당)도 함께 존재하였다.[88]

특허품진열소는 그 이후 1910년 5월 21일에 폐쇄되고, 그 자리에는 농상공부 청사(農商工部 廳舍, 1910년 8월 22일 신축 이전)가 새로 건립되었다. 경술국치 이후 이곳은 한때 조선총독부 취조국이 사용했다가 1912년 11월부터 상품진열관(商品陳列館)이 되었으며, 나중에는 총독부 전매국 청

---

88) 1908년 8월 16일에 문을 연 통감부 특허국(統監府 特許局)은 최초 통감부 청사 구내에 터를 잡았으나 그 이후 영락정 1정목에 있는 옛 양향청 자리이자 위수병원(衛戍病院) 자리(1909년 2월 10일 이전)였던 곳을 거쳐 다시 영락정 2정목 영희전(永禧殿) 자리(1910년 7월 25일 이전)로 청사의 위치를 옮겼다.

미국인 사진여행가 엘리아스 버튼 홈즈(Elias Burton Holmes)가 남긴 『버튼 홈즈의 여행 강의(The Burton Holmes Lectures)』 Vol. 10(1901)에는 명동성당 쪽에서 서울 시내 쪽으로 담아낸 파노라마 전경사진이 수록되어 있다. 이 사진의 오른쪽으로 기와담장 안쪽으로 보이는 건물들이 옛 양향청(糧餉廳) 자리이다. 그러니까 불과 8년 후에 이곳의 앞길은 이완용을 처단하려는 이재명 의거의 현장으로 바뀌게 된다.

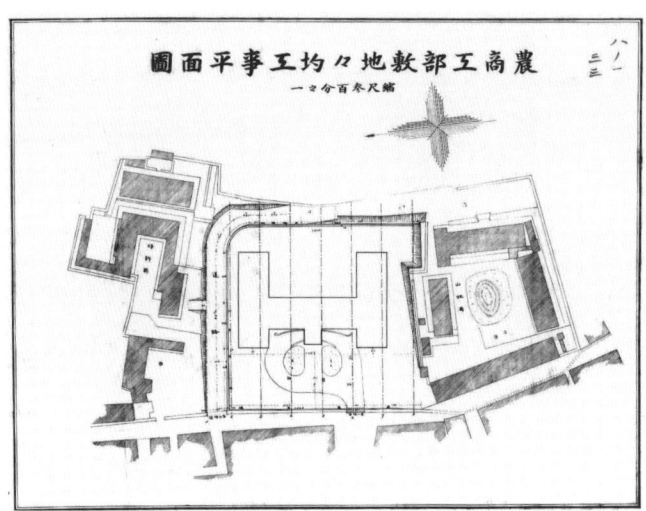

1910년 농상공부 신청사가 건립될 당시에 제작된 「농상공부 부지지균공사 평면도」이다. 가운데 농상공부 청사가 들어서는 곳은 종래 특허품진열소가 있던 지점이고, 그 왼쪽(북쪽)에 특허국 청사(옛 위수병원 터)가 자리한 것이 보인다. 오른쪽(남쪽)에 있는 산림국 자리도 모두 원래 양향청에 포함된 영역이었다. (ⓒ국가기록원)

204　　　　　　　　　　　　　　　　　　　　　　　　　식민지 비망록 1

사와 경성세무서 등의 용도로 바뀌어 사용된 바 있다. 경성부에서 편찬한 『경성부사(京城府史)』 제2권(1936), 135쪽에는 이른바 '이완용의 조난'과 관련하여 "인력거꾼 박원문(朴元文)도 현 전매국(專賣局) 앞까지 기어와서 마침내 절명했다"고 되어 있는데, 이를 테면 이곳은 특허품진열소 앞이라는 말과 동일한 표현이다.

그리고 또 한 가지 기억해둘 만한 사실은 이곳 특허국 청사(특허품진열소 구역 포함)와 북쪽으로 담장이 맞붙어 있는 곳이 바로 총면적 2,244평이나 되는 옛 남녕위궁(南寧尉宮) 터이자 내각총리대신 이완용의 저동본저(苧洞本邸, 황금정 2정목 148번지)였다는 점이다. 또한 동쪽으로 나란히 붙어 있는 곳에는 농상공부대신 조중응(趙重應, 1860~1919)의 거처(영락정 2정목 85번지; 면적 499평)가 자리하고 있었다. 친일매국에 관한 일에 있어서 앞서거니 뒤서거니 둘째가라면 서러워했을 두 사람이 알고 보니 실제로 '이웃사촌'이었던 것이다.

이러한 공간배치는 이재명 의사의 칼에 찔린 이완용이 구사일생으로 목숨을 건진 내막과도 관련이 있다. 그의 집 위치가 피습현장과 수십 미터 상간에 불과하였으므로 재빠르게 다친 몸을 집으로 옮길 수 있었고, 그리하여 가까운 곳에 자리한 한성병원(漢城病院)의 일본인 의사들에 이어 급히 달려온 대한의원장 키쿠치 죠사부로(大韓醫院長 菊池常三郎)의 응급처치를 받을 수 있었기 때문이었다.[89] 인력거꾼 박원문이 절명(絶命)한

---

89) 대한의원장 키쿠치 죠사부로(菊池常三郎, 1855~1921)는 이 공로를 빌미로 포상을 요구했다는 얘기가 『대한매일신보』 1910년 4월 13일자에 게재된 「큰 공이라고」 제하의 기사에 다음과 같이 채록되어 있다. "일인 의학박사 키쿠치는 궁내대신 민병석 씨에게 사람을 보내여 말하기를 내가 한국중신 이완용을 치료시켜 재생케 하였슨즉 나의 공은 군공과 일반이오 공로중에 특별공로이니 그 공로에 대하여 한국 황실에서 상당한 포상이

조선은행에서 펴낸 『픽토리얼 죠센 앤 만츄리아(Pictorial Chosen and Manchuria)』(1919)에 수록된 상품진열관(商品陳列館)의 전경 사진이다. 이 건물은 옛 양향청 구역 안에 있던 특허품진열소를 헐고 1910년 8월에 신축 이전한 농상공부 청사로 건립된 것이었으므로, 이곳 문앞 일대는 이완용의 피습지이자 인력거꾼 박문원의 절명장소에 해당하는 공간인 셈이다.

장소로 『대한민보』 1909년 12월 23일자에 '특허국진열소 앞'이 아닌 '총상저 문전(總相邸 門前)'이라고 표시된 것도 두 곳이 사실상 동일한 공간의 다른 표현인 탓이기도 하다.

있을지라, 곧 이토 태사의 다음 되는 대훈위를 나에게 주는 것이 가하니 궁내대신 각하는 속히 상주하여 훈장을 내리게 하라 하였는데 민씨는 그 말을 듣고 대경하여 소네 통감에게 통기하여 키쿠치의 소청대로 하여 주고자 한다더라." 그리고 『순종실록』 1910년 8월 18일 기사에는 실제로 그에게 훈장을 수여한 사실이 다음과 같이 정리되어 있다. "18일. 대한의원장 키쿠치 죠사부로에게 훈1등(勳一等), 부장(副長) 타카하시 츠네모토(高橋經本)에게 훈2등(勳二等)을 서훈하고 각각 태극장(太極章)을 하사하였으며, 의관(醫官) 모리야스 렌키치(森安連吉)와 사무관(事務官) 이시마루 토키토모(石丸言知)에게 훈2등을 서훈하고, 약제관(藥劑官) 코지마 타카사토(兒島高里)와 의관(醫官) 스즈키 켄노스케(鈴木謙之助)에게 훈4등을 서훈하고 각각 팔괘장(八卦章)을 하사했다. 이는 내각총리대신 이완용(內閣總理大臣 李完用)이 부상을 당했을 때 진력치료한 까닭이다."

이상의 내용에서 살펴본 바를 종합하면 이재명 의사의 의거장소를 일컬어 그저 '명동성당 앞'이라고만 단순화해서 표현되어도 좋을 만한 것은 전혀 아니라고 판단되며, 여기에는 의당 역동적인 의거현장의 재구성 작업이 뒤따라야 하지 않을까 싶다. 명동성당 앞쪽 언덕길 초입에서 시작되어 특허품진열소(지금의 남대문세무서 자리) 앞까지 이어지는 일련의 사건 진행 과정을 요약도(要約圖) 형식으로 담아내어 현장 주변에 안내판을 설치하는 것도 하나의 방법이 될 수 있을 듯하다.

한참 세월이 흐른 뒤의 자료이긴 하지만, 『삼천리』 제6호(1930년 5월 1일 발행)에 게재된 「야순탐보대(夜巡探報臺)」 코너(24쪽)에 다음과 같은 내용에 남아 있는 것이 보인다.

> [최후(最后)의 일언(一言)] 명동천주교당(明洞天主教堂)에 열린 백이의 황제(白耳義 皇帝)의 추도회(追悼會)에 참석(參席)하고 돌아오는 이완용(李完用)을 찌른 이재명(李在明)은 그때 포박(捕縛)을 당(當)하면서 영어(英語)로 I die for my Country! 라고 한 마디 부르짖었다고.

각기 다른 기록들을 잘 간추려 최대한 사실관계에 가깝게 의거현장을 재구성하여 바르게 알리는 것도 후대의 사람들이 바로 110여 년 전에 그가 외친 목소리에 호응하는 합당한 방법의 하나인지도 모를 일이다.

• 이 글은 『민족사랑』 2021년 4월호에 게재하였던 것을 수정 보완하였다.

15

이토 특파대사가 탄 열차를 향해 돌을 던진 한국인의 항거 장면

술 취한 농민의 고약한 장난으로 치부된 원태우 투석 사건의 내막

'을사조약'의 억지 체결을 강요한 후 5일째가 되는 1905년 11월 22일 아침, 특파대사 이토 히로부미(特派大使 伊藤博文)는 짐짓 승자의 여유를 과시하려고 했던 것인지 그의 숙소였던 대관정(大觀亭, 소공동 하세가와 사령관 관저)을 나서 수원 방면으로 한가로이 사냥을 떠났다. 이날 많은 사냥감을 포획한 채로 서울로 돌아오는 길에 저녁 6시 30분에 열차가 안양역(安養驛)을 출발하여 속도를 올리던 차에 오래지 않아 돌멩이 하나가 어둠을 뚫고 차창 밖에서 날아들면서 유리가 산산조각 나는 일이 발생했다.

이때 이토 특파대사는 유리파편에 의해 그의 뺨에 세 곳, 왼쪽 눈 위에 한 곳, 왼쪽 귀 아래에 한 곳을 합쳐 도합 다섯 군데에 상처가 나면서 약간의 피를 흘렸으나 경미한 부상을 입는 것에 그쳤다. 그럼에도 사건 발생 직후 열차가 다음 정거장에 도착하자마자 이토를 호위하던 헌병조장 1인과 헌병 2인이 즉각 하차하여 범인 체포에 나섰고, 몇 시간도 지나지 않아 오후 9시 반에 이르러 4명의 범인이 포박되어 그 중에 2명이 자백했다는 급보가 날아들게 된다.

일본 박문사에서 펴낸 『일로전쟁 사진화보(日露戰爭 寫眞畫報)』 제39권

『일로전쟁 사진화보』 제39권(1905년 12월 8일자)에는 일본인 화가가 그린 원태우 지사의 투석 장면이 묘사된 한 장의 삽화 자료가 수록되어 있다. 여기에는 그의 행위를 "우매한 농민이 술에 취해 무의미하게 돌을 던진 것"으로 치부하고 있다. (민족문제연구소 소장자료)

(1905년 12월 8일 발행)에는 이날의 상황을 묘사한 키무라 코타로(木村光太郎)의 삽화 하나가 수록되어 있는데, 여기에는 "민소(憫笑, 가엽게 웃음)할 조선인의 폭행"이라는 제목이 붙어 있다. 이 그림의 설명문에도 "…… 폭한(暴漢)을 잡고 보니 이는 우매한 농민(農民)으로, 대사(大使)가 탄 기차라는 것도 모르고 술에 취하여 무의미하게 돌을 던진 것이라고 이른다"고 하여 항거의 의미를 축소하는 어투가 노골적으로 담겨 있다. 그리고 이 잡지의 본문에 게재된 「대사(大使)의 조난(遭難)」이라는 짧은 글에도 이와 동일한 맥락의 시각이 그대로 드러나 있다.

이토 대사는 22일 하야시 공사 등과 더불어 수원부에 사냥을 나아갔다 돌아오는 길에 경부철도의 열차를 타고 오후 6시 안양정거장을 발차하자마자 이내 기차를 향해 돌을 던진 자가 있어, 돌이 유리창을 깨고 후작(侯爵, 이토)의 얼굴을 덮쳤으나 부상은 입지 않았다고 전한다. 협약(協約, 을사조약)에 불평하는 폭한(暴漢)의 소행일 거라는 말이 있으나 아직 분명하지는 않다. 이 사건은 즉시 천청(天聽, 천황의 귀에 들어가는 것)에 이름에 따라 토쿠다이지 시종장(德大寺侍從長)에게 우악(優渥)한 어범(御詫, 분부)이 계셨고, 시종장은 곧장 그 뜻을 전보(電報)로서 대사에게 통지하였다고 한다.

한제(韓帝, 한국황제)는 이 사변에 대해 매우 심통(心痛)하여 23일 오전 2시 예식원경 이근택(禮式院卿 李根澤, '이근상'의 오류)을 대사의 여관 대관정(大觀亭)에 보내 정중한 위문(慰問)을 겸해 사의(謝意)를 표하도록 했으나, 대사는 어제 저녁의 일은 본디 아희(兒戱, 어린아이 장난)와 같은 것이었고 또한 부상이라고 할 만한 정도의 일도 아니었기에 결코 깊이 존려(尊慮)를 기울여 주실 일은 아니라고 답주(答奏)하였다. 이 폭한은 그날 밤에 포박되었는데, 과연 취한(醉漢)의 악희(惡戱, 고약한 장난)로 추호(秋毫)도 고의(故意)로 한 것은 아니었다.

여기에는 무엇보다도 이토 대사가 매우 대범하고 너그러운 성품을 지닌 인물인 듯이 묘사되어 있다. 그리고 이 글에는 드러나 있지 않지만 예식원경 이근상의 사죄 방문에 이어 그 날 아침이 되자 궁내부대

원태우 지사의 항거에 대한 삽화와 단신 기사가 수록되어 있는 『일로전쟁 사진화보』 제39권(1905년 12월 8일자)의 표지이다. (민족문제연구소 소장자료)

신 이재극(宮內府大臣 李載克)이 다시 이곳을 방문하여 사죄와 위문의 뜻을 전하는 등 야단법석을 떠는 상황이 이어졌는데, 한껏 쇠잔해진 국력의 한 단면을 보여주는 참으로 서글픈 장면이라 하지 않을 수 없다.

'이토 대사 한국왕복일지(伊藤 大使 韓國往復日誌)'에 나타난 원태우 사건의 추이

- **11월 22일 수요일, 쾌청**
대사(大使)는 여전히 하세가와 대장 관저(長谷 大將邸)에 있음. 본일 오전 9시 30분 남대문발(南大門發) 열차로 하야시 공사(林 公使), 츠즈키 서기관장(都筑 書記官長), 무로타 귀족원의원(室田 貴族院議員), 나베시마 서기관(鍋島 書記官), 야마구치 부관(山口 副官) 등과 더불어 수원방면(水原方面)에 엽유(獵遊, 사냥)를 위해 출발하였으며, 하늘은 맑고 기온이 따뜻하여 일행은 비상히 만족한 가운데 많은 획물(獲物, 사냥감)을 가져왔는데, 오후 6시 30분 안양발(安養發)의 열차로 경성(京城)을 향해 발차 후 이내 갑자기 어둠을 깨고 갈성(喝聲)의 소리와 함께 사방 세 치(三寸角) 크기의 화강암편(花崗岩片)을 대사를 목표로 하여 던진 이가 있었음. 돌멩이는 차창(車窓)의 유리판(玻璃板) 다섯 치 네 치 가량을 깨고 대사 등뒤의 판에 맞고 차상(車床)에 떨어졌으며, 대사는 가까스로 돌멩이가 몸에 맞는 것은 면하였으나 깨진 수 백 개의 유리파편이 그 신변(身邊)에 떨어진 탓에 왼쪽 뺨에 세 곳, 눈 위에 한 곳, 왼쪽 귀 아래쪽에 한 곳, 합계 다섯 곳의 상처를 입어 다소의 출혈(出血)이 있었지만 다행히 경미한 부상이었다고 함. 수행원의 응급수단이 적절하였으므로 이내 지혈되었으며, 열차가 다음 역에 도착하자마자 호위하던 헌병조장(憲兵曹長) 1명과 헌병 2명은 즉각 하차하여 범인의 수사와 체포에 종사하고 대사는 그 후 이상 없이 오후 7시 30분 경성에 도착하여 곧바로 하세가와 대장 관저로 들어갔음. 재경(在京)의 수행원 일동은 이미 대장으로부터 만찬의 초대에 응하여 이날 저녁 동저(同邸)에 모여 있었으므로 귀래(歸來)한 수행원과 더불어 본국(本國, 일본)의 여러 관헌에게 전보를 보내어 대사의 조난(遭難)을 보고하였음. 대사의 부상에 대해 오야마 의사(小山 醫師)가 하시모토 박사(橋本 博士)에게 보고한 바는 다음과 같음. "대사의 부상은 귀요부(貴要部)를 피해 깊이가 피하(皮下)에 달하지 않았고 가벼운 종창(腫脹)이 있으며, 기분 변화가 없음." 대사는 평상시와 같이 만찬(晩餐)을 마치고 침소(寢所)에 들었음. 하기와라 서기관(萩原 書記官), 미마스 영사(三增 領事), 마루야마 경시(丸山 警視) 등은 보고를 접하고 대사의 귀저(歸邸)에 전후하여 병문안을 위해 하세가와 대장 관저에 방문했음. 오후 9시 반에 이르러 대사에게 가해(加害)한 범인은 연루(連累) 4명으로 우리 호위헌병(護衛憲兵)에 의해 포박되고 그 중에 2명이 이미 자백했다는 급보(急報)를 접했음.

- **11월 23일 목요일, 쾌청**
금일 새벽 오전 2시 예식원경 이근상(禮式院卿 李根湘)이 칙명을 받들어 어제 대사 조난에 관해 사죄(謝罪)를 하고자 대사가 정양(靜養)하고 있는 하세가와 대장 관저에 내방함. 오전 9시 궁내부대신 이재극(宮內府大臣 李載克)도 마찬가지로 칙명을 받들어 사죄 및 위문을 겸하여 하세가와 대장 관저에 옴. 오전 11시 미국공사 '모건' 씨가 대사 조난의 병문안을 위해 대사관에 왔고, 후루타니 비서(古谷 祕書)가 응접함. 츠즈키 서기관장(都筑 書記官長)이 엄달환(嚴達煥)을 동반하여 궁중에 나아감. 본일 주효료(酒肴料) 15원을 경성주재 경찰관에게 증여함. 대사는 부상 후임에도 불구하고 민정진정(民情鎭靜)을 위해 하세가와 대장, 무라타 소장(村田 少將) 등과 더불어 말을 타고 교외(郊外)를 순행(巡行)함.

- **11월 24일 금요일, 쾌청**
대사 조난에 대해 위문전보가 온 것이 150여 통. 본일 오후 7시 30분부터 대사의 여관 '손탁저'에서 성대한 만찬회를 열었고, 이 준비로서 인천에 정박한 군함 스마(須磨)로부터 항해장 나고야 대위(名古耶 大尉) 및 하사졸 8명이 입경함. 무로타 의원(室田 議員) 및 무라카미 대좌(村上 大佐)가 주도하여 식장 장식에 만단의 임무를 맡았고. 내회(來會)한 사람들은 좌와 같음. (하략)

- **11월 25일 토요일, 쾌청**
…… 대사 조난의 위문전보가 여전히 이어지고 있는 것이 매우 많음.

- **11월 28일 화요일, 아침에 구름, 오후에 갬**
대사는 여전히 하세가와 대장 관저에 머뭄. 본일 오후 2시 하세가와대장 관저에서 대사 일행. 후지나미 주마두(藤波 主馬頭) 일행과 더불어 공사관원, 영사관원, 군사령부 장교, 인천에 정박한 군함 이와테(磐手)와 스마(須磨)의 장교 등 일동이 기념의 촬영을 함. …… 대사 일행은 다음날 출발하여 귀조(歸朝)의 길에 오를 예정이었으므로 일행은 행리(行李)의 준비를 하고, 공사관 영사관 재근(在勤)의 일본인에게 선물을 증정함.

- 자료출처 : 『주한일본공사관기록(駐韓日本公使館記錄)』25권(국사편찬위원회, 1998)

이와 관련하여 『대한매일신보』1905년 11월 25일자에 수록된 「긴급회의(緊急會議)」제하의 기사는 원태우 투석 사건에 대한 책임을 물어 그 당시 시흥군수과 경기관찰사에 대해 인사처분이 내려진 사실도 알려주고 있다.

정부(政府)에서 회의(會議)를 개(開)한다 함은 본보(本報)에 이게(已揭)어니와 기(其) 내용(內容)을 득문(得聞)한즉 일작(日昨) 이토 후(伊藤候)가 수원(水原) 갔다가 귀로(歸路)에 시흥군 안양정거장(始興郡 安養停車場)에서 하허인민(何許人民)이 투석사(投石事)에 대(對)하여 협의후(協議後)에 해(該) 시흥군수 김종국 씨(始興郡守 金宗國氏)는 면본관(免本官)하고 경기관찰사 정주영 씨(京畿 觀察使 鄭周永氏)는 중견책(重譴責)에 처(處)한 사(事) 뿐이라 한다.

이 사건의 처리 결과에 대해서는 『주한일본공사관기록(駐韓日本公使館記

원태우 투석 사건이 있고 6일이 지난 1905년 11월 28일에 대관정(大觀亭, 하세가와 사령관 관저) 앞에서 촬영한 '을사조약 기념사진'이다. 이 사진으로 보더라도 이토의 얼굴에 별다른 상처의 흔적은 확인할 수 없다. 여기에 등장하는 인물은 대개 이토 특파대사의 수행원, 주한일본공사관 관원, 한국주차군사령부의 지휘관들이다. (ⓒ미국 코넬대학교도서관 소장자료, 「윌러드 스트레이트 컬렉션」)

錄)』 24권(국사편찬위원회, 1998)에 수록된 「이토대사 탑승열차 위해범(危害犯) 원태근 조치 건」 제하의 문건을 통해 확인이 가능하다.

> 선고서(宣告書)
> 경기도 과천군 안양시장(安養市場) 22통 호 불상(不詳)
> 원태근(元泰根) 당(當) 22년
> 피고는 명치 38년(1905년) 11월 22일 동 시장의 이만여(李萬汝) 외 2명과 함께 일가(日稼, 날품팔이)를 위해 영등포에 갔다가 돌아오는 길에 술을 마신 결과 약간 술에 취하여 동일 오후 6시 17분 경 경부철도 안양역 서북방 약 8백 미터 안양 부근에서 북행열차가 진행하여 오는 것을 보

고 마침 가지고 있던 작은 돌멩이를 선로 위에 놓아두는 것을 동행자인 이만여가 이를 제지하여 스스로 이를 치워버리자 피고는 다시 앞으로 나아가 주먹만한 크기의 화강석(花崗石)을 주워 객차를 향해 던졌기 때문에 차창이 파괴되어 당시 차 안에 있던 승객 한 명에게 미상(微傷)을 입히게 하였다.

이상은 경성헌병분대장 사토 마츠타로(京城憲兵分隊長 佐藤松太郎)의 구신서(具申書, 보고서) 및 증거물건(證據物件)에 의거하여 사실이 명백하다.

이상 피고의 행위는 한국주차군 군율(韓國駐箚軍 軍律) 제4조 제9항에 해당하는 범죄로서 정상작량(情狀酌量)하는 것으로 함에 따라 군율위반심판규정(軍律違犯審判規定) 제6조에 의거하여 감금(監禁) 2개월, 태(笞) 1백에 처한다.

명치 38년(1905년) 11월 25일

한국주차헌병대장 오야마 미츠키(韓國駐箚憲兵隊長 小山三己)

안양 관악역 인접지(승강장 북단에서 250미터 지점)에 설치되어 있는 '원태우 지사 의거지' 표석의 모습이다.

의거터 표석 자리에서 보이는 경부선 철길의 모습이다.

『각사등록(各司謄錄)』'근대편'에 수록된 「조회(照會) 제25호(외부대신 발신, 의정부 참정대신 수신, 1905년 7월 10일)」에는 '한국주차군 군율(韓國駐箚軍 軍律)'의 세부사항이 서술되어 있는데, 이것으로 확인해보면 '사형에 처하도록 규정한' 제4조 제9항은 "아군(我軍)의 징발(徵發)에 응(應)함을 거(拒)하고 우(又) 방해(妨害)한 자(者)"로 표시되어 있다. 달리는 열차에 돌멩이를 던진 사안과는 전혀 맥락이 닿지 않으므로, 뭔가 기록의 착오가 개입된 것으로 보인다.

한국주차군 군율(韓國駐箚軍 軍律)의 세부 내용(조회 제25호, 1905년 7월 10일자)

조회(照會) 제25호
주경 일본공사(駐京 日本公使)의 조회(照會) 접(接)하온즉 내개(內開) 차차 아군사령관 여별책제정 군율시행(此次 我軍司令官 如別冊制定 軍律施行) 자첨부별책 통보등인(玆添付別冊 通報等因)이옵기 정부록정람(呈附錄呈閱)하오니 조량(照亮)하심을 위요(爲要).

한국주차군 군율(韓國駐箚軍 軍律)
제1조 재한국제국군사행동(在韓國帝國軍事行動)에 가해(加害)하는 자(者)를 방지(防止)하기 위(爲)하여 좌개규정(左開規定)을 설(設)함.
제2조 본 군율(本 軍律)을 위범(違犯)하는 자(者)에게 과(科)하는 벌목(罰目)은 여좌(如左)함.
　일(一) 사(死)
　이(二) 감금(監禁)
　삼(三) 추방(追放)
　사(四) 태(笞)
　오(五) 과료(過料)
　전항(前項) 제2호 이하의 벌목(罰目)은 적의병과(適宜倂過)함을 득(得)함.
제3조 감금(監禁)은 일정(一定)한 처소(處所)에 유치(留置)하고 신체(身體)의 자유(自由)를 구속(拘束)하되 단(但) 시의(時宜)에 인(因)하여 고역(苦役)에 취(就)케 함을 득(得)함. 추방(追放)은 일정(一定)한 기간(期間) 우(又) 일정(一定)한 지역(地域)으로 방축(放逐)함.
제4조 좌게소위(左揭所爲)가 유(有)한 자(者)는 사(死)에 처(處)함.
　일(一) 적(敵)을 위(爲)하여 간첩(間牒)을 위(爲)한 자(者)는 우(又) 차(此)를 유도조성(誘導助成)하며 혹(或) 은닉(隱匿)한 자(者).
　이(二) 아군대 함선정(我軍隊 艦船艇)의 동정배치(動靜配備)와 교통(交通)의 선로, 병기, 탄약, 양식, 피복 등(線路 兵器 彈藥 糧食 被服 等) 군수품(軍需品)의 저장집적위치(貯藏集積位置) 기타 군기 군정(其他 軍機 軍情)을 누설(漏洩) 우(又) 적(敵)에게 지(知)케 하며 혹(或) 적병(敵兵)을 유도(誘導)하며 우(又) 군대 함선정(軍隊 艦船艇)을 인(因)하여 사기(詐欺)의 시도(示導)를 위(爲)하는 자등(者等) 총(總)히 적(敵)의 행동(行動)을 방조(幇助)하며 이편(利便)을 여(與)한 자(者).

삼(三) 부로(俘虜, 포로)를 도일(逃逸)케 하며 우(又) 차(此)를 겁탈(劫奪)한 자(者).
사(四) 아군대 함선정, 관청 우 차등 소속이원(我軍隊 艦船艇 官廳 又 此等 所屬吏員)에게 반항(反抗)을 기(企)하며 혹(或) 위해(危害)를 가(加)한 자(者).
오(五) 군용(軍用)의 전신, 전화, 전등, 철도, 차량, 선박, 도로, 교량, 가옥, 창고, 기타 영조물(電信 電話 電燈 鐵道 車輛 船舶 道路 橋梁 家屋 倉庫 其他 營造物) 우(又) 차등(此等)에 요(要)하는 재료(材料)를 훼괴(毁壞) 우(又) 소기(燒棄)하며 혹(或) 도취(盜取)한 자(者).
육(六) 투독 우 기타수단(投毒 又 其他手段)으로써 하수, 정천, 수도 등(河水 井泉 水道 等)의 음용수(飮用水)를 유해(有害)케 한 자(者).
칠(七) 언어, 문장, 우 도화 등(言語 文章 又 圖畫 等)으로써 아군(我軍)에게 불이익(不利益)한 보도전설(報道傳說)을 유포(流布)한 자(者).
팔(八) 군사상(軍事上)에 통신, 교통 우 수송(通信 交通 又 輸送)을 방해(妨害)한 자(者).
구(九) 아군(我軍)의 징발(徵發)에 응(應)함을 거(拒)하고 우(又) 방해(妨害)한 자(者).
십(十) 이상 각호(以上 各號)에 기재(記載)한 자외(者外) 아군행동(我軍行動)을 방해(妨害)하며 우(又) 군사경찰 급 군정(軍事警察 及 軍政)에 관(關)한 영달(令達)을 위범(違犯)한 자(者).
십일(十一) 본율(本律)의 위범자(違犯者)를 은닉겁탈(隱匿劫奪) 우(又) 도일(逃逸)케 한 자(者), 기 범증(其犯證)의 인멸(湮滅)을 도(圖)한 자(者) 급(及) 지정불고자(知情不告者).
제5조 전조(前條)에 게(揭)한 자외(者外) 아군(我軍)에게 유해소위(有害所爲)가 유(有)한 자(者)는 제국법규 우 한국법령 관습(帝國法規 又 韓國法令 慣習)에 준거(準據)하여 처분(處分)함.
제6조 전제조(前諸條)의 범행(犯行)은 정범, 종범, 교사, 기수미수 예비음모(正犯 從犯 敎唆 旣遂 未遂 豫備陰謀)를 불구(不拘)하고 처벌(處罰)하되 단(但) 정상 혹 시태(情狀 或 時態)의 필요(必要)를 종(從)하여 본벌(本罰)을 과(科)하며 혹(或) 감등처분(減等處分)함. 전항(前項)에 의(依)하여 감등(減等)할 자(者)는 감금, 추방, 태, 우 과료(監禁 追放 笞 又 過料)에 처(處)함.
제7조 전제조(前諸條)에 규정(規定)한 자외(者外) 사단장, 병참감 급 요새사령관(師團長 兵站監 及 要塞司令官)은 필요(必要)에 종(從)하여 각기 소관지구내(各其 所管地區內)에서 가(可)히 시행(施行)할 군율(軍律)을 발(發)함을 득(得)함.
부칙(附則)
종래(從來)의 벌령(罰令)이 본율(本律)에 중복 우 저촉(重複 又 牴觸)한 조항(條項)은 이금폐지(爾今廢止)함.

(*) 자료출처 : 『각사등록(各司謄錄)』 근대편, 「각관청공문원본(各官廳公文原本)」 의정부 편(서울대학교 규장각 한국학연구원 소장자료).

이에 대해 조선주차군사령부(朝鮮駐箚軍司令部)에서 펴낸 『조선주차군역사(朝鮮駐箚軍歷史) 제1권(第一卷)』(1916년 6월 1일 발간)을 살펴보니, 이 자료의 184~186쪽에 한주참(韓駐參) 제313호 「한국주차군 군율」(1905년 7월 3일)의 원문이 수록된 것이 눈에 띈다. 이를 통해 하나씩 대조해본즉 아니나 다를까, 제4조의 항목 하나가 누락되어 있는 것이 드러난다.

다시 말하여 원래의 군율에는 "칠(七) 군사상(軍事上) 비밀(秘密)의 도서

(圖書), 병기(兵器), 탄약(彈藥), 양말(糧秣, 군량과 마초), 피복(被服), 기타(其他)의 군수품(軍需品) 우(又)는 군사우편물(軍事郵便物)을 훼괴(毁壞)하고 우(又)는 소기(燒棄)하거나 도취(盜取)한 자(者)"라는 구절이 서술되어 있다. 하지만 위의 「조회 제25호」에는 어찌 된 영문인지 이 부분이 누락되고 그 뒤의 항목의 하나씩 번호가 당겨진 채로 기술되어 있는 것이다. 따라서 「선고서」에서 말하는 '제4조 제9항'이라는 것은 "팔(八) 군사상(軍事上)에 통신, 교통 우 수송(通信 交通 又 輸送)을 방해(妨害)한 자(者)"라는 구절을 가리키는 것으로 봐야할 듯하다.

그리고 여기에는 돌을 던진 한국인의 이름이 '원태근'으로 적혀 있지만 호적자료에는 그의 정체가 원태우(元泰祐, 1882~1951)로 기재된 것으로 확인된다.[90] 사건 당시 23살의 청년이었던 원태우 지사는 이때 혹독한 구타로 평생 불구의 몸으로 살면서 후사를 남기지 못한 채 한국전쟁 발발 시기에 쓸쓸한 최후를 맞이했다고 전해진다. 오래도록 주목받지 못했던 그의 행적은 한참의 세월이 흐른 뒤에 1990년에 이르러 겨우 세상에 빛을 보게 되었고, 그 결과 뒤늦게 '원태근'이라는 이름 아래 건국훈장 애족장이 추서되어 그의 품에 안기게 되었다.

• 이 글은 『민족사랑』 2019년 2월호에 '소장자료 톺아보기'로 게재하였던 것을 수정 보완하였다.

---

90) 일반적으로 원태우의 생몰시기와 관련하여 호적자료를 바탕으로 한 것이라는 잘못된 증언 탓에 '1950년 6월 25일'에 숨진 것으로 알려졌으나 최근의 조사결과에 따르면 정확한 사망일은 "1951년 7월 22일"이라는 주장이 제기된 바 있다. 원태우 지사를 둘러싼 기록오류에 관한 전반적인 논점은 『안양시 승격 50주년 및 독립운동사 발간기념 학술회의 및 전시회 자료집』(광복회 안양시지회, 2023)에 게재된 김명섭 단국대 연구교수의 「1905년 원태우의 이토 히로부미 응징사건 재고찰」이라는 글(1~22쪽)에 잘 정리되어 있다.

16

단재 신채호 선생의 집터에 표석을 세우지 못하는 까닭은?

'삼청동(三淸洞)' 집터의 실제 위치는 '팔판동(八判洞)'

김가진, 김경천, 김옥균, 김창숙, 남궁억, 노백린, 민영환, 백용성, 손병희, 송진우, 심훈, 여운형, 이동녕, 이상재, 이준, 이회영 6형제, 지석영, 지청천, 현상윤 …….

여기에 나열한 명단은 현재 서울시에서 해당 인물의 생가(生家) 또는 집터에 표석을 설치한 19군데 사례들의 목록이다. 여기에 더하여 대한매일신보 사장인 영국인 어네스트 베델(Ernest T. Bethell, 裵說)과 김수영, 박인환, 전영택, 현진건 등 문인(文人)들의 경우를 다 합치더라도 이 숫자는 겨우 스물 몇 건 남짓한 정도에 머문다.

우리 근현대사를 통틀어 그 집터를 기억하고 업적을 기릴만한 훌륭한 인물이 고작 이 정도뿐일까 마는 행적평가, 지명도, 형평성 등과 같이 복합적으로 고려되어야 할 부분이 늘 존재하기 마련이므로 역사인물들에 대한 표석의 설치를 무작정 늘리기도 어려운 측면이 있다. 그런데 설령 누구나 공감할 수 있는 업적과 상당한 역사 문화적인 평가를 지닌 사람이라고 할지라도 해당 인물의 집터에 표석을 세울 수가 없는 경우도 없지는 않다. 그 집터의 위치가 어디인지 도무지 확인을 할 방

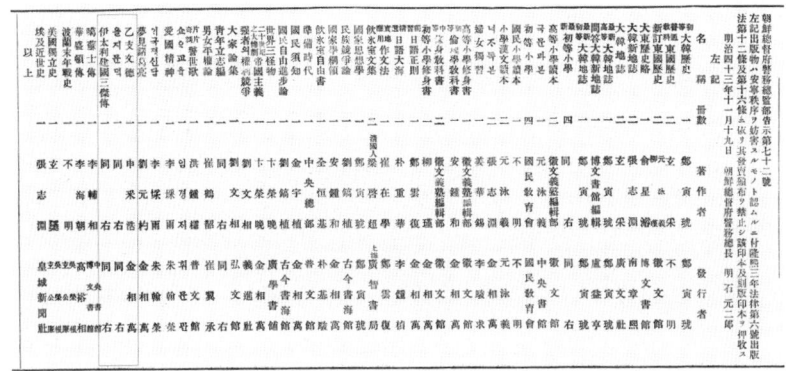

『조선총독부관보』 1910년 11월 19일자에 수록된 '경무총감부 고시 제72호'에는 안녕질서를 방해한다는 이유로 발매금지 및 압수대상 처분이 이뤄진 출판물의 목록에 신채호 선생의 저술인 『을지문덕(乙支文德)』과 『이태리건국삼걸전(利太利建國三傑傳)』이 포함된 것이 눈에 띈다.

법이 없기 때문이다.

단재 신채호(丹齋 申采浩, 1880~1936) 선생의 경우가 딱 그러했다. 실제로 지난 2019년 3월 28일에 열린 서울시 문화재위원회 표석분과 회의에서 '신채호 집터' 표석설치에 관한 청원이 심의안건으로 상정되었을 때 해당 표석 설치 자체에 대해서는 참석 위원 모두의 만장일치로 공감하는 바였으나 집터의 위치를 특정(特定)하는 문제가 뒷받침되지 못하여 결국 아쉽게도 설치보류결정이 내려진 일이 있었다.

그렇다면 신채호가 살았던 집터의 위치를 정확하게 가려내지 못하는 연유는 무엇일까? 이에 관해서는 우선 변영만(卞榮晩, 1889~1954)이 남긴 「단재전(丹齋傳)」(1936)의 한 토막을 옮겨보기로 한다.

나는 일찍이 장원서다리(掌苑署橋) 서쪽에 있는 단생(丹生, 단재)의 집을 방문하였다. 뜰 가운데 커다랗게 던져진 물건이 있고 우유통 대여섯 개가 수채구더기에 버려져 있었는데, 우유 찌꺼기가 흘러나온 것이 차마

볼 수 없었다. 방안으로 들어가니 단생이 분이 아직 식지 않아 나를 쳐다보고도 못 본 척하였다. 내가 괴이히 여겨 그 까닭을 물으니 단생은 아직 치솟은 화가 등등하다가 이에 말을 끊었다 이으며 급한 듯이 다시 천천히 말하기를 "관일(貫日)의 어미가 젖이 나오지 않으니 천하에 이런 여자가 있단 말이오? 내가 약간의 우유병을 구하여 대신하라고 주었더니, 그녀가 그것을 제대로 먹일 줄을 알지 못하고, 관일은 병이 들어 죽으려고 하기에 내가 모두 뒤져다가 버리는 참이오!"라고 한다. 말을 마치고 뛰어 일어나 또 무슨 일을 저지를 듯하였다. 나는 그를 억지로 붙들어 자리에 앉히고 갖은 말로 위로하여 겨우 무사하게 되었다. …… (하략)

[이 글의 원문은 김종하 간행, 『산강재문초(山康齋文鈔)』(1957)에 수록되어 있으며, 국역부분은 『단재 신채호 전집』 제9권(2008), 339쪽의 것을 재인용하였다.]

여기에 나오는 관일(貫日)은 신채호가 늦게 얻은 아들의 이름이며, 그가 사다준 '수리표 연유(Eagle Brand 煉乳)'를 잘못 먹인 탓에 체하여 끝내 숨지자 이 일로 첫 부인인 풍양 조씨(豊壤趙氏)를 친정으로 돌아가게 했다는 얘기가 그 아래에 채록되어 있다. 위에서 적은 것처럼 이 일이 벌어진 집의 위치는 '장원서다리 서쪽'에 있었다는 사실이 확인된다.

장원서(掌苑署)는 조선시대 원유(苑囿), 화훼(花卉), 과물(果物) 등을 관장하는 곳이며, 옛 성삼문(成三問)의 집터(화동 23번지 및 24번지 일대)에 자리하였다. 여기에서 이름을 따온 장원서다리는 안국동네거리 쪽에서 화개동을 거쳐 팔판동 방향으로 올라가다가 삼청동 초입에서 삼청동천(三淸洞川)을 마주하여 건너는 지점에 놓여 있었다.

지금은 하천이 모두 복개된 탓에 그 흔적을 쉽사리 확인하기 어렵지만 옛 지도를 활용하여 그 위치를 가늠해보면 팔판동(八判洞), 화동(花

『중외일보』 1929년 7월 13일자에 수록된 수해관련보도에 함께 수록된 '장원서다리'의 옛 모습이다. 변영만이 남긴 「단재전(丹齋傳)」이라는 글에는 신채호의 집이 '장원서다리의 서쪽에 있었다'는 증언이 남아 있다.

지금은 하천이 복개되어 옛 모습을 가늠하기 어려우나 '삼청파출소' 바로 앞 자리가 옛 장원서다리가 있던 지점이다. 이곳은 팔판동, 소격동, 화동의 세 지역이 겹치는 경계지점이기도 하다.

洞), 소격동(昭格洞)의 세 지역이 겹치는 경계지점이라는 것을 알 수 있으며, 지금의 삼청파출소(三淸派出所) 바로 앞이 여기에 해당하는 것으로 드러난다. 그러니까 이 다리의 서쪽이라 하였으므로 신채호의 거처는 넉넉잡아 팔판동 구역의 어드메에 있었다는 사실을 짐작할 수 있다.

그런데 이것보다 더욱 명확하게 집의 위치를 알려주는 기록이 하나 남아 있는데 『대한매일신보』 1910년 4월 19일자에 게재된 '초가 문권 분실 광고'가 바로 그것이다. 이 시기는 신채호 선생이 중국에 활동근거지를 마련하고 그곳으로 막 망명을 시도하려던 때와 정확하게 겹친다.

[광고(廣告)] 본인(本人)의 소유(所有) 초가(草家) 6간(間) 문권(文券)을 부지중(不知中)에 실(失)하였사옵기 자이광고(茲以廣告)하오니 수모습득(誰某拾得)하여도 휴지시행(休紙施行)하압. 경 북서 삼청동 이통 사호(京 北署 三淸洞 二統 四戶) 신채호 백(申采浩 白).

여길 보면 초가문권을 분실하여 이를 무효처리한 신채호의 주소지가 '경 북서 삼청동 2통 4호'라고 분명히 표시되어 있다. 하지만 이것만으로는 일제강점기 이후에 도입된 지번주소체계로 '어느 동 몇 번지'를 가리키는지를 도저히 가늠할 수가 없기 때문에 집터의 위치는 여전히 밝혀내기가 어렵다.

이런 경우에 개략적인 위치라도 찾아보기 위해 곧잘 애용하

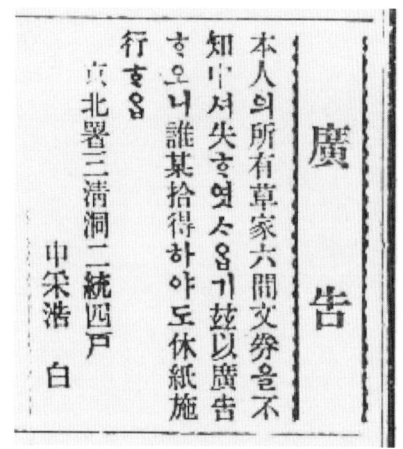

『대한매일신보』 1910년 4월 19일자에 수록된 신채호의 '초가문권 분실광고'이다. 이것이 집터의 위치를 알려주는 핵심적인 자료인 것은 맞지만, 참으로 아쉽게도 이것만으로는 일제강점기 이후에 사용된 지번체계로 전환할 수 있는 아무런 방도가 없는 상태이다.

는 것이 『광무호적(光武戶籍)』(국사편찬위원회 소장자료)이다. 여기에 나타난 호주의 성명과 일제강점기 이후의 『토지조사부(土地調査簿, 임시토지조사국 작성)』(국가기록원 소장자료)에 기재된 소유자의 성명이 일치하는 것을 통해 지번의 위치를 가려낼 수 있고, 더구나 연번(連番)으로 일치하는 사례가 많으면 많을수록 그 신뢰도는 매우 높다고 판단하는 것이 보통이다.

이를 위해 우선 「광무 10년 한성부 북서 진장방 호적(光武 10年 漢城府 北署 鎭長坊 戶籍)」에 기재된 내역을 살펴보았더니, 신채호 소유의 초가인 '삼

청동 2통 4호'는 정식 주소지가 "한성부 북서 진장방 삼청동계 삼청동 2통 4호(漢城府 北署 鎭長坊 三淸洞契 三淸洞 二統 四戶)"가 되는 것으로 확인된다. 그리고 이 당시, 즉 광무 10년(1906년)에는 이집의 호주가 체전부(遞傳夫)인 한주성(韓周成)이었던 것으로 표시되어 있다.

그런데 『광무호적』에 나타난 '통호(統戶)'의 부여방식을 보면, 각각의 동네마다 새로 번호가 생기는 것이 아니라 '진장방'이라는 '방(坊)' 단위에서 1통부터 35통까지 누적되는 것이 눈에 띈다. 이를 개략적으로 말하면 대개 1통에서 25통까지는 삼청동(팔판동 포함) 구역이, 26통 및 27통은 복정동(福井洞) 구역이, 그리고 28통에서 35통까지는 화개동(花開洞) 구역이 포진하는 형태였다.

또한 이 대목에서 또 한 가지 유의할 필요가 있는 것은 『광무호적』에 삼청동이라고 표시되어 있다고 해서 그것이 곧 지금의 '삼청동'과 동일하다고 생각하는 것은 잘못이라는 점이다. 1914년 4월 1일에 일제가 전국적으로 행정구역을 개편하면서 기존의 명칭이 바뀌거나 관할구역이 크게 조정되는 사례가 많았으며, 이 점에 있어서는 삼청동 일대의 경우도 예외는 아니었다.

1914년 4월 경성부 정동(町洞) 명칭 개정 당시의 관할구역 변경내역 (경기도 고시 제7호)

명칭	관할구역
삼청동(三淸洞)	삼청동(三淸洞), 팔판동(八判洞) 일부
팔판동(八判洞)	팔판동(八判洞) 일부
소격동(昭格洞)	소격동(昭格洞), 화개동(花開洞) 일부, 대안동(大安洞) 일부
화동(花洞)	화개동(花開洞) 일부, 동곡(東谷) 일부, 홍현(紅峴) 일부, 소안동(小安洞) 일부

『조선총독부관보』 1914년 4월 27일자에 수록된 경기도 고시 제7호 「경

성부 정동(町洞)의 명칭 및 구역」을 보면 옛 진장방(鎭長坊)에 속했던 구역은 삼청동, 팔판동, 화동 등으로 관할구역이 흩어져 있으며, 이 가운데 삼청동은 옛 삼청동과 팔판동 일부가 합쳐졌고 또한 팔판동은 팔판동 일부가 속하는 구역으로 표시되어 있다. 하지만 실제로는 그 반대인 듯하다.

『광무호적(진장방)』과 『토지조사부』에 표시된 인명을 대조하여 정리한 작업결과물을 살펴보면, 이 지역의 경우 세(貰)를 든 사람들이 유달리 많은 탓인지는 몰라도 명단이 일치하는 사례들이 생각만큼 많은 것은 아니었다. 그렇더라도 개략적인 추세는 분명히 확인되는데, 이를 통해 관할구역이 어떻게 변경 및 조정되었는지를 살펴보는 일은 그리 어렵지 않다.

『광무호적(진장방)』(1906)과 『토지조사부』(1912)의 인명대조 결과자료

통호(統戶)	이름	주소 지번	통호(統戶)	이름	주소 지번
삼청동 1-5	배효환	팔판동 161번지	삼청동 5-11	민성룡	팔판동 94번지
삼청동 1-9	이재연	팔판동 51번지	삼청동 5-12	한만수	팔판동 64번지
삼청동 2-13	한영식	팔판동 19번지	삼청동 6-6	임한상	팔판동 132번지
삼청동 2-14	함희진	팔판동 131번지	삼청동 6-8	강래형	팔판동 130번지
삼청동 3-2	남궁억	팔판동 78번지	삼청동 7-7	임학규	팔판동 118번지
삼청동 3-3	황순호	팔판동 79번지	삼청동 7-14	이소사	팔판동 27번지
삼청동 3-4	김태식	팔판동 80번지	삼청동 8-1	이원식	팔판동 102번지
삼청동 4-5	이병주	팔판동 50번지	삼청동 8-2	이희창	팔판동 25번지
삼청동 4-6	김태련	팔판동 47번지	삼청동 8-5	오영국	팔판동 162번지
삼청동 4-7	김영진	삼청동 149번지	삼청동 8-8	김재완	삼청동 95번지
삼청동 4-8	신용진	팔판동 24번지	삼청동 8-10	박창식	팔판동 105번지
팔판동 4-10	문경선	팔판동 61번지	삼청동 9-3	곽진근	팔판동 108번지
삼청동 5-8	김상옥	삼청동 99번지	삼청동 9-8	장석준	팔판동 112번지

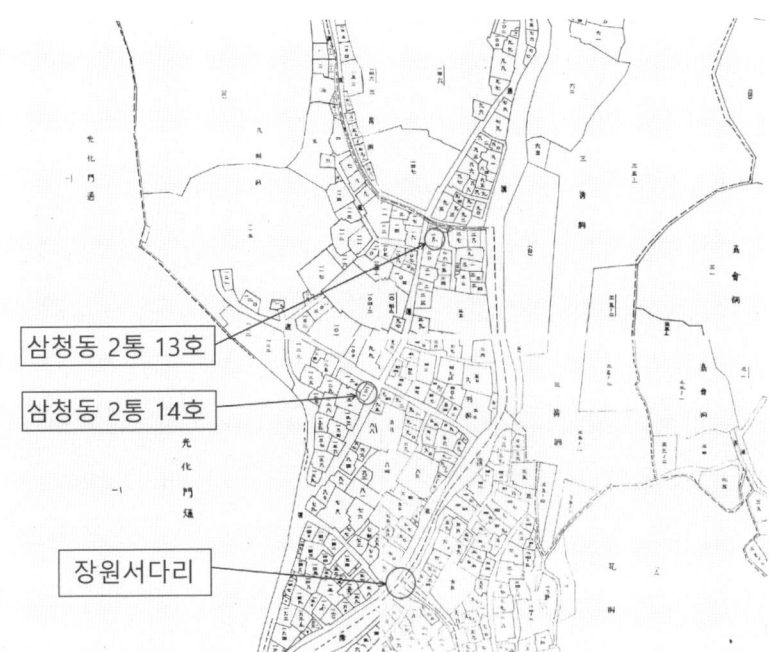

『광무호적(진장방)』과 『토지조사부』의 명부가 일치하는 두 사례에 해당하는 지점을 『경성부일필매지형명세도』(1929)를 표시한 내용이다. 이것으로 '옛 삼청동 2통 구역'이 지금의 '팔판동'에 속한다는 사실은 확인되지만 두 곳의 편차가 워낙 큰 관계로 신채호 집터의 위치를 가려내기는 매우 어렵다고 하겠다.

    이에 따르면 진장방의 삼청동에 속한 구역 가운데 대개 1통에서 9통까지는 1914년 이후 '팔판동'으로 귀속된 지역이 압도적이고, 11통에서 25통까지는 '삼청동'으로 귀속된 지역이 월등히 많은 것으로 드러난다. 이러한 결과를 놓고 보면 결국 지금의 '팔판동'은 옛 팔판동에다 삼청동 구역 일부가 더해지면서 형성된 동네라는 것을 알 수 있다.

    특히, 신채호의 집터인 '옛 삼청동 2통 4호'와 가장 근접한 '옛 삼청동 2통 13호'와 '옛 삼청동 2통 14호'의 경우에 1914년에 각각 '팔판동 19번지'와 '팔판동 131번지'로 전환된 사실이 드러나는데, 이에 따라 신채호 집터의 실제 위치는 지금의 '삼청동'이 아닌 '팔판동' 지역에 존재한다는 사실이 더욱 확실시된다고 할 수 있겠다. 앞서 소개한 변영만의 「단재전(丹齋傳)」(1936)에서 "장원서다리의 서쪽"이라고 적어놓은 구절과 그대로 일치하는 대목인 셈이다.

하지만 지금까지 드러난 자료만 가지고는 이 집터가 팔판동에 있다는 사실 이외에는 뚜렷이 밝혀진 것이 없다. 더구나 『광무호적(진장방)』에서 추출할 수 있는 비교가능자료가 두 건에 불과하고 그것도 각 소재지의 위치편차가 너무 큰 편이므로 집터일 가능성이 높은 지번(地番)의 후보군을 얼추 간추리는 것조차 힘든 상황인 것이다. 따라서 너무도 아쉽지만 신채호 선생이 살던 '삼청동' 집터는 장원서다리 서쪽에 있는 지금의 '팔판동' 지역이라는 사실만 드러난 채 지번을 전혀 알 수가 없으므로 표석을 설치하기가 매우 곤란한 상태는 당분간 그대로 지속될 수밖에 없을 듯하다.

그런데 이 와중에 이러한 아쉬움을 조금이나마 덜어줄 수 있는 의미 있는 대안의 하나로 부각된 것이 2020년 8월 26일에 설치 완료된 '박자혜 산파 터' 표석이다. 박자혜(朴慈惠, 1895~1943)는 사립숙명여자고등보통학교 기예과(1914년 졸업)를 거쳐 조선총독부의원 간호부과(1916년 졸업)를 나왔고, 이후 1920년에 중국 북경으로 건너가 연경대학(燕京大學) 의예과를

『조선총독부관보』 1916년 11월 21일자에 게재된 총독부의원 간호부과(看護婦科) 졸업생 명단에 '박자혜'의 이름이 포함된 것이 보인다.

다니던 도중에 그곳에서 신채호와 만나 결혼한 사이였다.

이들 사이에 수범(秀凡, 1921년생)과 두범(斗凡, 1927년생) 두 아들이 있었고, 그 이후 남편 신채호가 상해(上海)로 돌아가야 하는 문제와 여러 가지 경제적 사정이 겹쳐 아내 박자혜는 2년 가량의 동거를 마치고 홀로 국내로 되돌아오게 되었다. 그 이후 신채호 선생이 옥고를 치르는 동안 경제적 궁핍을 이겨내기 위해 운영했던 것이 '박자혜 산파(朴慈惠 産婆; 인사동 69번지)'였던 것이다.

『동아일보』 1928년 12월 12일자에 수록된 「신채호 부인 방문기」에 함께 소개된 '박자혜 산파'의 모습과 '박자혜 인물사진'이다. 지붕 위 간판에 '인사동 69번지'라는 주소 표기가 또렷이 드러나 있다.

박자혜가 산파를 꾸려나가던 시절에 지극한 곤경에 처한 상황에 대해서는 『동아일보』 1928년 12월 12일자 및 12월 13일자에 2회 연재된 「신채호 부인 방문기」에 잘 나타나 있다. 그 가운데 한 토막을 옮겨보면 이러한 내용이 눈에 띈다.

> 아는 사람은 알고 모르는 사람은 모르는 가운데 홀로 어린 아이 형제를 거느리고 저주된 운명에서 하염없는 눈물로 세월을 보내는 애처로운 젊은 부인이 있다. 시내 인사동(仁寺洞) 69번지 앞 거리를 지나노라면 산파 박자혜(産婆 朴慈惠)라고 쓴 낡은 간판이 주인의 가긍함을 말하는 듯이 붙어 있어 추운 날 저녁 볕에 음산한 기분을 자아내니 이 집이 조선 사람으로서는 거개 다 아는 풍운아 신채호(風雲兒 申采浩) 가정이다. 간판은 비록 산파의 직업이 있는 것을 말하나 기실은 아무 쓸데가 없

는 물건으로 요사이에는 그도 운수가 갔는지 산파가 원체 많은 관계인지 열 달이 가야 한 사람의 손님도 찾는 일이 없어 돈을 벌어 보기는커녕 간판 붙여놓은 것이 도리어 남부끄러울 지경이므로 자연 그의 아궁이에는 불 때는 날이 한 달이면 4, 5일이 될까말까 하여 말과 같은 삼순구식(三旬九食)의 참상을 맛보고 있으면서도 주린 배를 움켜잡고 하루라도 빨리 가장이 무사히 돌아오기를 기도하는 박자혜 여사는 밤이나 낮이나 대련형무소(大連刑務所)가 있는 북쪽 하늘을 바라볼 뿐이라 한다.

이로부터 8년의 세월이 흐르고 나서 1936년 2월 21일 신채호 선생은 여순형무소(旅順刑務所)의 병감(病監)에서 홀연히 저 세상 사람이 되고 말았다. 그리고 여순화장장에서 수습한 그의 유골은 박자혜 여사의 품에 안겨 경성역(京城驛)을 거쳐 고향인 충북 청주군 낭성면 관정리(忠北 淸州郡 狼城面 官井里)의 선영(先塋)으로 옮겨져 그곳에 묻혔다.

이를 테면 이곳 '박자혜 산파터'는 독립지사의 가족이 겪어야 하는 고통과 고

『조선일보』 1936년 2월 25일자에 실린 단재 신채호 선생의 사망관련 기사에는 '유골함을 들고 경성역에 도착한 박자혜 여사의 모습'을 담은 사진자료도 함께 수록되어 있다.

탑골공원 건너편 인사동 초입에 새로 등장한 '박자혜 산파터' 표석(2020. 8.26. 설치)의 모습이다. 이 지점과 비교적 가까운 곳에 신채호 선생이 사망할 당시 박자혜 여사가 살던 '인사동 122번지'의 집터가 있었으나, 이곳 역시 최근 도심재개발사업으로 땅을 파헤치는 통에 그 흔적이 완전히 사라지고 말았다.

난을 상징하는 공간으로 부각되기에 충분한 장소가 아닌가 말이다. 더구나 박자혜는 비단 신채호의 아내라는 위상이 아니더라도 그 자신이 3.1 당시에 총독부의원 간우회(看友會)를 주도하여 만세시위운동을 폈고, 그 이후 여러 애국지사의 의열활동을 도운 공로로 1990년 건국훈장 애족장(1977년 대통령표창)이 추서된 바 있는 당사자이기도 하다.

이러한 점에서 여성독립운동가의 위상과 역할을 재조명하는 의미에서도 표석 설치의 당위성과 의미가 아주 크다고 할 것이다. 다만, 못내 아쉽고 여전히 풀지못한 일이지만 신채호 집터의 위치를 명쾌하게 규명할 수 있는 관련자료가 서둘러 발굴되어 그 자리에 자그마한 표석 하나라도 남겨질 수 있는 기회가 빨리올 수 있기를 간절히 바라고 또 바랄 따름이다.

• 이 글은 『민족사랑』 2020년 10월호에 게재하였던 것을 수정 보완하였다.

17

통감부 판사였던 이시영 선생이 거소불명자가 된 까닭은?

한국병합기념장을 끝까지 수령하지 않았던 사람들

일본제국은 메이지유신 이래 국가적 경사가 발생하거나 잇따른 침략전쟁을 통해 그들의 세력을 확장할 때마다 이를 영구히 기리는 뜻에서 칙령(勅令)을 통해 각종 기념장이나 종군기장을 발급하였다. 이를 통해 전쟁참가자들과 기타 관공리(官公吏)들의 충군애국(忠君愛國)을 이끌어 내거나 이를 재확인하는 수단으로 삼곤 했다.

1912년 8월 1일자로 교부된 '한국병합기념장'의 모습이다. 국화 문양 아래 오동나무와 이화(李花, 자두꽃) 가지를 교차하여 배치하고 있다. (민족문제연구소 소장자료)

1910년에 대한제국을 집어삼킨 이후에도 이러한 대업(大業)의 달성을 그냥 넘길 리는 없었다. 그 결과로 나온 것이 1912년 3월 28일에 제정된 칙령 제56호 「한국병합기념장(韓國倂合記念章) 제정의 건(件)」이다. 이에 따르면 ① 한국병합의 사업에 직접 관여했던 자 및 한국병합의 사업에 동반하여 요무(要務)에 관여했던 자, ② 한국병합 당시 조선에 재근(在勤)

했던 관리 및 관리대우자와 한국병합 당시 한국정부의 관리 및 관리대우자, ③ 종전 일한관계(日韓關係)에 공적이 있는 자가 이 기념장의 수여 대장자로 정해졌다.

일본제국의 각종 기념장, 종군기장, 전첩기장, 잡종기장, 휘장 발행 연혁

구분	명칭(표시내용)	일자	비고
기념장	대일본제국헌법발포기념장/ 명치 22년 2월 11일(大日本帝國憲法發布記念章/ 明治 二十二年 二月 十一日)	1889.8.2	
	대혼 25년 축전지장/ 명치 27년 3월(大婚二十五年祝典之章/ 明治 二十七年 三月)	1894.3.5	명치천황 은혼식
	대일본국 황태자 도한기념장/ 명치 40년 10월(大日本國 皇太子 渡韓記念章/ 明治 四十年 十月)	1909.3.27	일본 황태자 한국방문
	한국병합기념장/ 명치 43년 8월 29일(韓國倂合記念章/ 明治 四十三年 八月 二十九日)	1912.3.28	경술국치
	대례기념장/ 대정 4년 11월(大禮記念章/ 大正 四年 十一月)	1915.8.12	대정천황 즉위
	대례기념장/ 소화 3년 11월(大禮記念章/ 昭和 三年 十一月)	1928.7.31	소화천황 즉위
종군기장 전첩기장	명치 7년 종군기장(종군패) (대만, 명치 7년 세차 갑술)[明治七年 從軍記章(從軍牌) (臺灣, 明治 七年 歲次 甲戌)]	1875.4.10	1874년 대만출병
	명치 27, 8년 종군기장(明治二十七八年 從軍記章)	1895.10.8	청일전쟁
	(청국사변) 명치 33년 종군기장[(淸國事變) 明治三十三年 從軍記章]	1902.4.17	북청사변
	명치 37, 8년(전역) 종군기장[明治三十七八年(戰役) 從軍記章]	1906.3.30	러일전쟁
	대정 3, 4년(전역) 종군기장[大正三四年(戰役) 從軍記章]	1915.11.5	제1차 세계대전
	대정 3년 내지 9년 전역 종군기장(大正三年乃至九年戰役 從軍記章)	1920.3.10	제1차 세계대전, 시베리아출병
	전첩기장 (자 대정 3년 지 대정 9년 문명옹호지대전 일미영불이 기타 동맹 급 연합국)[戰捷記章 (自大正三年 至大正九年 文明擁護之大戰 日米英佛伊 其他 同盟及聯合國)]	1920.9.16	제1차 세계대전 승리기념
	소화 6년 내지 9년 사변 종군기장(昭和六年乃至九年事變 從軍記章)	1934.7.21	만주사변 및 제1차 상해사변

	지나사변 종군기장(支那事變 從軍記章)	1939.7.26	중일전쟁
	지나사변 기념장(支那事變 記念章)	1942.9.25	중일전쟁
	대동아전쟁 종군기장(大東亞戰爭 從軍記章)	1944.6.20	태평양전쟁
잡종기장 휘장	국세조사휘장/ 대정 9년 10월 1일(國勢調査徽章/ 大正 九年 十月 一日)	1920.7.9	
	제1회 국세조사기념장/ 대정 9년 10월 1일(第一回 國勢調査記念章/ 大正 九年 十月 一日)	1921.6.16	일본 최초 국세조사
	제도부흥기념장/ 소화 5년 3월(帝都復興記念章/ 昭和 五年 三月)	1930.8.12	관동대지진
	조선 소화 5년 국세조사기념장/ 소화 5년 10월 1일(朝鮮昭和五年 國勢調査記念章/ 昭和 五年 十月 一日)	1932.7.16	조선 최초 국세조사
	기원 2600년 축전기념장/ 소화 15년(紀元二千六百年 祝典記念章/ 昭和 十五年)	1940.7.26	

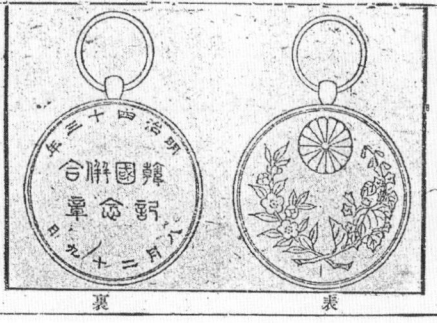

『매일신보』 1912년 4월 7일자에 실린 병합기념장 관련 보도에는 총 제작매수가 약 3만 개 가량이라고 표시하고 있다.

『매일신보』 1912년 4월 7일자에 수록된 「한국병합기념장」 제하의 기사에는 이 병합기념장의 주조수(鑄造數)는 약 3만 개 가량에 이를 것이나 수여 인원은 아직 확정되지 않았다는 사실을 알리고 있다. 그 이후 『일본제국관보』 1913년 4월 9일자(부록)를 통해 기념장 수여자가 처음 공표되었는데, 1912년 8월 1일자로 소급하여 상훈국(賞勳局)에서 지급하는 것으로 표시된 이 명단에는 테라우치 통감과 이완용 전 내각총리대신은 물론이고 이른바 '창덕궁 이왕'과 '덕수궁 이태왕'의 신분으로 격하된 고종황제와 순종황제도 포함되어 있다.

이와 관련하여 『매일신보』 1913년 4월 12일자에 수록된 「일한병합기념장(日韓倂合 紀念章)의 도착(到著)」 제하의 기사에는 기념장 수여자의 명단이 공표된 사실을 이렇게 알리고 있다.

> 9일의 관보(官報)로써 후시미노미야 사다나루친왕 전하(伏見宮貞愛親王殿下)를 시(始)하여 각 귀족(各貴族), 이왕(李王), 이태왕(李太王), 이왕세자(李王世子), 기타 각 조선왕족(其他 各朝鮮王族), 토쿠다이지 제2차 카츠라 내각원(德大寺 第二次 桂內閣員), 조선총독부원(朝鮮總督府員), 조선주차군 관계자(朝鮮駐箚軍 關係者), 외무성 고등관(外務省 高等官), 궁내관(宮內官), 귀중양원 의원(貴衆兩院 議員) 일동(一同)에 대하여 대정 원년(大定 元年, 1912년) 8월 1일부(附)로써 한국병합기념장(韓國倂合紀念章)의 수여(授與)할 지(旨)를 공표(公表)하였는데 우내(右內) 조선(朝鮮)에 관계자(關係者) 57명(名)에게는 금후(今後) 인속 수여(引續授與)를 공표(公表)하는데 여좌(如左)하더라.
>
> 　대훈위 창덕궁 이왕(大勳位 昌德宮 李王)
> 　대훈위 덕수궁 이태왕(大勳位 德壽宮 李太王)
> 　훈일등 왕세자 이은(勳一等 王世子 李垠)
> 　이왕비 윤씨(李王妃 尹氏)
> 　훈일등 이강공(勳一等 李堈公)
> 　훈일등 이희공(勳一等 李熹公)
> 　훈일등 이준공(勳一等 李埈公)
> 　이강공비 김씨(李堈公妃 金氏)
> 　이희공비 이씨(李熹公妃 李氏)

이준공비 김씨(李埈公妃 金氏)

중추원고문 자작 박제순(中樞院顧問 子爵 朴齊純)

동 동 조중응(소 소 趙重應)

동 동 이용직(소 소 李容稙)

중추원부의장 백작 이완용(中樞院副議長 伯爵 李完用)

이왕직장관 자작 민병석(李王職長官 子爵 閔丙奭)

동 동 고영희(소 소 高永喜)

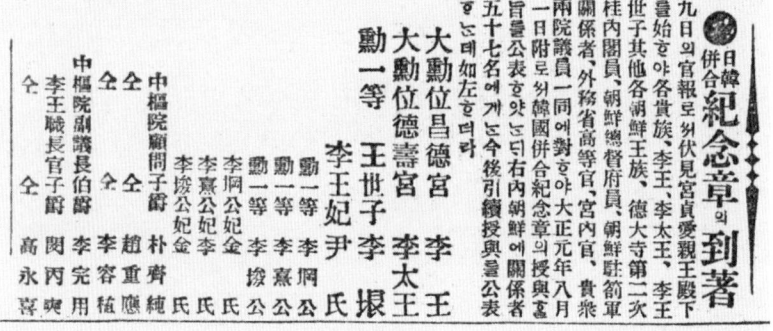

『매일신보』 1913년 4월 12일자에 수록된 한국병합기념장 수여자 명단에는 이른바 '창덕궁 이왕(순종황제)'와 '덕수궁 이태왕(고종황제)'도 여기에 포함된 사실이 드러나 있다.

『조선총독부 관보』의 경우에는 이들 명단 가운데 '조선 관련 해당자'만 따로 추출하여 1913년 4월 10일자 이후 총 18회에 걸쳐 '부록(附錄)'의 형태로 그 명단을 게재한 바 있다. 여기에 수록된 명단을 잠정 집계해 본 결과, 총수록자는 11,928명이며 조선인의 숫자는 일본식 이름으로 이미 전환한 이들이 다수 포함되어 있는 까닭에 정확한 집계가 어려우나 얼추 4,850명 남짓으로 파악된다.

일반적으로 일제가 수여하는 이러한 종류의 기념장이나 훈장, 서위(敍位) 등을 수령하는 것은 그 자체가 친일행위의 징표로서 특정 인물의 행적을 가늠함에 있어서 중대한 흠결(欠缺)로 간주하는 것이 보통이다. 하지만 여기에도 간혹 예외가 있다는 점도 기억할 필요가 있다.

예를 들어『조선총독부 관보』1917년 2월 2일자에 실린 '한국병합기념장 배수자 거소불명(拜受者 居所不明)'이라는 명단이 반 페이지에 걸쳐 수록되어 있는 것을 볼 수 있다. 이를 테면 병합기념장을 받아가야 할 사람들이지만 사는 곳을 파악하지 못해 이를 전달하지 못한 사람들의 명단인 셈이다. 그 이후에도 거소불명자를 찾는 광고가 그 이듬해까지 20여 차례 계속되는 가운데 몇몇 사람은 본인, 유족, 관계자를 통해 병합기념장을 찾아간 것으로 확인되지만, 그 가운데 끝까지 나타나지 않았던 사람도 88명(일본인 21명 포함)이나 되었다.

『조선총독부 관보』1918년 7월 22일자에 수록된 '거소불명자' 명단이다. 이들은 외형상 퇴직 이후 거처가 파악되지 않은 사람들이지만, 이 가운데는 명백하게 자발적인 망명을 통해 기념장의 수령을 묵시적으로 거부한 이들도 적지 않게 포함되어 있다.

제3부 | 잊혀진 항일의 현장을 찾아서

이보다 앞서 『매일신보』 1915년 12월 11일자에 수록된 「병합기념장 미교부자」 제하의 기사에 경찰관 퇴직자(순사 및 순사보 출신)가 다수 여기에 포함된 사실이 드러난다. 그런데 누구나 알 만한 인물을 한 명 꼽자면 상해임시정부 초대 법무총장을 지냈고 해방 이후 초대 부통령을 역임한 이시영(李始榮, 1869~1953)의 존재가 단연 눈에 띈다.

그는 경술국치 당시 통감부 판사의 신분이었으나 조선총독부가 출범하기 직전 날인 1910년 9월 30일자로 의원면본관(依願免本官, 자진사직)하였고, 그 다음 날 총독부에 의해 중추원 부찬의(中樞院 副贊議)로 임명되었으나 이 역시 1911년 2월 25일자로 의원면직(依願免職) 처리되었다. 이러한 경력 탓에 그에게도 칙령에 정해진 규정에 따라 당연지급자로 분류되었으나, 정작 병합기념장이 교부될 당시에는 이미 중국으로 망명을 떠난 상태였으므로 그 자신은 물론이고 가족 누구도 이를 수령하지 않았던 것이다.

이 거소불명자의 명단에 포함된 이로서 주목할 만한 또 한 사람은 경술국치 당시 강화군수였던 한영복(韓永福, 1867~1935)이다. 그는 1914년 무렵 중국으로 망명하여 1921년 베이징에서 신채호, 이회영과 함께 『천고(天鼓)』를 창간하였고, 그해 임시정부 외무부 북경주재 임시외교위원으로 활동했으며, 그 이듬해에 『독립공보』의 발행에도 관여하였다. 이러한 공적을 바탕으로 그에게는 지난 2014년에 건국훈장 애족장이 추서된 바 있다.

그리고 평안남도 성천군의 서기(書記; 1911년 2월 28일 의원면본관)를 지낸 김연군(金演君, 1889~1943) 역시 자신에게 배정된 한국병합기념장의 수령을 거부한 채 장기간 거소불명자로 분류되어 있었다. 그는 특히 1919년 4월 동만주 왕청에서 조직된 의민단(義民團)의 부단장으로 활동하는 등

『매일신보』 1915년 12월 11일자에 수록된 명단을 통해 이들 가운데 상당수는 전직 순사 또는 순사보였던 경찰관 퇴직자였다는 사실도 확인할 수 있다.

만주방면의 독립운동 사실이 인정되어 1995년 건국훈장 애족장의 추서대상이 되었다.

이밖에 임시토지조사국 기수를 지낸 윤세린(尹世麟, 1881~1960)도 이 명단에 포함되어 있는데, 그는 나중에 대종교(大倧敎)를 이끌었던 윤세복(尹世福; 1962년 건국훈장 독립장 서훈)과 동일인이다. 이들 외에도 건국훈장 서훈자의 명단에 포함된 다수의 인물이 보이지만, 이들이 동명이인(同名異人)인지의 여부는 미처 일일이 확인해보질 못한 상태이다.

여기에서 살펴보았듯이 비록 경술국치 당시에는 관직에 몸을 담고 있었던 탓에 병합기념장의 수여대상자가 되었지만, 끝내 이를 거부하고 스스로 일제에 항거하는 길을 택한 이들이 결코 적지 않았다는 사실을 새삼 깨닫게 된다.

• 이 글은 『민족사랑』 2019년 5월호에 '소장자료 톺아보기'로 게재하였던 것을 수정 보완하였다.

18

항일의 터전을 더럽힌
홍파동 홍난파 가옥의 내력

베델의 집터이자 신채호 선생의
조카딸이 살던 공간

서울에서 가장 먼저 봄꽃이 피는 곳이 어딘지를 묻는다면 대개는 말문이 막히기 십상이지만, 그 정답은 송월동 언덕마루에 있는 서울기상관측소이다. 이곳에는 관측표준목(觀測標準木)이라는 꽃나무들이 있어서 이를 기준으로 개화(開花) 여부를 가늠하는 탓이다. 따라서 우리 집 마당에 또는 근린체육공원에 개나리가 먼저 피었네 마네 하더라도 그것이 공식적인 기록으로 인정받지는 못한다. 첫눈이 내리는 것도 마찬가지인데, 우리 동네에 아무리 함박눈이 내렸더라도 이곳 서울기상관측소에 싸라기눈조차 오지 않았다면 그날 서울지역의 강설기록은 존재하지 않는다.

우리가 흔히 서울기상관측소가 있는 곳을 '송월동'이라고 지칭하나 엄밀하게 말하면 이 자리는 서울도성이 지나는 구간으로 경희궁(신문로 2가) 구역도 함께 걸쳐있는 공간이다. 일제강점기인 1932년 11월 1일에 경성측후소(京城測候所)가 서울도성을 헐어낸 꼭대기 자리에 신축 이전하였고, 해방 이후에도 중앙관상대(1948년 8월), 중앙기상대(1982년 1월), 기상청(1990년 12월) 시절을 거쳐 이 기관이 신대방동 보라매공원 신축청사로 이전

『일본지리풍속대계』 제17권(1930)에 수록된 송월동 월암바위와 홍파동 베델집터 주변의 옛 전경사진이다. 중간에 서울성벽이 치솟아 오른 부분이 경성측후소 예정지(송월동)이고, 그 아래로 약간 비껴나 바위가 희게 넓은 면적을 차지하고 있는 곳이 이른바 '달바위(월암)' 자리이다. 왼쪽 끝에 은행나무 옆에 보이는 서양식 건물은 '딜쿠샤(테일러 가옥)'이다. (개인소장자료)

(1998년 12월)한 뒤로도 옛 측후소 건물은 그대로 남아 서울기상관측소로 사용되고 있는 상태이다.

원래 송월동(松月洞)이라는 것도 일제가 1914년에 송정동(松亭洞)과 월암동(月巖洞)을 합치면서 어거지로 만들어낸 명칭이다. 일찍이 이유원(李裕元, 1814~1888)의 문집 『임하필기(林下筆記)』에는 "돈의문밖 서성(西城) 아래에 바위가 있어 깜깜한 밤에도 오히려 밝은 빛이 난다"고 적었는데, 이것이 월암(月巖) 즉, '달바위'이다. 실

송월동 달바위의 하단부에 남아 있는 월암동(月巖洞) 바위글씨의 모습이다. 이 주변 일대가 재개발 사업이 진행되면서 자칫 멸실의 위기에 처할 뻔도 했으나, 다행히 지금은 서울시 문화재자료 제60호(2014년 6월 26일 지정)로 보호 관리되고 있다.

제로 이 지역에는 멀리서 봐도 매우 밝은 느낌이 나는 암질로 구성된 바위들이 두루 눈에 띄며, 특히 '월암동(月巖洞)'이라고 새긴 바위글씨(서울시 문화재자료 제60호, 2014년 6월 26일 지정)도 남아 있어서 지명유래의 근거를 명확히 알 수 있다.

　이로 인해 서울기상관측소가 있는 지점을 기준으로 서울도성의 서쪽 외곽으로 흘러내리는 경사면 일대가 공원으로 변하면서 이곳에는 월암근린공원이라는 이름이 붙게 되었다. 그런데 이 공원 구역이 끝나는 지점으로 몇 걸음 발길을 돌리면, 아담한 벽돌집인 '서울 홍파동 홍난파 가옥'(등록문화재 제90호, 2004년 9월 4일 등재)'이 나타난다. 이곳은 '고향의 봄', '봉선화', '봄처녀'와 같은 무수한 대표곡을 남긴 작곡가이자 제금가(提琴家, 바이올리니스트)로도 유명세를 떨쳤으나 1937년 수양동우회 사건 이후

홍난파 가옥으로만 잘못 기억되고 있는 '서울 홍파동 홍난파 가옥'(등록문화재 제90호)의 모습이다. '홍난파 기념관'의 용도로 사용하고 있는 이 집의 뜰앞에는 지난 1968년에 서울 남산방송국 앞에 처음 조성된 '홍난파 흉상'이 이곳에 옮겨져 있는 모습도 눈에 띈다. 이곳은 홍난파 개인의 생애에 있어서 친일행적의 산실이 분명한 만큼 서둘러 '홍파동 서양식 가옥'이라든가 하는 식의 문화재 명칭변경이 필요한 상황이라 하겠다.

친일음악가로 변절한 난파 홍영후(蘭坡 洪永厚, 1898~1941)가 1934년에 두 번째 부인 이대형(李大亨, 1913~2004)과 재혼한 이후 세상을 뜰 때까지 7년 가량 거처로 삼았던 집이다.

흥미롭게도 『여성(女性)』 1940년 7월호, 64쪽에는 홍난파가 이 집과 관련하여 남긴 「나의 소한(小閑)] 암정(岩庭: 바위정원)」이라는 글이 남아있다.

> 5, 6년 전에 서촌(西村) 홍파정(紅把町, 홍파동) 산 언덕 위에 조그마한 양옥을 만들고서 오랫동안의 홀아비 생활을 청산하고 새 가정을 이루었습니다. 다행히 집 앞에는 빈터가 4, 50평 있었으나 원체 집터 전부가 바위이므로 이것을 이용하기에 별 궁리를 다해본 나머지 4년 전에는 이 빈터에다 흙을 2, 3척 부어 올리고는 화초(花草)와 정목(庭木)을 빽빽이 심어보았습니다. 그러나 바위 위에 심은 나무들이라 여름 한철은 아침저녁으로 물을 주지 않으면 말라죽을 형편이므로 매일 같이 아침이면 화초에 물을 주고 저녁 때면 나무에 물을 주는 외에 일요일이나 다른 노는 날에는 가위를 가지고 나무를 가다듬어 주어서 이제는 제법 정원(庭園)의 꼴이 되었습니다.
>
> 처음에는 공지(空地)를 이용하겠다는 단순한 생각에서 시작한 것이 그 동안 내손으로 가꾸어서 이만큼이나 키우고 보니 정(情)도 들대로 들고 또 화초나 정목에 대한 애착심(愛着心)도 무던히 커져서 이제는 풍치(風致)도 풍치려니와 이것이 없이는 살 자미(滋味)가 없을 것같이 생각이 듭니다. 그리하여 한때는 지팡이 외짝으로 들고 다니던 카메라도 집어던진지 이미 오랬고 또 20여 년 동안이나 잔난하던 다마츠키(玉突: 옥돌. 당구)도 아주 고만둔 지 2년이 넘었습니다.

오락이나 취미로 카메라, 다마츠키 같은 것도 좋기는 하지마는 너무 비용이 많이 나고 시간을 잡아먹으므로 이런 것에 혹할 때는 가끔 볼일을 못 보는 때도 있었고 더구나 다마츠키 같은 것은 위생(衛生)에도 그다지 좋을 것 같지는 않습니다마는 아침저녁으로 화초를 가꾸고 나무에 손질을 하는 것은 취미로도 끔찍이 고상(高尙)한 취미요, 보건(保健)에도 좋고 심신휴양(心身休養)에도 유익(有益)할 뿐만 아니라 밖에서 사무(事務)본 날 아의 여가(餘暇)를 집안에서 보내게 되는 만큼 마음의 여유(餘裕)가 생기며, 가정적(家庭的)으로나 자녀교육상(子女敎育上)에도 좋은 영향(影響)을 미치리라고 생각합니다.

『여성』 1940년 7월호에 수록된 수필 「암정(岩庭)」이라는 글에는 '바위정원'을 가꾸고 있는 홍난파와 그의 아이 모습이 나란히 포착되어 있다. 뒤에 보이는 벽돌난간 계단은 지금 남아 있는 것과 동일하다는 것을 확인할 수 있다.

하지만 어떠한 관점에서 보든지 간에 이 집을 홍난파의 거처로만 이해하는 것은 큰 잘못이다. 바로 이 시기에 그는 가장 왕성하게 무수한 친일작품을 쏟아내고 군국가요의 연주와 보급에도 주력하였으니, 이곳이야말로 친일행적의 산실과 하등 다를 바가 없는 공간이니까 말이다. 더구나 홍난파에 한정하여 이 집의 의미를 얘기한다는 것은 이곳의 공간사적 맥락을 그저 반에 반에 반에 반쯤만 아는 꼴이 된다는 점부터 꼭 기억할 필요가 있다.

우선 지번상으로 말하면 이 집이 속한 '홍파동 2-16번지'는 당연히

'홍파동 2번지(1,827평)'에서 분할된 구역일 텐데, 원래 이 땅은 대한제국 시기 항일언론인으로 유명했던 대한매일신보 사장 영국인 베델(Ernest Bethell, 裵說, 1872~1909)의 집이 었던 공간이다.[91] 실제로 1917년 경성부청 지적조사국이 발행한 『경성부관내지적목록』에는 이곳의 소유자가 그의 부인인 메리 모드 베델(Mary Maud Bethell)로 여전히 표시된 것을 확인할 수 있다. 그러던 것이 1929년에 제작된 『경성부일필매지형명세도』를 보면 이 구역이 여러 지번으로 분할되기 시작했던 것으로 나타나는데, 이로써 이 무렵에 주택지가 본격적으로 형성되었음을 알 수 있다.[92]

자신의 홍파동 집 앞에서 포즈를 취한 항일언론인 베델의 생전 모습이다. 옛 집터에는 표석 하나가 간신히 남아 있지만, 홍난파 가옥 안에도 항일의 상징으로서 마땅히 그와 관련된 전시물 구성도 함께 포함되어야 할 것이다.

---

91) 현재 월암근린공원의 위쪽으로 서울도성에 인접한 지점에는 지난 2014년 11월에 서울특별시에서 새로 만들어 설치한 '어니스트 베델 집터' 문화유적 표지동판(둥근 벤치 형태)이 배치되어 있다.

92) 『경성부관내지적목록(京城府管內地籍目錄)』(1927년판)을 보면 이때 '홍파동 2번지(1,837평)'의 소유주는 '米國人 アリス チャイルス デキャンプ'로 변경되어 있는 것이 확인된다. 이 인물의 정체는 미국 북장로회의 선교사인 앨런 포드 디캠프(Allen Ford DeCamp, 1848~1928)의 처인 앨리스 가일스 디캠프(Alice Giles DeCamp, 1872~1931)이다. 아무튼 이 자료를 통해 이 당시까지만 하더라도 '홍파동 2번지'는 여전

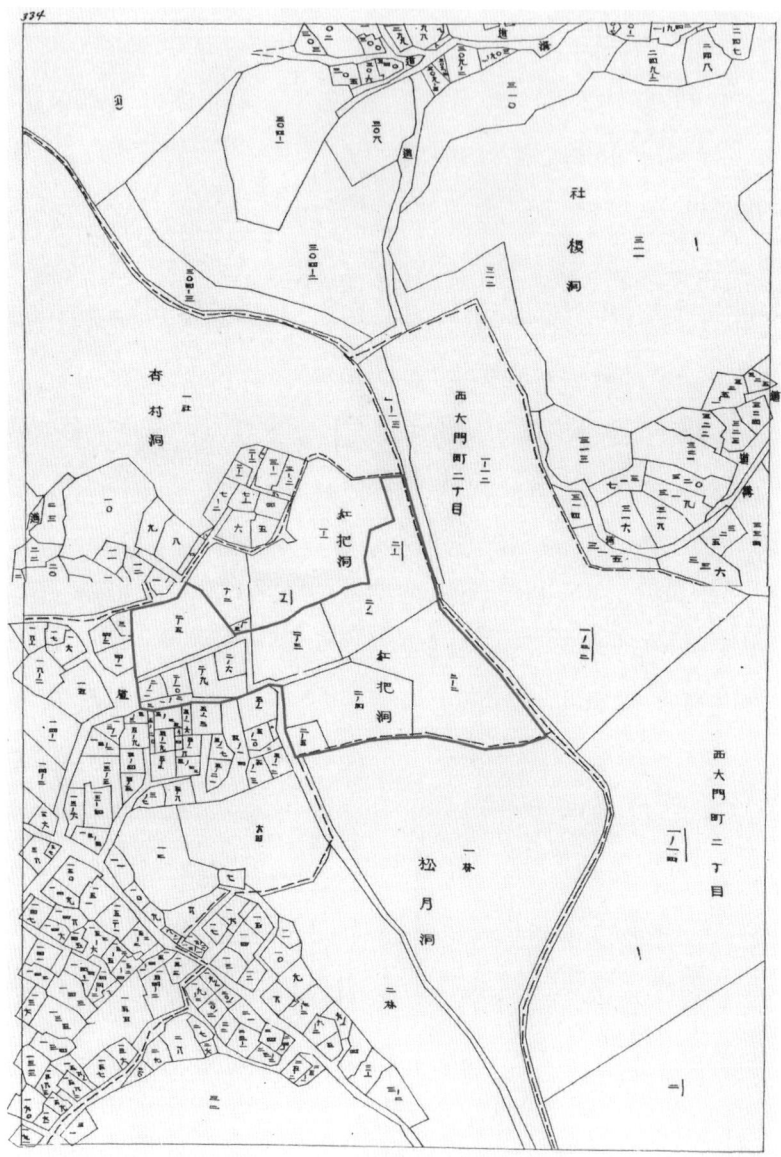

『경성부일필매지형명세도』(1929)에 나타난 '홍파동 2번지' 일대의 배치 상황이다. 원래 이 구역은 한동안 영국인 베델과 그의 부인 명의로 된 소유지였다가 1920년대 후반에 이르러 점차 지번분할이 이뤄진 상태였다. 이 가운데 '홍파동 2-4번지'는 주요한 최선복 내외가 거처하던 곳이었으며, 이곳이 다시 분할되어 생성된 '홍파동 2-5번지(2-16번지로 재분할)' 구역이 바로 홍어길, 한치진, 홍난파가 잇달아 살던 집터로 변한 공간이다.

홍난파 가옥 앞에 설치된 문화재 안내문안에는 이 집의 건축시기를 1930년으로 설정하면서 "독일계통 선교사의 주택으로 지어졌다고 한다"고 적는 한편 "근처 송월동에 독일영사관이 있었기 때문에 이 일대에 독일인 주거지가 형성되었는데 주변의 건물들은 다 헐리고 이 집만 남아 있다"고 덧붙이고 있지만 이것은 터무니 없는 설명이다. 독일영사관의 소재지는 송월동이 아니라 '평동 26번지'일 뿐더러 제1차 세계대전의 와중에 1914년 8월 26일 일본의 선전포고로 외교관계가 단절되면서 폐쇄된 이후 14년 동안은 독일영사관 자체가 존재하지도 않았기 때문이다.

홍난파 가옥(홍파동 2-16번지)의 토지 및 건물 소유자 변동 연혁

구분	변경 내역
토지 부분	최선복(崔善福; 연도표기없음, 홍파동 2-16번지 82평) → 홍어길(洪魚吉; 1932년, 토지 및 건물 동시 소유이전) → 한치진(韓稚振; 1936년 등기, 76평) → 이후 1976년까지 기재사항 없음
가옥 부분	소유자 인용 표시 없음(1931년 4월 14일 최초등기) → 홍어길(洪魚吉; 1932년, 토지 및 건물 동시 소유이전) → 한치진(韓稚振; 1934년 등기) → 홍영후(洪永厚, 홍난파; 1936년 소유이전) → 모리카와 키쿠에(森川菊江; 1942년 8월 소유이전)[93] → 장봉옥(張鳳玉; 1942년 12월 소유이전) → 이석수(李石秀; 1967년 소유이전) → 홍옥희(연도표기없음) → 종로구청(2004년 9월 4일 문화재 등록 당시)

자료출처 : 문화재청, 『홍파동 홍난파가옥 등 8개소 등록문화재 기록화 조사보고서』(2006)

히 하나의 지번으로만 구성되어 있으며, 바로 그 직후 연도에 이르러 이 일대의 지번분할이 본격적으로 개시되었다는 사실을 파악할 수 있다.

93) 여기에 나오는 '모리카와 키쿠에(森川菊江)'는 일견 일본인 여성처럼 보이지만, 홍난파의 창씨명이 '모리카와 준(森川潤)'이었다는 점을 감안하면 — 물론 구체적인 사료를 통해 사실관계의 확인작업이 필요한 대목이겠으나 — 이 이름은 홍난파의 처인 '이대형'의 창씨명일 가능성이 높다. 홍난파가 회기정(回基町) 소재 경성요양원(京城療養院)에서 병을 치료하다가 숨진 것이 1941년 8월 30일이었으므로, 이로 인해 그의 처가 가옥에 대한 소유권을 상속한 것이 아닌가 한다.

이 집에서 살았던 사람들의 면면에 대해서는 토지가옥대장에 기재된 내용을 통해 확인할 수 있다. 문화재청에서 발간한 관련자료에 따르면 이 집의 원 소유자 또는 거주자 명단에는 홍난파 이전에 최선복, 홍어길, 한치진 등과 같은 이름이 포함된 것이 눈에 띈다. 이들이 과연 누군가도 싶지만, 알고 보면 나름 유명인이거나 각각의 행적이 제법 쟁쟁한 사람들이다.

경기도 고양시 일산동구 문봉동에 자리한 '새문안동산'에 조성되어 있는 주요한과 최선복 내외의 합장분묘이다. 이 일대의 묘역은 현재 경기도 파주시 광탄면 영장리에 새로 만든 '새문안추모관'과 관련하여 분묘 이장 또는 개장 작업이 한창 진행중인 것으로 알려진다.

우선 최선복(崔善福, 1905~1996)이라는 사람은 '불놀이'의 작가로 유명하지만 친일행적도 뚜렷했던 주요한(朱耀翰, 1900~1979)의 부인이었다. 이들 부부는 신혼 초기에 홍파동에서 살다가 당주동으로 옮겨간 것으로 확인되는데, 이 당시 주요한의 집 주소가 '홍파동 2-4번지' 구역이었다.[94] 말하

---

94) 『삼천리』 1930년 9월호에 수록된 「명류부인(名流婦人)과 산아제한(産兒制限)」이라는 제목의 글에는 이 설문(說問)에 응답한 최선복(崔善福, 주요한 씨 영부인)의 주소지가 "홍파동 2의 4번지"로 표시되어 있다. 그리고 『동아일보』 1930년 10월 26일자에 게재된 「신간소개」를 보면, 주요한이 펴낸 '시조(時調)와 소곡(小曲) 작품집 『봉선화(鳳仙花)』의 발행처가 세계서원(世界書院)으로 나오는데, 이곳의 주소지 역시 "경성부 홍파동 2번지"로 표시되어 있다. 이것으로 보면 주요한 최선복 부부는 자신들의 거처에다 출판사도 함께 등록하여 운영했던 것을 알 수 있다.

자면 현재 '홍파동 2-16번지'와는 바로 이웃하는 위치에 살면서 이곳까지 토지를 소유하고 있었던 것으로 보인다.

그 다음으로 1932년에 이 집의 새 주인으로 등장하는 홍어길(洪魚吉, 1899~?)은 여러모로 무척 흥미로운 인물이다. 그는 광희문배화여학교(光熙門培花女學校)의 교원 신분으로 수양동우회 활동을 전개하였고, 해방 직후에 발행된 『흥사단보(興士團報)』(1947년 5월호)에 서울지방회 반장의 명단에도 그의 이름이 수록된 사실이 확인된다.[95] 다만, 일제패망기 상해계림회(上海鷄林會)의 조직명부를 보면 — 동명이인인지의 여부를 알 수 없으나 — 홍어길이라는 이름이 포함되어 있는 걸로 보아 그의 행적에 미심쩍은 구석이 없지는 않다.[96]

어쨌건 『동아일보』 1933년 1월 4일자에 수록된 「홀아비가 키우는 여섯 자녀」 제하의 기사에는 바로 이 홍어길이 사는 집이 등장한다.

신채호 선생의 조카딸이자 임치정의 양녀인 신수옥이 홍재응의 손자 홍어길과 혼례를 올린다는 소식을 담은 『매일신보』 1917년 4월 22일자 단신기사이다.

---

95) 1948년 10월 9일과 10일에 걸쳐 진행된 '흥사단 제3차 국내대회 순서'(독립기념관 소장 자료)에는 뚝섬유원지에서 개최된 운동회 당시 그는 '희락부장(喜樂部長)'의 직책을 맡았던 것으로 나온다.
96) 『재지반도인명록(在支半島人名錄)』 제4판(1944), 95쪽을 보면, '상해계림회(上海鷄林會) 간부명부'에 "연성부(鍊成部) 홍어길(洪魚吉, 강남알미늄회사)"이 포함된 것이 눈에 띄는데, 이 조직은 1941년 3월 31일에 '상해거류 조선인회'를 해소(解消)하고 새로 창립한 것으로, 중국 상해지역에 포진한 대표적인 친일협력단체의 하나였다.

『동아일보』 1931년 2월 4일자에는 신채호 선생의 조카딸인 신수옥과 그의 소생 육남매의 모습을 담은 사진자료가 수록되어 있다. 안타깝게도 그는 1932년에 이 아이들을 남긴 채 폐병으로 숨지고 말았다.

여기에는 양젖을 짜 먹이기 위해 키운다는 양 한 마리와 더불어 벽돌집 앞에서 아이들과 나란히 선 그의 모습이 포착되어 있다. 또한 이에 앞서 『동아일보』 1931년 2월 4일자에는 홍어길의 부인인 신수옥(申秀玉)의 육아경험에 관한 가정탐방기사가 수록된 일도 있었는데, 이 기사에는 이들이 같은 학교에서 교편을 잡고 있다는 내용이 함께 소개되어 있다.

이들이 1917년에 진남포에서 혼인을 한 사실은 『매일신보』 1917년 4월 22일자에 게재된 「임씨 양녀 혼의(林氏 養女 婚儀)」 제하의 기사를 통해 확인할 수 있다.

진남포 서선광무소(西鮮鑛務所) 주임(主任) 임치정(林蚩正) 씨의 양녀(養女) 신수옥(申秀玉)과 홍재응(洪在膺) 씨의 영손(슈孫) 노길(魯吉; 魚吉의 오류)의 혼례는 본월 21일 진남포 억량기 장로교예배당(鎭南浦 億兩機 長老敎禮拜堂)에서 거행한다더라.

이러한 기사내용을 시시콜콜하게 소개하는 까닭은 이 신수옥이라는 신부가 바로 단채 신채호(申采浩, 1880~1936) 선생의 조카딸이기 때문이다. 위의 기사에 등장하는 임치정(林蚩正, 1880~1932)은 신채호 선생과 신민회 동지였던 사이였다. 그런데 벽초 홍명희(洪命憙)의 증언에 따르면, 이들 간에는 꽤나 심각한 불화가 있었던 것으로 드러난다.

…… 고 임치정 씨가 맡아 기른 단재의 질녀(姪女)를 출가시키려고 할 때 단재는 북경(北京)서 기별을 듣고 임씨가 질녀를 매끽(賣喫)한다고 분노하여 노자를 변통하여 가지고 질녀를 데리러 들어갔는데 그 질녀가 임씨의 이설(利說)을 청종(廳從)하고 삼촌의 엄명을 거역한 까닭에 단재는 질녀더러 이제부터 너는 나의 질녀가 아니고 나는 너의 삼촌이 아니다, 골육이라도 이렇게 끊어 버린다 하고 손가락을 한마디를 끊고 혼자 돌아 나왔다고 말들 합디다. 내가 단재더러 이것을 물어보고 둘이 같이 탄식한 일도 있었습니다. (홍명희, 「상해시대의 단재」, 『조광』 1936년 4월호, 212~213쪽)

그러니까 홍어길은 신채호 선생에게는 조카사위가 되는 관계였고, 그의 반대를 물리치고 혼인을 한 이들이 마련한 보금자리가 한때나마 홍파동 가옥이었던 것이다. 자료에 따라서는 '란' 또는 '향란'으로 표기되는 신채호의 조카딸 신수옥은 안타깝게도 1932년 세브란스병원에서 폐

『동아일보』 1933년 1월 4일자에는 '홀애비'가 된 홍어길이 여섯 자녀를 양육해야 하는 상황에 대한 탐방기사가 수록되어 있는데, 여기에 곁들여 집 앞에서 사진촬영에 응한 그의 가족 모습이 소개되어 있다. 이들 앞에는 젖을 먹이기 위해 사육하는 양 한 마리도 함께 포착되어 있다.

병 치료를 하다가 세상을 떠나고 말았다.[97]

그리고 홍어길 이후의 소유주로 표시된 한치진(韓稚振; 1901~한국전쟁 때 납북)은 확인해본즉 일제강점기에 '철학박사'로 유명세를 떨쳤던 인물이었

---

[97] 『동우회공함(同友會公函)』 제4회(1931년 12월 발행)에 게재된 「회우소식(會友消息)」에는 "홍어길 군(洪魚吉君), 부인(夫人)이 병환(病患)으로 세브란스병원(世富蘭偲病院)에 입원치료중(入院治療中)"이라는 내용이 있고, 다시 『동우회공함(同友會公函)』 제5회(1932년 2월 29일 발행)에 게재된 「회우소식(會友消息)」에도 "홍어길 군(洪魚吉君), 경성, 부인(夫人)이 장기간 입원중(長期間 入院中)"이라는 구절이 남아 있다. 구체적인 사망시기에 관련한 기록은 확인되지 않으나 『동아일보』 1933년 1월 4일자에 연재된 「가정백태(家庭百態) 기3(其三) 주부 없는 쓸쓸한 집에 여섯 자녀를 데리고, 계집아이도 남성적 되는 것이 걱정, 홍파동 홍어길 씨댁」 제하의 기사에 "부인은 폐병이라는 긴병으로 이미 떠나가 버리었으나 …… 운운"하는 구절이 있는 것으로 보아 홍어길의 처 신수옥은 1932년에 사망한 것은 확실하다.

『동아일보』 1928년 7월 11일자에 수록된 미국철학박사 한치진의 귀국관련 보도내용이다. 그는 일제패망기에 시국담을 논하다가 체포되어 징역 1년을 선고받아 옥고를 치른 인물이기도 하다.

『경향신문』 1948년 11월 24일자에 게재된 한치진의 저작물에 대한 일괄 광고문안이다. 일찍이 그는 철학과 관련한 전 분야에 걸쳐 다양한 '개설서'를 남긴 인물로도 잘 알려져 있다.

던 것으로 드러난다.[98] 더구나 1933년 무렵 이 집(홍파동 2-16번지)은 '철학연구사'라는 출판사의 주소지로도 표시되어 있는데, 이는 한치진 본인이 저술한 여러 책을 바로 자신의 출판사 겸 집에서 만들어낸 탓이 아

---

[98] 그는 평안남도 용강 출신으로 일찍이 중국 금릉대학(金陵大學) 부속 중학교를 거쳐 미국으로 건너가 남가주대학(南加洲大學)에서 '동양인륜철학(東洋人倫哲學)의 연구(研究)'로 철학박사학위를 받고 1928년 7월 10일에 귀국한 상태였다. 그 이후 평양숭실전문학교와 이화여자전문학교의 교수로 재직하면서 철학 분야와 관련한 거의 모든 '개설서(槪說書)'를 집필 간행하는 일에 주력하였다.

『대한민국정부기록사진집』 제7권(2003)에 수록된 서울 남산 방송국 앞에서 거행된 홍난파 흉상 제막식(1968년 4월 10일) 광경이다. 이 흉상은 여의도 KBS본관 앞으로 옮겨졌다가 그의 친일행적논란이 불거지면서 2003년 7월 3일에 자진 철거되었으나, 이후 홍파동 홍난파 가옥 앞에 재설치되었다. (ⓒ국정홍보처)

닌가 여겨진다.[99] 그는 1944년 일제의 패망을 예견하는 시국담을 논하다가 체포되어 경성지방법원에서 징역 1년을 선고받고 옥고를 치렀으며, 이 일로 지난 2007년 건국훈장 애족장이 추서되었다.[100]

이상에서 보듯이, 베델의 집터에 세워진 서양식 벽돌집을 홍난파 가옥으로만 기억하거나 그를 기념하는 장소로만 활용하는 것은 그야말로 항일의 터전을 친일행위로 더럽힌 인물을 기리는 공간으로 격하시키는 일에 지나지 않는다고 하겠다. 이 집의 의미와 가치를 온전하게 이해할 수 있도록 이곳에서 살았던 여러 주인들의 삶과 흔적을 일괄하여 살펴

---

99) 『동아일보』 1933년 10월 5일자에 게재된 「신간소개」를 보면, 한치진이 펴낸 『종교개혁사요(宗敎改革史要)』라는 책의 발행소가 "경성 홍파동 2-16번지 철학연구사(哲學硏究社)"로 표시되어 있다. 이곳은 바로 그 자신의 집과 동일한 주소지이다.
100) 참고로, 『연합뉴스』 2013년 2월 28일자의 「독립운동가 한치진 미공개 사진 100여 장 발굴」 제하의 기사에는 한치진 박사와 관련한 사진첩의 발간 소식이 수록되어 있다.

볼 수 있는 기회가 서둘러 마련되어야 한다는 점은 새삼 강조할 필요가 없을 것이다.

• 이 글은 『민족사랑』 2016년 9월호에 게재하였던 것을 수정 보완하였다.

제4부   결코 잊어서는 안 될
친일군상의 면면

19

이토 통감 일가족은
왜 한복을 입었을까?

조선귀족 이지용과
그의 부인 홍옥경(洪鈺卿)의 친일행적

　한국침략의 원흉 이토 히로부미(伊藤博文, 1841~1909)는 1906년 이후 한국통감으로 재임하면서 유달리 '동양평화'니 '우호선린'이니 하는 말들을 입버릇처럼 앞세웠던 인물이었다. 그러한 탓인지는 모르겠지만 그에 관한 사진자료에는 갓을 쓴 한복 차림새로 영락없는 한국 사람의 행색을 한 모습도 남아 있다.

　그가 과연 무슨 까닭에 이런 사진을 남겼는지가 궁금하여 무슨 단서가 될 만한 자료가 있나 뒤져보았더니, 『매일신보』 1915년 1월 1일자에 「일본복(日本服)의 조선부인(朝鮮婦人)과 조선복(朝鮮服)의 일본부인(日本婦人)」이라는 제목으로 소개된 사진 화보 한 장이 눈에 띈다. 여기에 등장하는 네 명의 여인들은 한복 차림의 이토 사진에 나오는 그들과 완전히 동일인이라는 사실을 알 수 있고, 이들의 면면과 옷차림에 비추어 보아 두 장의 사진은 모두 같은 시간과 같은 장소에서 촬영한 것이라는 사실이 저절로 드러난다.

　조선옷을 입고 뒤로 오른편에 선 부인은 공작(公爵) 이토 히로부미 씨의

『일본역사사진첩』(1912년 10월 발행)에는 1906년 12월에 촬영한 한복 차림의 이토 히로부미 내외와 특파대사 이지용 일행의 모습이 수록되어 있다. (민족문제연구소 소장자료)

한복 입은 이토 통감 부인의 모습이 소개되어 있는 『매일신보』 1915년 1월 1일자의 보도사진이다. 왼쪽부터 차례대로 박의병의 처 유주경, 이토 통감의 딸 노리코, 이토 통감의 처 우메코, 이지용의 처 홍옥경이다.

제4부 | 결코 잊어서는 안 될 친일군상의 면면

미망인 우메코(梅子)요, 왼편은 이토 공작의 딸 스에마츠(末松) 자작의 부인 노리코(德子)요, 앞으로 일본옷을 입고 오른편에 앉은 부인은 이지용 씨 부인 이옥경(李鈺卿)이요, 왼편은 박의병 씨 부인 박주경(朴洲卿)이라. 이 사진은 지난 명치 39년(1906년) 11월 이지용 씨가 특파대사로 동경 갔을 때에 이토, 스에마츠 두 부인에게 조선의복을 선사한 답례로 두 부인이 이, 박 두 부인에게 일본의복을 선사한 기념사진.

그러니까 이 사진들은 1906년 12월에 대한제국 내부대신 이지용(李址鎔, 1870~1928)이 특파대사(特派大使)로 일본 도쿄에 갔을 때 이토 히로부미 내외에게 한복을 지어 선물로 건네준 것을 기념하기 위해 촬영한 것이었다. 아울러 등장인물의 면면은 왼쪽부터 특파대사의 수행원이던 한성판윤(漢城判尹) 박의병(朴義秉, 1853~1929) 내외이고, 가운데가 이토 통감 내외, 오른쪽이 특파대사 이지용 내외, 그리고 앞쪽 맨 오른쪽이 이토의 딸이다.

『서우(西友)』 제2호(1907년 1월)에 수록된 내용을 보면, 이 당시 이지용 특파대사의 수행원에는 내부 회계국장 김관현(金寬鉉), 시종원 부경 송태관(宋台觀), 경무고문부 통역관 와타나베 타카지로(渡邊鷹次郎)의 부인, 특파대사 부인의 어학교사 요코야마(橫山) 등이 포함되었다. 이들이 일본으로 건너간 연유에 대해서는 『대한매일신보』 1906년 11월 30일자에 다음과 같은 내용이 서술되어 있다.

[특사목적(特使目的)] 특파대사 이지용 씨가 금번에 수개(數箇) 목적을 달하기 위하여 특사를 도득(圖得)하였는데 기(其) 내용을 득문(得聞)한즉 이토 통감(伊藤統監) 원류(願留)할 사(事)와 망명객 특사(亡命客 特赦)치 아니할

사(事)이라 하나 노고(勞苦)만 도비(徒費)하고 목적은 달(達)키 난(難)하리라고 항설(巷說)이 분분하더라.

이를 테면 이토 통감을 계속 통감의 자리에 남아 있게끔 유임(留任)토록 청원하는 일을 수행하는 동시에 영선군 이준용(永宣君 李埈鎔, 1870~1917)과 금릉위 박영효(錦陵尉 朴泳孝, 1861~1939) 등 망명객의 특사에 관한 문제를 처리하는 것이 특파대사가 일본으로 건너간 목적이었다. 이 당시 특파대사로 선정된 이지용은 이미 1904년에도 이토의 방한에 따른 보빙대사(報聘大使)의 임무를 한 차례 수행한 경력이 있었다.

통감 제복을 입은 이토 히로부미의 모습이다.
(경성부, 『경성부사』 제2권, 1936)

그는 원래 광평대군(廣平大君)의 후손이던 유학(幼學) 이희하(李熙夏)의 아들로 용구(龍駒)라는 이름을 지닌 신분에 지나지 않았으나 1881년에 흥선대원군 이하응(興宣大院君 李昰應, 1820~1898)의 형 되는 흥인군 이최응(興仁君 李最應, 1815~1882)의 손자이자 완영군 이재긍(完永君 李載兢, 1857~1881)의 아들로 출계하여 고종황제와 5촌지간인 근친황족으로 변신하는 인물이었다. 흥인군의 후사가 된 직후에는 이은용(李垠鎔)이라 했다가 1900년 9월 영친왕(英親王)이 이은(李垠)이라는 이름을 갖게 되자 이 글자를 피해 이지용(李址鎔)으로 다시 개명하였다.

그는 황족이기에 앞서 그 누구보다도 친일매국의 행렬에 앞장섰던 것으로 악명이 높았다. 1904년 러일전쟁이 터지자 서둘러 한일의정서(韓日議定書)에 서명한 당사자가 바로 외부대신 임시서리(外部大臣 臨時署理)였던 그였다. 이 협약을 통해 일본은 전쟁 수행에 필요한 군용지를 마음껏 징발할 수 있는 권한을 확보했으며, 이것은 그대로 대한제국에 대한 국권침탈을 가속화하는 계기가 되었다.

그리고 그는 1905년 35세의 나이로 내부대신(內部大臣)의 자리를 차지하고 있으면서 이른바 '을사보호조약'의 체결에도 적극 찬동했던 을사오적(乙巳五賊)의 한 사람이었다. 이처럼 친일과 매국에 앞장 선 공로와 황족이라는 신분에 힘입어, 그는 경술국치 이후 일제로부터 중추원고문(中樞院顧問)으로 임명되는 한편 황실령 제14호「조선귀족령(朝鮮貴族令)」에 따라 '백작(伯爵)'이라는 비교적 높은 신분의 작위를 부여받았다.

그런데 이지용의 친일행적을 따라가다 보면, 일찍이 그가 "편편가수(翩翩佳手, 손놀림과 화투솜씨가 펄펄 난다는 뜻)"로 일컬어질 만큼 유명한 노름꾼이었다는 사실도 드러난다. 예를 들어『대한매일신보』1908년 11월 21일자를 비롯한 여러 신문기사에는 그가 용산강정(龍山江亭)에 박의병과 김승규 등을 불러 화투판을 크게 벌였다는 소식이 수록되어 있다.

이 기사에 등장하는 화투판 동료 '박의병'은 다름 아닌 1906년에 이지용이 특파대사로 일본에 갔을 때 그를 수행했던 그 박의병과 동일인이다. 그는 1905년 이후 한성부윤을 지내면서 용산 일대의 군용지 수용에 깊이 관여하였고, 1907년 9월에는 임시군용 및 철도용지조사국장을 맡아 일본해군이 진해만 일대를 장악하여 해군기지를 조성하는 일에 앞장 선 인물이기도 했다.

한편, 1910년 6월 무렵의 신문기사에는 이지용이 화투판을 급습한 일본헌병을 피해 도주하다가 얼굴을 다쳤다거나 그들에게 "다시는 잡기

이지용 백작을 비롯한 다수의 친일인사들이 어울려 '지여땅이(짓고땡)'를 하다가 발각되어 도박범 및 도박장 개장죄로 처벌을 받게 되었다는 소속을 알리는 『매일신보』 1912년 2월 1일자 보도내용이다.

(雜技)에 손을 대지 않겠다"고 사죄까지 하며 망신을 당한 일이 잇달아 수록되어 있다. 나라의 운명이 오늘 내일 하는 상황에서도 그가 얼마나 화투놀음에 미쳐있었는지를 짐작할 수 있는 대목이 아닌가 한다.

하지만 그의 고질적인 도박병은 쉽사리 고쳐지질 않았고 이내 화투판을 다시 전전하다가 1912년 정초에는 다른 친일권세가들과 어울려 '짓고땡' 판을 벌이다 발각되어 큰 사단이 나기에 이르렀다. 결국 그는 이 일로 공판에 회부되어 태(笞, 매질) 100대의 판결을 받았고, 동시에 '백작(伯爵)'의 예우는 1912년 4월 9일부로 정지상태에 들어갔다가 나중에 1915년 9월에 가서야 겨우 복작되는 처분을 받았던 것으로 확인된다.

『매일신보』 1912년 8월 17일자에 수록된 「이지용(李址鎔)에게 충고(忠告)」 제하의 기사에는 귀족예우 정지조치를 당한 이후에도 여전히 그의 행실에 아무런 변화가 없었다는 사실이 이렇게 채록되어 있다.

> 향자(向者) 경성지방법원에서 도박죄로써 처벌을 받고 귀족의 예우를 정지한 백작 이지용 씨는 종래로 근신하는 태도가 없을 뿐 아니라 작금간 어국상중에도 아무 고기가 없이 근신치 못한 행위를 하여 주색을

떠나지 아니하므로 조선귀족회에서 향일(向日)에 회집하고 이지용 씨에게 충고하는 글을 보내기로 결정하고 근일에 귀족회장 박영효(朴泳孝) 씨의 명의로써 통고하였다더라.

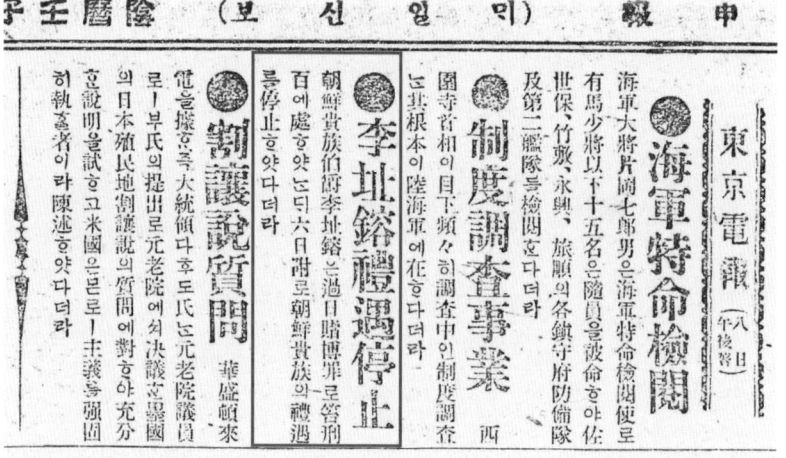

도박죄(賭博罪)로 대형(笞刑) 100대의 처분을 받은 탓에 이지용 백작에 대해 조선귀족의 예우정지가 내려진 사실을 알리는 『매일신보』 1912년 4월 9일자의 보도내용이다.

물론 그 사이에 친일의 대가로 치부한 재산은 대부분 탕진하고 말았는데, 『동아일보』 1920년 6월 18일자에 수록된 「오호(嗚呼)! 이백(李伯)의 말로(末路)! 당년영화금안재(當年榮華今安在)」 제하의 기사는 패가망신하다시피 한 그의 몰골을 이렇게 그리고 있다.

가산이 탕패되고 생계가 곤궁함으로써 능히 백작이라 하는 영위를 보존키 어려울 뿐 아니라 도저히 귀족의 체면을 유지키가 어렵겠다 하는 이유로 백작 이지용 씨가 작을 내어 놓겠다는 신청을 총독부에 제출하였다는 소문이 매우 낭자하여 뜻밖에 이지용 씨는 세상을 주목을 받게 되고 말았다.

…… 사람의 생활에 제일 중요한 집 한 칸조차 없어서 종묘(宗廟) 앞 전당국 뒤에다 쓰러져가는 십여 칸 사글세 집에서 뜻같이 못한 생애를 보내게 되매 옛날을 그리고 지금을 한하며 전에 잘못한 것을 뉘우쳐 눈앞에 고생을 달게 여기는 씨는 협착한 두 칸 사랑방에 속절없이 들어앉아 금년 여덟 살 된 손녀따님이나 무릎 위에 앉히고 혹은 천진난만한 어린 손녀의 천사 같은 웃음에 억만 가지 고통의 위로도 얻으며 혹은 틈틈이 천자(千字)나 펴놓고 소일삼아 한 자 두 자 가르키여 주기로써 한 가지 일과와 즐김을 삼을 뿐이니 나날이 쇠잔하여 가기만 하는 가세는 마침내 불과 육십 원씩의 사글세조차 내기에 눈살을 찌푸릴 곤경에 떨어진 형편이라, 그런 고로 비록 허설일망정 작을 사양하기에 이르렀다는 소문이 나는 것도 실상은 괴이치 않은 일이라 하겠더라.

친일귀족 이지용에 관한 얘기를 하노라니 그의 처 홍옥경(洪鈺卿, 1870~?)과 관련한 기록도 빼놓을 수 없다. 황현(黃玹)이 남긴 『매천야록(梅泉野錄)』에는 이지용의 처에 관한 흥미로운 내용이 다음과 같이 수록되어 있다.

이지용이 특파대사가 되어 일본으로 갔다. 아마도 이토 히로부미를 통감에 머물러 있기를 청원하는 일과 망명을 한 이준용과 박영효의 일을 다루기 위함이었다. 이지용의 처 홍씨(洪氏)도 자칭 이홍경(李洪卿)으로 이에 동행하였다. 우리나라의 부녀는 원래 이름을 쓰지 않고 단지 모씨(某氏)라고 지칭할 뿐이지만 이때에 이르러 왜속(倭俗)을 본떠 저마다 제 이름을 써서 사회에 머리를 내밀기 시작하였는데, 이는 홍경에

『일로전쟁 사진화보』 제2권(1904년 5월 8일 발행)에는 1904년 3월 이토 히로부미 특파대사의 방한 때 그의 숙소인 손탁호텔 앞에서 이토의 수행원들과 주한일본공사관 관원들이 함께 기념촬영을 한 사진 자료가 수록되어 있다. 동그라미 표시를 한 인물이 바로 이지용의 처 홍옥경과 염문을 뿌렸다고 알려진 일본공사관 일등서기관 하기와라 슈이치(萩原守一)이다. (민족문제연구소 소장자료)

게서 비롯된 것이다. 홍경은 일본관리 하기와라 슈이치(萩原守一)와 정을 통하고, 또 코쿠분 쇼타로(國分象太郎)와 통하고, 후에도 하세가와 요시미치(長谷川好道)와도 통하였으니, 하기와라가 질투하였으나 아직 드러내지 않았다. 일본 풍속에 남녀가 서로 보면 반드시 악수하고 입을 맞추는 것으로 친밀함을 표시하였다. 하기와라가 돌아가려할 때 홍경이 이를 전송하며 입을 맞추고 혀를 내밀어 그의 입에 들이미니 하기와라가 그 혀를 깨물어 버렸다. 홍경은 아픔을 참고 돌아왔는데 장안의 사람들이 작설가(嚼舌歌)를 지어 이를 비웃었다. 홍경은 일본어와 영어에 통하고 양장을 하고서 이지용과 더불어 손을 잡고 다녔다. 간혹 인력거를 타거나 얼굴을 드러내고 담배를 피며 양양하게 달리니 행인들이 눈을 가렸다. …… (하략)

여기에는 이지용의 처 이름을 '이홍경'으로 적고 있으나 이는 '홍옥경' 또는 '이옥경'의 잘못으로 보인다. 이것은 아마도 『황성신문』 1906년 11월 27일자에 수록된 「대사발정(大使發程)」 제하의 기사에 다음과 같은 내용을 담고 있는 것을 그대로 인용한 탓에 벌어진 착오인 듯하다.

> 특파대사 이지용 씨 부인(夫人)의 명함(名啣)은 본래 경현(敬賢) 씨인데 금번 도일(渡日)하는 사(事)에 대하여 이홍경 씨(李洪卿氏)로 개명(改名)하고 수원(隨員) 박의병 씨의 부인은 유주경 씨(柳洲卿氏)로 하고 일제히 양복(洋服)을 괘착(掛着)하고 …… (하략).

정확하게는 '홍옥경'이 맞으며, '이옥경'이라고 한 것 역시 — 박의병의 처 '유주경'이 '박주경'이 된 것도 마찬가지 — 일본인들의 풍속에 맞춰 남편의 성을 따른 표기방식이라고 보면 된다.

아무튼 홍옥경은 일찍이 대한부인회(大韓婦人會) 회장 또는 여자교육회(女子敎育會) 총재의 직함을 갖고 일본세력이 주도하던 경성사교계를 종횡무진하였으며, 일본애국부인회(日本愛國婦人會) 평의원과 동양부인회(東洋婦人會) 평의원으로 활동했던 것으로 확인된다. 한국병합 직후에는 작위수여에 대한 사은(謝恩)을 위해 조직된 귀족관광단(貴族觀光團)에 합류하여 일본 도쿄에서 황후를 배알하고 돌아온 일도 있었다.

그 이후로는 남편 이지용의 도박취향으로 인해 가세가 빈약해진 탓인지 약속어음부도나 토지사기사건에 연루되었다는 얘기가 드문드문 전해졌을 뿐 이렇다 할 활동상이 알려진 바는 없었다. 하지만 1937년 중일전쟁 시기에 이르러 친일여성인사들로 조직된 애국금차회(愛國金釵會)의 간사(幹事) 및 헌금자 명단에 다시 홍옥경이라는 이름이 등장하는 걸

친일여성인사들로 구성된 '애국금차회'의 결성 사실을 알리는 『매일신보』 1937년 8월 22일자의 보도내용이다. 이 당시 즉석 헌납자 명단을 보면, 죽은 이지용의 처 홍옥경은 거의 칠순을 바라보는 나이였지만, 이 단체에 간사로 가담하여 2원의 헌금을 한 사실이 기재되어 있다.

로 보면, 그의 태생적인 친일본능이 얼마나 오래 세월 지속되었는지를 미뤄 짐작할 수 있을 듯하다.

• 이 글은 『민족사랑』 2017년 10월호에 게재하였던 것을 수정 보완하였다.

20

뼛속까지 친일로 오염된
애국옹(愛國翁)들의 전성시대

일장기 밑에서 세상을 하직한
청주 노인 이원하(李元夏)의 추태

(1) 부여군 부여면 석목리에 사는 고 정은모(鄭殷模, 52) 씨는 동리의 진흥회장으로 항상 궁성요배를 비롯하여 축제일의 국기게양, 황국신민서사 제송(齊誦) 등 부락민의 지도에 열성을 다하던 중 불행히도 지난 10월 27일 신병으로 마침내 작고하였는데 씨는 임종시에도 황국신민서사를 외며 눈을 감았다 하여 이 소문을 들은 당국은 물론 부락민들은 씨의 생전 애국열에 감격하여 마지않는다 한다.

(2) 황주읍 성북리 두문동에 사는 송승규(宋承珪) 씨는 지난 27일 자기의 환갑일을 당하여 비상시하 특히 자숙하는 의미와 성업완수에 다소라도 도움이 되게 하고자 당일 연회를 간소하게 하고 절약되는 50원을 지난 29일 국방헌금키로 황주읍에 의탁하여왔다.

(3) …… 인제군 인제면 상동리에 사는 엄정환(嚴正煥, 68) 씨는 시국에 대한 인식이 철저한 나머지 자기의 전 재산인 논 1만 평(시가로 1만 원)을 국방헌금하였다는데 씨는 일상 자녀들을 대할 때마다 늙은 몸으로 총을 잡고 나서 국가에 몸을 바칠 수는 없으나 총후에 있어서라도 봉공하지

않으면 안 된다고 말해오다가 이번 대동아전쟁(大東亞戰爭)이 열리자 그만 감격하여 전 재산을 국가에 바치고 만 것이라 한다. 씨의 남은 재산이라고는 쓰고 있는 집 한 채와 밭이 남았을 뿐으로 금후는 비록 몸은 늙었으나 일하여 벌어먹고 살겠다고 굳은 결심을 말하고 있는데 이 같이 전 재산을 전부 헌금한 것은 전국을 통해서도 드문 일이라 하여 당국자들은 물론 2백만 도민이 감격하여 마지않는다고 한다.

(4) 쓸모없는 1전(一錢)이야말로 숙적미영격멸(宿敵米英擊滅)의 위력(威力)을 지니고 있다. 일억국민(一億國民) 1인도 빠짐없이 1일 1전(一日一錢)의 헌금운동(獻金運動)을 제창(提唱), 노구(老軀)를 무릅쓰고 6만 부민(府民)에게 이것의 실천을 설유(說諭)하는 일애국옹(一愛國翁)이 있다. 마산부회의원(馬山府會議員) 타마야마 카즈요시(玉山壹義, 60) 씨가 그 사람인데, 숙적미영(宿敵米英)을 단호히 격멸한다고 노구(老軀)에도 불구하고 동분서주(東奔西走), 1일 1전 헌금(一日一錢獻金)의 실천을 부민에게 촉구하는 한편, 스스로 매일 7인 가족(家族)의 1전 헌금을 실행, 매월 말에는 어김없이 마산경찰서(馬山警察署)를 통해 헌금하고 있어서 계원(係員)을 매우 감격(感激)시키고 있다. 감심(感心, 탄복)할 군국노인(軍國老人)이다.

이것들은 일제의 패망이 가까워지고 있던 시절에 전시체제와 내선일체를 독려하기 위한 목적에서 『매일신보』를 비롯한 여러 신문지상에 곧잘 등장했던 이른바 '미담기사(美談記事)' 몇 토막을 간추린 내용이다.[101]

---

101) 여기에 인용한 내용의 출처는 차례대로 (1)『매일신보』1939년 11월 7일자, 「임종시(臨終時)에 서사(誓詞)를 암송(暗誦), 성지부여(聖地扶餘)에 애국옹(愛國翁) 정은모 씨(鄭

식민통치자들의 입장에서 본다면 더할 나위 없이 충성스런 황국신민이었던 탓에, 이 기사에 등장하는 이들에게는 어김없이 '애국옹(愛國翁)'이라는 찬사가 주어졌다.

흔히 '애국옹'이라고 하면 그 누구보다도 먼저 연상되는 사람은 바로 문명기(文明琦, 1878~1968)이다. 경북 영덕에 근거를 둔 상공인으로 부일협력에 앞장선 그는 경북도회의원과 중추원 참의를 지내면서 국방헌금과 비행기헌납을 주도하여 1935년에는 자신의 이름으로 명명된 애국기(愛國機, 육군기)와 보국기(報國機, 해군기) 각 1대씩을 바쳤고, 이를 통해 가장 먼저 이른바 '애국옹'이란 칭호를 얻었다. 창씨개명 때에는 남들보다 빠르게 후미아키 키이치로(文明琦一郞)로 변신하였고, 그 후로도 징병제 촉진운동과 헌함운동(獻艦運動) 따위의 친일행적을 노골적으로 지속했다.[102]

이른바 '애국옹(愛國翁)'의 대명사로 통하는 문명기의 모습이 소개된 『매일신보』 1940년 1월 5일자의 보도내용이다. 그는 조선민사령(朝鮮民事令)이 개정되자마자 그 누구보다도 발 빠르게 자신의 이름을 '후미아키 키이치(文明琦一)'로 고쳐 창씨개명에 앞장섰다.

殷模氏)」; (2) 『매일신보』 1941년 5월 2일자, 「[적성(赤誠)의 헌금(獻金)] 애국옹(愛國翁)」; (3) 『매일신보』 1942년 1월 11일자, 「전재산(全財山) 만 원(萬圓) 헌납(獻納), 인제군하(麟蹄郡下)에 숨은 애국옹(愛國翁)의 미담(美談)」; (4) 『부산일보』 1944년 1월 25일자, 「겨우 1전(一錢) '대전과(大戰果)', 마산(馬山)에 1일 1전 헌금(一日一錢 獻金)의 애국옹(愛國翁)」 제하의 신문기사이다. 맨 나중의 기사에 등장하는 '타마야마 카즈요시(玉山壹義)'는 장재식(張在軾, 1886~?)의 창씨명이며, 그는 논설문 '시일야방성대곡(是日也放聲大哭)'을 집필하였으나 『친일인명사전』 수록자이기도 한 장지연(張志淵, 1864~1921)의 아들이다.

102) 문명기의 창씨명은 '후미아키 키이치로(文明琦一郞)'라고 알려져 있으나 『매일신보』 1939년 12월 21일자에 수록된 「애국옹(愛國翁) '후미아키 키이치(文明琦一)'」 제하의

翁夏元李の日しりあ　　　　塔揚揭旗國所場の終臨期最翁夏元李
　　　　　　　　　　　　（置位たげ遂を生往大てし伏平坐端が印口）

총독부의 기관잡지인 『조선(朝鮮)』 1939년 5월호 1939년 1월 26일에 국기게양대 아래에서 궁성요배
에는 또 한 명의 '애국옹'으로 생을 마친 청주 노인 의 자세로 이원하 노인이 숨진 바로 그 장소이다.
이원하의 모습이 소개되어 있다.　　　　　　　　（『조선(朝鮮)』 1939년 5월호)

    그런데 문명기의 재력에는 비할 바가 아니지만 친일행각에 관한 한 결코 뒤지지 않았던 또 한 사람의 굉장한 '애국옹'이 있었다. 그 얼빠진 주인공은 바로 청주 사람 이원하(李元夏, 1866~1939)였다. 대한제국 시절에 육군특무정교(陸軍特務正校, 하사관 계급)를 지낸 그는 죽음의 시점에 이르러

기사 및 『매일신보』 1940년 1월 5일자에 수록된 「폭풍(暴風) 같은 감격(感激) 속에 '씨(氏)' 창설(創設)의 선구(先驅)들, 지도적 제씨(指導的 諸氏)의 선씨 고심담(選氏 苦心談)」 제하의 기사를 보면 당초에 그는 자신의 창씨명을 '후미아키 키이치(文明琦一)'로 정하였다가 막판에 이를 '후미아키 키이치로'로 수정하였던 것을 알 수 있다. 참고로, 조선에 있어서 창씨개명과 관련한 법령개정은 1939년 11월 10일에 동시 제정된 제령 제19호 「조선민사령 중 개정의 건」과 제령 제20호 「조선인의 씨명(氏名)에 관한 건」에 의해 이뤄졌으며, 이것의 시행은 조선총독부령 제219호(1939년 12월 26일 공포)에 의해 "소화 15년(1940년) 2월 11일(기원절)부터" 진행하는 것으로 결정되었다.

서까지 일장기 아래를 찾아 궁성요배의 자세로 세상을 하직한 일로 이름을 날렸는데, 『매일신보』 1939년 2월 10일자에 수록된 「애국적 열정가(愛國的 熱情家)의 귀감(龜鑑), 이옹(李翁)의 사적조사(事蹟調査), 반도인(半島人)의 애국열 고취(愛國熱 鼓吹)」 제하의 기사에는 그의 최후 행적이 이렇게 그려져 있다.

> [청주(淸州)] 청주군 사주면 사창리(淸州郡 四州面 司倉里, 지금의 청주시 서원구 사창동)에 거주하던 이원하(李元夏) 씨는 금년 72세의 고령으로 구장(區長)의 직에 있어 부락민을 지도하기 자부와 같이 하여 그 부락을 갱생시키어 내려오던 중 노쇠병(老衰病)으로 지난 1월 초순부터 와병하여 23일경부터는 인사불성이 되어 중태에 빠졌었는데 1월 26일 오전 1시경 그의 처 박연산(朴連山)이 간병에 피로하여 잠깐 잠들은 사이에 인사불성의 중태에 있던 동 병인이 약 1정(町, 108미터)이나 떨어져 있는 동리의 국기게양대(國旗揭揚臺) 앞에 가서 동방을 향하여 정좌하고 궁성을 요배한 후 그대로 영면(永眠)하였다는 사실은 씨의 열렬한 평소의 애국열이 무너져 가는 육체(肉體)를 무의식 중의 국기게양대 앞에까지 운반하여 동천(東天)을 요배하고 최후의 기력을 가다듬지 못하여 그대로 승천(昇天)한 바라고 추측할 수 있어 씨의 70여 년간이나 타오르던 애국열은 임종에까지 발로되었으니 이와 같은 열정은 사실 애국적 열정가인 이원하 씨가 아니면 찾을 수 없는 바이나 국가비상시의 총후수호에 매진하고 있는 근일 반도인으로서 이와 같은 애국적 열정가가 있음은 반도인사 전반의 명예라고 하지 않을 수 없으며 씨의 70여 년간의 애국적 열정으로 분투노력하여 내려온 그 사적은 반도인의 애국열을 고취하는 상당한 재료가 된다 하여 당국에서 그 자세한 사적을 조사하기

로 되었다고 한다.

씨는 일찍이 군인이 되어 한국시대의 육군보병특무정교(陸軍步兵特務正校)로 갑오년 동학란(東學亂)에는 특수한 공적을 세워서 무인으로의 무훈을 세웠으며 그 후 명치 40년(1907년) 경에는 당시의 주남면장(州南面長)이 되었으며 그 후 면장의 직을 사임한 후는 은거하였었으나 전기 동학란 당시 희생된 72군인의 충용을 영원히 위령하기 위하여 설립된 청주모충회(清州慕忠會)의 회장으로 있어 모충사상을 고취하여 나왔었는데 소화 8년(1933년)에 농촌진흥운동이 일어나자 그 동안 리(里) 구장으로 추대되어 노구(老軀)를 가지고 농촌갱생에 전력을 다하여 퇴폐한 동 부락을 바로 잡고 부락민을 애자와 같이 지도하여 내려왔었으며 금번의 지나사변이 발생된 후는 침식을 물고하고 총후국민의 열성을 다하여 내려오던 중 노쇠로 인하여 천명(天命)을 이기지 못하고 임종에 당하여서까지 동천을 요배하며 숭고한 그 정신이 무너져 가는 육체를 지배하였음은 일반의 귀감이 되고도 남을 바이라 한다.

『매일신보』 1927년 1월 8일자에 수록된 「청주 요배식(清州 遙拜式)」 제하의 기사에 따르면, 그는 일찍이 청주모충회(清州慕忠會)의 회장으로 있으면서 100여 명의 회원들을 모아놓고 그 당시 막 숨진 이른바 '대정천황(大正天皇)'에 대한 요배식을 거행한 일도 있었던 것으로 드러난다.[103]

---

103) 청주 모충단의 재건과 관련하여 『매일신보』 1923년 11월 14일자에 수록된 「홍장군(洪將軍)의 충혼비(忠魂碑)가 전우(戰友)의 독지(篤志)로 갱(更)히 수립(樹立), 충북 청주의 모충회원들이 충의공의 석비를 다시 세워」 제하의 기사에는 흥미롭게도 다음과 같은 내용이 눈에 띈다. "……이와 같이 청주 육군을 완성한 사람은 그때의 병사(兵使)로 후일 나라 일에 절사한 충의공 홍계훈[忠毅公 洪啓薰; 전 이름은 홍재희(洪在羲)]이라는

요컨대 그는 진즉부터 일제에 대한 맹목적인 충성심이 뼛속까지 파고든 사람이었다. 이러한 그의 별스러운 죽음이 알려지자 총독부 당국자들이 잇달아 그 현장을 찾아와 이원하 노인의 행적에 대한 탐문조사가 이뤄졌으며, 그 결과로 여러 신문과 관변잡지를 통해 동시에 소개되는 한편 소학교 수신교과서(小學校 修身敎科書)에도 수록되기에 이른다.[104]

그 당시 미나미 총독(南 總督)도 경상도 일대를 시찰하러 내려가는 것을 기회로 그해 6월 11일에 직접 청주 현지를 방문

『매일신보』 1939년 6월 12일자에는 미나미 총독이 죽은 '애국옹' 이원하의 집을 몸소 방문한 때의 상황이 자세히 묘사되어 있다.

장군이다. 그런데 홍병사의 충성을 기념한 석비(石碑)가 지금 청주 도청문전에 있던 것을 시구(市區) 개정될 때에 어느 상점의 지하에 파묻혀 있다가 요즈음 다시 파내게 되었으므로 모충회원들은 장군의 공덕을 사모하며 그 이름을 새긴 석비로 이곳저곳에 매몰됨을 유감으로 생각하여 모충단 근처에 옮겨 세운 것이며 …… 운운."

104) 이른바 '애국옹 이원하'의 행적이 교과서에 등재되는 과정은 『매일신보』 1939년 2월 11일자에 게재된 「이원하옹(李元夏翁)의 애국미담(愛國美談), 소교교과서 등지(小校敎科書) 등재(登載), 애국지성(愛國至誠)의 귀감(龜鑑)으로」 제하의 기사와 『매일신보』 1939년 2월 26일자에 게재된 「이애국옹(李愛國翁) 실적(實蹟), 이와시타 편집과장(岩下 編輯課長) 답사(踏査)」 제하의 기사에 잘 채록되어 있다.

하였고, 이 자리에서 유족에 대한 여러 가지 격려와 칭찬을 아끼지 않았다. 『매일신보』 1939년 6월 12일자에 수록된 「감격(感激) 광영(光榮)의 순간(瞬間)! 애국옹(愛國翁) 고 이원하 씨(故李元夏氏)의 유족 방문(遺族 訪問), 미나미 총독(南總督)이 찬사일석(讚辭一席)」 제하의 기사에는 다음과 같은 내용으로 일장훈시를 남긴 흔적이 남아 있다.

…… 아버지의 훌륭한 죽음은 전세계가 잘 알고 있으며 황공하옵게도 천청(天聽, 천황의 귀)에도 상달이 되었다고 하니 형제와 온 식구는 나오는 줄 모르는 눈물을 억제하느라고 어깨를 들먹거린다.
총독은 다시 부락에 있는 국기게양대(國旗揭揚臺) 아래 가서 이 군수로부터 이 노인이 이곳에서 죽을 때의 실지상황에 대한 보고를 듣고 이 노인이 죽은 현장을 직접으로 본 최만수(崔萬秀)라는 사람을 불러다가 실지로 그때의 모양을 들었다.
총독은 다시 유족 일종에 대하여 "이와 같은 이 노인의 존귀한 죽음을 항상 추모하여 한 사람이라도 이 명예를 더럽히지 않게 잘 노력하라"고 훈시를 한 후 부락민 일동에게 대하여는 "국민정신총동원운동을 철저히 잘 할 것과 이 운동의 마지막 목적은 이원하 노인과 같은 인물을 많이 나게 하는데 있다"는 것과 "장래에는 이 목적을 달성하기 위하여 노력하라"고 훈화를 하고 오후 0시 10분에 이 부락에서 떠나서 동 20분에 충청북도 도청에 이르러 잠깐 휴게하였다.

그리고 전시체제에 장단을 맞추던 친일어용 예술가들이 이 좋은 기회를 그냥 놓칠 리가 없었다. 우선 토바리 유키오(戶張幸男)라는 일본인 조각가는 이원하 노인의 행적이 신문에 보도되자마자 곧장 청주로 내

『매일신보』 1939년 6월 13일자에 소개된 일본인 조각가 토바리 유키오(戶張幸男)의 작품 '애국이원하옹'이 설치되어 있는 1939년 조선미술전람회장 내부이다. 여기에는 이원하의 아들 이범준이 이곳을 직접 참관하는 모습이 포착되어 있다.

려가 현지를 답사하고 불과 석 달 여에 그 결과물을 조선미술전람회에 출품하여 특선(特選)에 선정되기에 이른다.[105]

특히 『매일신보』 1939년 6월 13일자에 수록된 「조각(彫刻)에 빛나는

---

105) 토바리 유키오(戶張幸男, 1907~?)는 용산소학교, 인천상업학교, 도쿄부립미술공학교 등을 거쳐 도쿄미술학교 소상과(東京美術學校 塑像科)를 나왔고, 일본 조각계의 거물인 아사쿠라 후미오(朝倉文夫, 1883~1964)를 사사(師事)한 조각가이다. 그의 부친인 토바리 마타이치(戶張又市)는 경성부 용산 한강통 13번지에서 좌관재료점(左官材料店; 미장공사)을 하던 실업가이며, 그 역시 이곳에 설치한 아틀리에(작업실)를 기반으로 작품활동을 하였다.

제4부 | 결코 잊어서는 안 될 친일군상의 면면

애국옹(愛國翁), 생전자기선친(生前自己先親)의 존안(尊顏)을 추모(追慕), 고 이원하 옹(故李元夏翁)의 영식(令息) 범준 씨(範俊氏) 선전(鮮展)에 표현(飄現)」제하의 기사에는 이원하의 아들인 이범준이 직접 전람회장을 찾은 상황이 이렇게 묘사되어 있다.

> 12일 오후 1시 10분 용산역에 닿는 열차로 애국노인 고 이원하 옹의 영식 이범준(李範俊, 50) 씨가 자기 고을 사주면(四州面) 면장 한정석(韓定錫)106) 씨와 그 면소 서기 송자헌(宋者憲), 최성근(崔成根) 등 3씨와 나란히 서울에 들어와 조선미술전람회로 가서 조각으로 된 옹의 면영을 대하여 감격한 장면을 보였다. 그리하여 이범준 씨는 감회 깊게 그 선친의 생존 시 모든 일을 추억하면서 조각 앞에 엎디어 공손히 절을 한 후 옆에서 설명하는 그 조각품의 제작자 토바리 유키오(戶張幸男) 씨에게 재삼 치하하면서 두 눈에는 눈물이 글썽글썽 어리여 보는 사람으로 하여금 극적 장면을 보였다. 그리고 다음과 같이 기자에게 느낌을 말한다.
> "선친이 세상을 떠나시기 전에는 감환으로 조금 여위었었는데 바로 그때 신관과 똑 같습니다. 이미 지하에 가서 계시지만 세상에서 그 생존시의 애국열을 알아주시게 되니까 영혼이나마 기뻐하실 것입니다. 나라든지 나의 가족은 앞으로 우리 선친의 유훈을 받들어 황국신민으로서 나라를 위하여 몸을 바칠 각오입니다."
> [사진은 애국옹의 조각 앞에서 선 그의 영식(흰 두루마기 입은 이)]

---

106) 한정석(韓定錫, 1883~1953; 창씨명은 大原定錫)은 충청북도 경찰부 경시(警視) 출신으로 1933년 7월 이후 1941년 12월까지 청주군 사주면장(주임관 대우)에 재직하였으며, 일제패망 직전인 1945년 6월에는 중추원 참의로 임명된 바 있는 인물이다.

제18회 조선미술전람회에서 제3부(조소 및 공예) 특선으로 뽑힌 '애국이원하옹(愛國李元夏翁)'이다. 일장기 아래에서 합장한 채 죽은 이 노인의 모습이 묘사되어 있다. (『조선(朝鮮)』 1939년 7월호)

더구나 '애국이원하옹(愛國李元夏翁)'이라고 제목을 붙인 이 조각작품은 최고상인 창덕궁사상(昌德宮賜賞)에도 뽑혀 그야말로 충군애국의 표상으로 널리 홍보된 바 있다. 또한 조선인 조각가 김복진(金復鎭)의 경우에는 전국 각처에서 답지한 성금으로 기념비 건립이 추진되자 여기에 부착할 흉상을 제작하여 기부하리라는 소식이 신문지상에 보도된 일도 있었다.[107]

제 딴에는 비장했던 애국옹의 죽음과 관련하여 기민한 반응을 보인 또 하나의 영역은 영화(映畫)이다. 이 당시 새로 창립된 조선문화영화협회가 일본문화영화사와 합작으로 이원하 노인을 주제로 한 영화를 제작하기로 하고 청주 현지로 떠난 것은 1939년 5월이었다. 이곳에서 한

---

107) 이 내용은 『매일신보』 1939년 4월 12일자에 수록된 「애국옹 흉상(愛國翁 胸像)을 기념비(記念碑)에 조각(彫刻), 조각가(彫刻家) 김복진 씨(金復鎭氏) 기증(寄贈)」 제하의 기사에 서술되어 있다.

이원하 노인을 모델로 한 영화 '국기 하에 죽고저'가 완성된 사실을 알리는 『매일신보』 1939년 7월 11일자의 보도내용이다.

달 남짓한 촬영을 시도한 결과로 만들어진 것이 「국기 아래서 나는 죽으리(國旗の下に我死なん)」라는 작품이었다.

김건(金建), 복혜숙(卜惠淑), 최운봉(崔雲峯), 전일해(全一海), 김옥련(金玉蓮), 이애순(李愛順) 등의 배우가 출연했던 이 영화는 이익(李翼)이 각본과 감독을 맡았는데, 그는 본명이 이순재(李順載, 1912~1976)이며 김화랑(金火浪)이라는 예명으로도 잘 알려진 인물이다. 그는 이 영화를 제작하던 당시 조선인 지원병 출신의 첫 전사자로 떠들썩했던 이인석 상등병(李仁錫 上等兵)에 관한 또 다른 영화의 제작을 시도한 바도 있었다. 애국옹 이원하에 관한 영화는 촬영 종료와 더불어 그해 7월 17일 총독부에서 오노 정무총감(大野 政務總監)과 각 국장들이 참석한 가운데 시사회(試寫會)를 가졌고, 그 이후 일제에 의한 홍보수단으로 톡톡히 사용되었다. 이 영화의 원본은 현재 제대로 전해지는 것이 없고, 다만 러시아에서 발굴된 9분 가량의 필름만 한국영상자료원에서 확보되어 있다고 알려진다.[108]

---

[108] 이 영화의 내용은 한국영상자료원이 운영하는 '한국영화 데이터베이스(www.kmdb.or.kr)'에 8분 39초 분량이 공개되어 있다.

李翁の至誠に依つて建てられた慕忠祠
（。此の祠の中には戰歿將士七十三名の位牌が祀られてある）

1894년 갑오농민전쟁 때 숨진 관군들을 위한 제단으로 설립된 모충단(慕忠壇, 모충사)의 모습이다. 일찍이 1927년 정초에 청주모충회의 회장이던 이원하 노인은 이곳에서 죽은 천황을 위해 요배식을 거행했다. (『조선(朝鮮)』 1939년 5월호)

여기에 더하여 그의 사망 1주기를 맞이한 때에 맞춰 1940년 1월 26일에는 사창리 현지의 국기게양탑 옆에서 성대한 기념비의 제막식이 거행된 것으로 확인된다.[109] 이 비석의 전면에는 유만겸(柳萬謙, 1889~1944) 충청북도지사가 쓴 '이원하옹지비(李元夏翁之碑)'라는 글씨가 새겨졌고, 후면에는 경성일보 사장을 지낸 귀족원 의원 타구치 스케이치(田口弼一,

---

[109] 이에 관해서는 『경성일보』 1940년 1월 27일자에 수록된 「국기(國旗)의 아래에서 떠난 1년(一年), 유연(由緣)의 지(地)에서 소생한 진충혼(盡忠魂), '이원하옹(李元夏翁)의 비(碑)' 제막초혼제(除幕招魂祭)」 제하의 기사와 『조선신문』 1940년 1월 29일자에 수록된 「국기(國旗)의 아래에서 죽은 이원하옹기념비 제막식(李元夏翁記念碑 除幕式)」 제하의 기사 등에 그 당시의 상황이 자세히 채록되어 있다.

『조선신문』 1940년 1월 29일자에 소개된 '이원하옹 기념비'의 제막식 관련기사이다. 비석 전면의 글씨는 유만겸 충북지사의 휘호이며, 뒷면에는 경성일보사 사장을 타구치 스케이치(田口弼一)가 정리하고 쓴 비문이 새겨져 있었다.

1882~1953)가 간추려 쓴 비문(碑文)이 길게 정리되어 있었다.[110]

그런데 그가 죽고 두 해를 넘기지 못한 시점에 이르러 다시 한 번 그의 이름이 신문지상에 오르내렸다. 그토록 일제에 견마지로(犬馬之勞)를 다하였지만 뒤끝까지 좋지는 못했던 모양인지, 그의 묘지가 다른 사람의 손에 넘어갈 위기에 처하게 되어 큰 물의를 일으키고 있다는 소식이었다. 『매일신보』 1941년 1월 9일자의 기사에 수록된 「애국옹(愛國翁) 지하(地下)서 탄식(嘆息), 고 이원하 씨(故李元夏氏)의 묘지(墓地) 경매처분(競賣處分)에, "유지(有志)여 분발(奮發)하라!" 청주사회 물의분분(淸州社會 物議紛紛)」 제하의 기사는 그 내용을 이렇게 전하고 있다.

---

110) 타구치 스케이치 사장의 경성일보사 재임 기간은 "1938년 4월 11일~1939년 10월 10일"이다.

[청주(淸州)] 임종에 당하여 국기 밑에서 궁성을 요배하고 그대로 장렬한 죽음을 한 애국옹 이원하 씨의 애국지성은 반도의 적성을 대표하여 그 위대함을 자랑하고 있는 중 씨의 묘지(墓地)를 그 유족이 어떤 고리대금업자에게 담보하고 6백 원을 차용하여 지난 12월 31일이 변제한다는 기일이었으므로 이자만을 가지고 가서 다시 6개월간의 연기를 애원하였으나 뿌리치고 듣지 않았다 한다.

그리하여 이와 같은 소문을 들은 유지가 한번 연기하여 주도록 권고하였으나 의연히 듣지 않고 경매수속을 진행중이라 하며 한편으로는 그 산판을 매수하려고 준비하고 있는 사람이 있다는 소문까지 떠돌게 되어 지하에 돌아간 애국옹을 생각하여 애달피 생각한다는 것으로 고리대금업자의 악착한 소행을 청주 일반 식자 간에서는 비난하고 있는데 한편으로 애국옹의 명예를 손상케 하는데 그 유족은 한층 분기하기를 심축하고 있다.

이 소식이 전해지자 주변 사람들의 중재로 간신히 상환기일은 연장이 된 것으로 전해지고 있으나, 이원하 노인과 그 유족의 체면은 그야말로 제 스스로 먹칠을 한 꼴이 되었다. 살아서는 물론이고 죽음에 이르러서까지 일제에 충성을 다한 끝에 이른바 '애국옹'이라는 칭호를 얻었으나, 그것은 결국 살았으나 죽었으나 수치와 오욕의 이름 그 이상도 그 이하도 아니었던 셈이다.

• 이 글은 『민족사랑』 2016년 1월호에 게재하였던 것을 수정 보완하였다.

21

조선문화공로상(朝鮮文化功勞賞), 전시체제를 독려하는 교묘한 통치수단

유일한 조선인 수상자는 '신바라 카츠헤이(眞原昇平, 신용욱)'

바야흐로 일제에 의한 중일전쟁의 도발을 눈앞에 둔 1937년 2월 11일, 바로 그날에 일본에서는 새로운 종류의 훈장 하나가 제정되었다. 초대천황의 즉위를 기념하는 기원절(紀元節)에 맞춰 칙령으로 공포한 이 훈장의 이름은 칙령 제9호에 따른 '문화훈장(文化勳章)'이었다. 이로써 "문화의 흥륭(興隆)은 실로 국운(國運)의 소장(消長)에도 다대한 관계가 있는 것으로 이 방면의 개발은 하루라도 소홀히 할 수 없다"는 취지로 과학, 예술, 기타 국가의 문화적 방면에 공훈 있는 자에 대한 표창이 처음으로 실시되었던 것이다.

이로부터 3년이 흐른 뒤에 식민지 조선에서도 이러한 문화훈장을 본따 '조선문화공로상(朝鮮文化功勞賞)' 제도가 생겨났다.[111] 특히 1940년은

---

111) 이에 대한 수상은 『조선총독부관보』 1940년 9월 12일자에 게재된 조선총독부 고시 제963호 「조선문화공로상 수여규정(朝鮮文化功勞賞 授與規程)」(1940년 10월 1일 시행)에 따라 이뤄졌다. 이 규정의 제1조에는 "조선문화공로상은 조선에 있어서 문화의 발달에 관해 공적 현저한 자에 대해 조선총독이 이를 수여함"이라는 구절이 들어 있다.

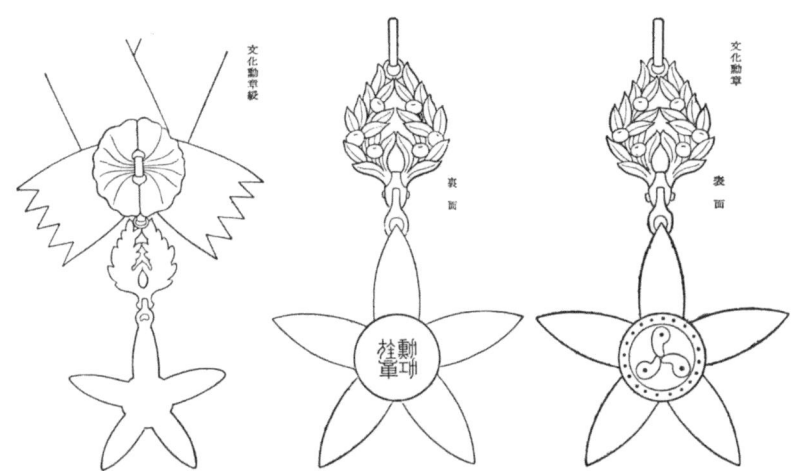

1937년 기원절(2월 11일)에 칙령 제9호 「문화훈장령」을 통해 제정된 문화훈장의 도안이다. 금귤(金橘)의 꽃과 잎, 그리고 곡옥(曲玉)을 배치한 문양을 사용하였다. [조선총독부 편찬, 『조선법령집람(소화 15년판)』 상권(上卷), 조선행정학회, 1940]

조선총독부가 출범한 지 30년이 되는 해가 되므로 이를 기념하는 뜻도 함께 포함되어 있었다. 이에 관해 『매일신보』 1940년 9월 14일자 '사설(社說)'에는 이 상을 주는 의미를 이렇게 풀이하고 있다.

> …… 사상, 문학, 예술, 과학, 산업 등 각 부문에 긍(亘)하여 획기적(劃期的) 발명, 연구, 실험 등 특출(特出)한 공로자에 대하여 그 공로를 표창하는 동시에 금후에도 반도(半島)의 문화발달에 공헌하는 자가 속출(續出)하라는 의미로 매년 10월 1일 시정기념일(始政記念日)을 기하여 항구적 사업으로 이 제도를 설치케 되었는데, 이것은 소화 12년도(1937년도) 내지(內地)에서 시행된 문화훈장에 비할 것으로 단순히 약진반도문화(躍進半島文化)의 질적 향상에 기여하는 바 클 뿐 아니라 동아 신질서 건설(東亞 新秩序 建設)의 병참기지(兵站基地)로서의 반도의 부(負)한 역할을 일층 충분히 발휘시키는 점으로 보아 그 의의(意義)가 중차대(重且大)한 것이라 할 것이다.

'총독문화상(總督文化賞)'의 제정 계획을 알리는 『매일신보』 1940년 8월 28일자의 보도내용이다.

이 내용을 살펴보면 명색이 '문화상'이라는 타이틀을 내걸고 있지만 실상은 수상자들이 문화예술분야에 종사하는 이들로 한정된 것도 아니고, 더구나 문화창달이라는 의미 자체도 대개 전시동원체제(戰時動員體制)와 맞물려 물자절약이나 군수품생산 및 신기술개발에 기여한 것에 초점이 주어져 있음을 엿볼 수 있다. 실제로 이 상은 1940년부터 1944년에 이르기까지 다섯 차례에 걸쳐 총 21명에게 주어졌는데, 전쟁수행과 직간접적으로 관계되는 과학기술분야의 총독부 기술관료나 군수업체 관련자들이 다수를 차지하고 있는 것이 확연히 드러난다.

가령, 시정 30주년에 해당하는 1940년 10월 1일 제1회 수상자의 경우에는 지하자원개발에 공로가 크다는 이유로 총독부 지질조사소장(地質調査所長)인 타테이와 이와오(立岩巖)가 포함되었고, 제2회 때는 전시체제

『조선』 1940년 10월호에 수록된 '제1회 조선문화공로상' 수상자 명단이다. 식민지 경제수탈의 대명사로 기억되는 '불이농장(不二農場)'의 후지이 칸타로(藤井寬太郞)도 여기에 포함되어 있다.

의 유지를 위해 긴요한 전력생산에 크게 기여한 공로로 부전강, 장진강, 허천강, 압록강 등 4대 수력발전사업의 최고책임자였던 쿠보다 유타카(久保田豊)가 문화공로자로 선정되었다.

또한 폭격을 견딜 수 있는 철도교량설계에 기여한 철도국 기사(鐵道局 技師) 오다 야노스케(小田彌之亮), 광물자원탐색에 주력했던 지질조사소 기사 키노사키 요시로(木野崎吉郞), 항공윤활유 제조장치를 개발한 오츠보 타케오(大坪太計雄) 조선석유회사 전무, 무연탄을 이용한 소형로 제철법을 창안한 연료선광연구소(燃料選鑛研究所) 기사 엔도 테츠오(遠藤鐵夫), 송탄유(松炭油) 생산과 가스용 목탄제조를 주도했던 임업시험장(林業試驗場) 기사 코가 아키라(古賀明) 등이 잇달아 역대수상자 명단에 올랐다.

다분히 구색용으로 보이지만, 타카하시 토루(高橋亨, 1878~1967), 오다 세이고(小田省吾, 1871~1953), 아유카이 후사노신(鮎貝房之進, 1864~1946), 오구라 신페이(小倉進平, 1882~1944), 후지츠카 치카시(藤塚鄰, 1879~1948) 등 해당 분야에서 제법 이름 있는 면면으로 채워진 관변학자그룹도 빼놓을 수 없다. 하지만 이들의 공적이란 것도 조선연구를 앞세워 식민사관(植民史觀)을 전파하는데 주력했던 것이었다는 사실도 간과해서는 안 될 것이다.

조선문화공로상 역대수상자 명단

구분	수상자	소속 및 수상분야
제1회 (1940.10.1)	스오 마사스에(周防正季)	소록도갱생원장 (나환자요양)
	타테이와 이와오(立岩巖)	지질조사소장 (지하자원개발)
	타카하시 토루(高橋亨)	전 경성제대교수 (조선문학연구)
	후지이 칸타로(藤井寬太郎)	불이흥업 사장 (토지개량 및 간척사업)
제2회 (1941.10.1)	쿠보다 유타카(久保田豊)	압록강수력전기 전무 (수력발전공사)
	오다 세이고(小田省吾)	숙명여전 교장 (조선교육사업)
	후지카와 키요시(富士川澄)	수산시험장 기사 (김양식)
	모리 타메조(森爲三)	경성제대예과교수 (동물학, 담수어연구)
제3회 (1942.11.3)	오기노 준도(荻野順導)	경성화광교원 이사장 (빈민구제)
	우치다 케이타로(内田惠太郎)	수산시험장 기사 (조선산어류생태연구)
	오에키 호미키(植木秀幹)	수원농림학교 교수 (농림교육, 조림학)
	아유카이 후사노신(鮎貝房之進)	민간인 (조선고적문화연구)
	오다 야노스케(小田彌之亮)	철도국 기사 (철도교량 내폭구조설계)
제4회 (1943.11.3)	키노사키 요시로(木野崎吉郎)	지질조사소 기사 (광물광상조사)
	오츠보 타케오(大坪太計雄)	조선석유회사 전무 (항공윤활유연구)
	오구라 신페이(小倉進平)	전 경성제대교수 (반도국어연구)
제5회 (1944.11.3)	엔도 테츠오(遠藤鐵夫)	연료선광연구소 기사 (소형로제철시험)
	코가 아키라(古賀明)	임업시험장 기사 (송탄유, 가스용 목탄)
	타카하시 노보루(高橋昇)	농업시험장 기사 (소맥품종개량)
	후지츠카 치카시(藤塚鄰)	경성제대교수 (동양문화연구, 추사연구)
	신바라 카츠헤이(眞原勝平)	조선항공공업 사장 (전시민간항공사업)

(*) 1942년 제3회 때부터는 문화공로상 수여일을 시정기념일(始政記念日, 10월 1일)에서 명치절(明治節, 11월 3일)로 변경

그런데 역대 수상자 명단의 맨 아래에 표기된 신바라 카츠헤이(眞原勝平)라는 이름이 유난히 눈길을 끈다. 이것은 조선항공공업 사장이던 신용욱(愼鏞頊, 1901~1961)의 창씨명으로, 그러니까 그는 유일한 조선인 수상

표창장을 손에 든 제2회 조선문화상 수상자들의 모습이 소개되어 있는 『매일신보』 1941년 10월 2일자의 보도내용이다. 왼쪽부터 쿠보다 압록강수력 전무, 오다 숙명여전 교장, 후지카와 수산시험장 기사, 모리 경성제대예과 교수가 차례대로 서 있다.

자였다.[112]

일본 오구리비행학교(小栗飛行學校)를 나온 비행사 출신인 그의 공적사항에는 각종 기념일과 봉축일의 축하비행, 조난사고 및 재난 때의 수색비행, 어군탐견비행(魚群探見飛行), 신규 항공로개설 등 민간항공분야의 업적이 나열되어 있긴 하지만, 이것 말고도 군용기 원조사업으로 방공연습에 참가하거나 1940년 일본군 점령하에서 성립된 중국남경정부(中國南京政府)에 대한 축하비행을 수행하는 것과 같은 노골적인 친일행위가 포함되어 있었다.

---

112) 원래 그의 이름은 신용인(愼鏞寅)이었으나 1933년 1월 이후 신용욱(愼鏞項)으로 개명하였다.

『매일신보』 1944년 11월 3일자에는 제5회 조선문화공로상 수상자에 관한 면면들이 자세히 소개되어 있다. 이 가운데 유일한 조선인으로 선정된 신바라 카츠헤이(즉, 신용욱)는 "지금 나의 생각하는 것은 전선에서 분전하는 전우들뿐이다"는 소상소감을 남겼다.

더구나 그는 1936년에 신항공사업사(愼航空事業社)를 설립하였다가 1941년에 조선항공사업사(朝鮮航空事業社)로 개칭하였고, 1944년 9월에는 조선항공공업의 설립을 인가받아 본격적으로 군용기 제작사업에 막 착수하려던 참이었다. 『매일신보』 1944년 11월 3일자에 수록된 「반도 항공계 선구(半島 航空界 先驅), 상재대공(常在大空)의 신비행사(愼飛行士), 신바라 카츠헤이(眞原勝平) 씨」 제하의 기사에는 그가 남긴 수상소감이 채록되어 있는데, 이것으로도 그가 조선문화공로상의 수

『사진주보』 제131호(1940년 8월 28일 발행)의 표지에는 1940년 일본군 점령하 중국 남경정부 수립 때 축하친선비행에 나선 신항공사(愼航空社) 소속 계림호(鷄林號)의 모습이 등장하였다. (민족문제연구소 소장자료)

상자로 지목된 연유를 짐작할 수 있다.

…… 오늘까지 비행시간이 약 6천 2백 시간에 달한다. '공중에서 사는 사람'이란 표현을 할 수 있다면 참으로 '신바라' 비행사를 두고 한 말이라고 할 수 있다.

그리고 씨(氏)는 일찍부터 항공기 제작연구에도 힘써서 경성에 조선항공기제작소와 부산에 동 공업소를 만들었으며 이번 제일선의 치열한 항공결전에 대응하여 조선항공공업회사를 설립하여 금년 안으로 제1번기를 하늘에 날리게 될 터이라 한다. 또 일반에 대하여 항공사업을 높이는 동시에 적지 않은 부하를 양성하여 제일선의 항공전에 보내고 있다. 이러한 눈부신 공적에 대하여 그동안 여러 차례 표창을 받았지만 이번 문화공로상은 반도출신으로서 최초로 씨가 받게 된 것이다. 씨는 감격을 다음과 같이 말한다.

"지난 날을 돌아보면 아무 것도 공로라고 할 것이 없는데 이번의 광영을 받게 된 것은 부끄럽다. 이것은 전부 선배와 동료들의 열의 있는 원조와 지도로 말미암은 것이다. 지금 나의 생각하는 것은 전선에서 분전하는 전우들뿐이다. 이번의 문화상을 받게 된 감격을 이들 전우에게 보낼 비행기 증산에 옮기어 한시라도 빨리 또 한 대라도 많이 만들 각오를 깊이 한다. 그리고 비행기와 함께 조종사와 정비(整備) 학생을 양성코자 내달부터 이 일을 착수하게 되었다."

이 상에 크게 격려를 받은 것인지, 실제로 불과 석 달 후인 1945년 2월 22일에는 경상남도 진해에서 그가 생산한 제1호 및 제2호 해군기의 진공식(進空式. 첫 비행 행사)이 있었고, 다시 그 다음 달인 3월 24일에는 경

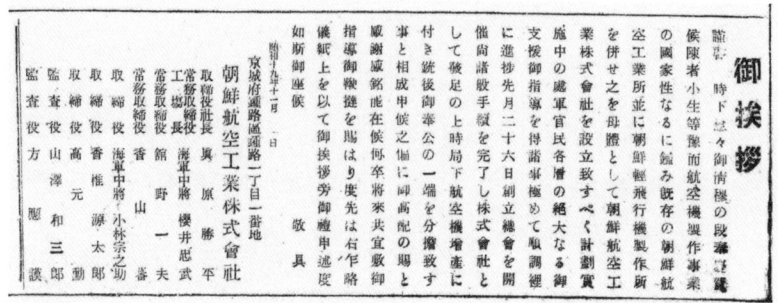

조선항공공업주식회사의 창립 사실을 널리 알리는 인사가 수록된 『매일신보』 1944년 11월 17일자의 광고 지면이다. 이를 통해 신바라 카츠헤이(즉, 신용욱)가 이 회사의 사장으로, 조선일보 사장을 지낸 방응모(方應謨)가 감사역으로 각각 참여하고 있었다는 사실을 확인할 수 있다.

성에서 조선항공 제3호기의 초비행식(初飛行式)이 거행되기에 이른다.[113] 요컨대 조선문화공로상은 무늬만 '문화상'이었을 뿐 결국 그들의 침략전쟁을 원활하게 수행하기 위한 고도의 통치수단 그 이상도 그 이하도 아니었던 셈이다.

• 이 글은 『민족사랑』 2015년 10월호에 게재하였던 것을 수정 보완하였다.

---

113) 조선항공공업에서 생산한 제1호기와 제2호기의 진공식(進空式)에 관해서는 『매일신보』 1945년 2월 24일자에 수록된 「우리 손에 된 비행기(飛行機), '조선항공(朝鮮航空)'의 처녀작(處女作) 해군기 진공식(海軍機 進空式)」 제하의 기사에 자세히 채록되어 있다. 그리고 제3호기의 생산에 관해서는 『매일신보』 1945년 3월 26일자에 수록된 「경성 상공(京城 上空)에 감격(感激)의 날개, '조선항공 제3호기(朝鮮航空 第三號機) 초비행식(初飛行式)」 제하의 기사가 남아 있으므로, 이를 참고하여도 좋을 것이다.

22

죽어서도 호사를 누린 친일귀족들의 장례식 풍경

용산역전, 독립문 앞, 동대문 등은 영결식장으로 애용하던 공간

그도 갔다. 그도 필경 붙들려갔다. 보호순사(保護巡査)의 겹겹 파수(把守)와 철비전벽(鐵扉磚壁)의 견고한 엄호(掩護)도 저승차사의 달겨듦 하나는 어찌 하지를 못하였으며 드러난 칼과 뵈지 않는 몽둥이가 우박같이 주집(注集)하는 중에서도 이내 꼼짝하지를 아니하던 그 달라진 동자(瞳子)도 염왕(閻王)의 패초(牌招) 앞에는 아주 공손하게 감겨지지 않지를 못하였구나. 이때이었다. 너를 위하여 준비하였던 것이 이때이었다. 아무리 몸부림하고 앙탈하여도 꿀꺽 들이마시지 아니치 못할 것이 이날의 이 독배(毒杯)이다. …… 살아서 누린 것이 얼마나 대단하였는지 이제부터 받을 일. 이것이 진실로 기막히지 아니하랴. 문서는 헛것을 하였지마는 그 괴로운 갚음은 영원한 진실임을 오늘 이 마당에서야 깨닫지 못하였으랴. 어허, 부둥켰던 그 재물은 그만하면 내놓았지! 앙탈하던 이 책벌(責罰)을 이제부터는 영원히 받아야지!

이것은 '매국노(賣國奴)의 대명사(代名詞)' 이완용(李完用)이 죽었다는 소식을 알리는 『동아일보』 1926년 2월 13일자에 수록된 「무슨 낯으로 이

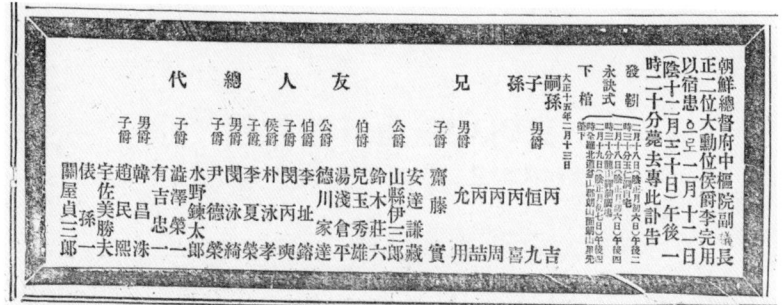

『매일신보』 1926년 2월 15일자에 게재된 이완용 후작의 사망부고이다. 장지는 전라북도 익산이며, 영결식장은 '용산역전광장'으로 표시되어 있다. 당시의 신문지상에는 그가 2월 11일(음력 12월 29일)에 숨진 것으로 보도되었으나, 어찌 된 영문인지 『조선총독부관보』에는 2월 12일(음력 12월 30일)에 죽은 것으로 공표되었다.

길을 떠나가나」 제하의 사설이다. 총독부 당국의 검열로 삭제처분을 받은 이 기사에는 그가 죽어서도 영원한 책벌을 받을 처지가 되었음을 질타하는 내용이 포함되어 있다. 하지만 이미 죽은 그에게서 그 무슨 뼈저린 반성과 후회를 기대할 수 있을 것인가도 싶다.

이와는 대조적으로 『매일신보』 1926년 2월 13일자에 게재된 「이완용 후의 죽엄, 사나이답게 그의 영을 조상하자」는 제목의 단평기사에는 그의 죽음에 대해 총독부 기관지에나 딱 어울릴 법한 언사가 구사된 대목이 등장한다.

◇ 이완용 씨가 세상을 떠났다! 얼마나 큰 사실 — 얼마나 큰 신문꺼리가 되겠는가. 이완용 씨의 부보가 13도에 미칠 때에 누가 그의 천명(天命)이 다 함을 놀래지 않을 것이랴.

◇ 그가 생시에 항상 민중의 머리에 혹은 희게 혹은 검게 수척한 그림자이나마 떠나지 않았던 그만큼 그의 죽음은 민중의 머리에 새로운 느낌을 주며 넘치는 감개를 일으키게 되는 것이다.

◇ 조선 정부의 마지막 총리대신이라는 가장 의미 깊이 역사적 인물을 잃어버리게 된 조선 민중의 가슴은 오직 '감개무량'하다는 넉 자 외에는 아직 발견할 것이 없을 것이다.

◇ '죽음'은 만사를 해결한다는 말도 있거니와 갖은 물론에 한 봄이 잠겼으며 온갖 박해의 대상이 되어 오직 천명의 가리키는 바에 순응하던 씨의 죽음을 볼 때에 얼마나 그의 죽음이 적막하며 그의 죽음이 천명에 돌아갔다는 감개가 커지겠는가.

◇ 죽음은 모―든 것을 초월하여 성(聖)스러운 것이니 평시에 그에게 위해를 끼치고자 하던 이며 그의 태도를 오해하며 비난하던 사람이기로 어찌 사나이답게 그의 죽음을 조상할 한 줄기 눈물이 없겠는가?

◇ 이미 칠순에 가까운 씨의 죽음이 그다지 의외 될 것은 없었으나 항상 사랑하던 손자 손녀들의 설부임 입고 뛰노는 재능도 채 보지 못하고 섣달 스무 아흐레 날에 돌아가게 된 씨의 가슴에는 오직 미흡한 사랑의 눈물이 있었을 뿐인가 한다.

제 아무리 누구에게나 공평한 것이 '죽음'이라 할지라도, 그 때문에 이완용의 죽음에까지 눈물 한 방울이라니, 이것이 어찌 가당키나 한 일인가 말이다. 돌이켜보면 그만큼 세상 사람의 이목에는 아랑곳하지 않고 이른바 '한일병합'의 대업(大業)을 익찬(翼贊)한 공로를 앞세워 일제에게서 주어지는 온갖 부귀영화를 누린 이는 없었다. 나아가 그에게는 죽음까지도 호사스러웠다.

그가 위독하다는 소식에 전해지자 천황은 위문의 뜻으로 포도주(葡萄酒)를 내리는 한편 그가 숨진 바로 그 다음날인 2월 12일에 특지(特旨)로써 정이위(正二位)와 대훈위 국화대수장(大勳位 菊花大綬章)의 서위 서훈을 발표하였다.[114] 그의 장의가 확정되자 계속하여 어사태서(御沙汰書; 천황의 지시를 적은 문서)와 함께 제자(祭資), 폐백(幣帛), 신찬(神饌), 어신(御榊) 등의 하사가 있었다.

곧이어 2월 18일에 거행된 장례 때는 두 마리의 말이 끄는 영구마차에 그의 시신이 실려 운반되었고, 기마경찰과 조선보병대가 선두에 선 이 운구행렬은 인왕산 아래 옥인동(玉仁洞) 저택을 출발하여 경복궁 영추문 앞, 광화문통, 종로 보신각, 남대문통, 한강통을 경유하여 용산역전의 광장으로 길게 이어졌다. 이곳에서는 조선총독과 정무총감은 물론이고 칙사(勅使)와 어사(御使), 그리고 조선군사령부의 의장대(儀仗隊)를 포함한 2천여 명의 조문객이 참석한 가운데 성대한 영결식이 한 시간 반 남짓 진행되었다.

이완용의 장례 영결식장으로 용산역전 광장이 선정된 것은 장지(葬地)인 전라북도 익산군 낭산면으로 향하는 특별열차가 바로 용산역에서 출발하는 까닭이었다. 실제로 그의 시신을 실은 특별열차는 영결식이

---

114) 이완용이 죽은 날짜에 대해서는 기록마다 차이가 있다. 『동아일보』 1926년 2월 12일자, 『조선일보』 1926년 2월 12일자(석간), 『매일신보』 1926년 2월 13일자(호외 재록), 『경성일보』 1926년 2월 13일자(석간; 호외발행), 『조선신문』 1926년 2월 13일자(호외발행) 등 당시의 신문지면에는 한결같이 "2월 11일(음력 12월 29일) 오후 1시 내지 1시 반"에 숨진 것으로 보도되었으나, 『조선총독부관보』 1926년 2월 16일자에 게재된 「관리훙거(官吏薨去)」에는 그가 2월 12일(음력 12월 30일)에 죽은 것으로 공표되어 있다. 참고로, 대한제국 시절의 내각총리대신 비서관을 지낸 김명수(金明秀)가 정리한 『일당기사(一堂紀事)』(1927)의 「연보(年譜)」, 769쪽에는 "2월 11일(12월 29일) 조선 경성부 옥인동 19번지 본저(本邸)에서 오후 1시 20분에 훙거(薨去)"하였고, "발상(發喪)은 익(翌) 12일 오후 1시반이다"라고 적혀있다. 또한 일본 내각총리대신 사이토 마코토(齋藤實)가 짓고 이완용의 아들인 남작 이항구(李恒九, 이왕직 차관)가 쓴 「정이위 대훈위 후작 일당 이선생지 신도비명(正二位 大勳位 侯爵 一堂 李先生之 神道碑銘; 1933년 3월 건립)」에는 "대정(大正) 14년 을축(乙丑) 12월 29일 향년(享年) 68"이었다고 하여 역시 '양력 2월 11일'에 숨진 것으로 표기하고 있는 것으로 확인된다.

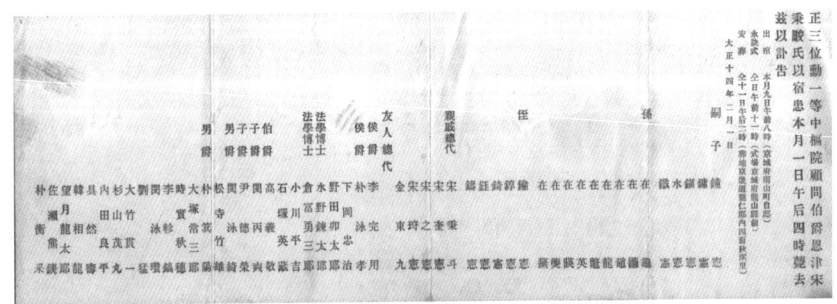

금산 소작인상조회에서 수신한 송병준 백작의 사망부고(실물자료)이다. 장지는 경기도 용인군 내사면 추계리이며, 영결식장은 역시 '용산역전'에서 이뤄지는 것으로 표시되어 있다. (개인소장자료)

끝나자 저녁이 되어 장지에 제일 가까운 호남선 강경역(江景驛)을 향해 이동하였고, 다음 날 새벽에 현지에 도착하여 육로로 운구가 이뤄진 뒤에 오후 나절에야 매장이 이뤄졌다.

그런데 일제로부터 특별대우를 받은 친일귀족들이 죽었을 때 용산역전 광장에서 이들의 영결식을 거행한 사례가 적지 않게 눈에 띈다. 예를 들어, 을사오적의 하나인 박제순(朴齊純, 1916년 6월 사망)의 경우가 그러했고, 이완용보다 한해 앞서 죽은 송병준(宋秉畯, 1925년 1월 사망)도 이 범주에 속한다. 이들은 모두 지방에 묘소를 정하였기 때문에 용산역전에서 장례가 이뤄졌는데, 이 가운데 송병준의 시신은 육로를 통해 노량진, 안양, 수원, 김량장을 거쳐 용인 현지로 옮겨진 것으로 확인된다. 일반적으로 지방에 장지를 두는 때에 곧잘 경성역전(京城驛前)도 선호되었지만, 대개는 용산역전 쪽을 이용하는 경우가 더 허다했다.

그렇다면, 이들과는 다르게 먼 지방이 아니라 서울 인근 지역에 묘터가 정해지는 경우는 어떠했을까?

이런 때는 각자가 서울을 빠져나가는 방향을 기준으로 인접 외곽지의 너른 공터에서 영결식 또는 반우식(返虞式)이 치러지는 것이 보통이었다. 가령, 양주군 일대를 포함한 서울 동쪽 지역이 장지라면, 동대문 밖의 거장(車場, 수레마당)이나 신설동 안감천(安甘川) 다리 앞, 또는 청량리역 전이 선택되는 방식이다.

을사오적, 정미칠적, 경술국적 관련자의 장례식 연혁자료

이름	작위	사망일	사망장소	장지	영결식(반우식)	비고
이완용	후작	1926.2.11	옥인동	익산 낭산면	용산역전광장	전부 해당
이지용	백작	1928.6.30	경운동	고양 뚝도면	(왕십리전차종점)	을사
박제순	자작	1916.6.20	화동	부천 부평면	용산역전광장	을사·경술
이근택	자작	1919.12.17	수원 남창	용인 읍삼면	수원 태장면	을사
권중현	자작	1934.3.19	통의동	영동 영동면	광화문통광장	을사
송병준	백작	1925.2.1	남산동	용인 내사면	용산역전광장	정미
이병무	자작	1926.12.8	필운동	공주 정안면	용산역전광장	정미·경술
고영희	자작	1916.1.25	통동	고양군	독립문앞	정미·경술
조중응	자작	1919.8.25	영락정	양주 미금면	동대문소학교앞	정미·경술
이재곤	자작	1943.7.11	광장리	고양 뚝도면	-	정미
임선준	자작	1919.2.21	체부동	?	?	정미
민병석	자작	1940.8.6	계동	여주 대신면	박문사	경술
윤덕영	자작	1940.10.18	경성제대병원	양주 구리면	훈련원 경성부민재장	경술
조민희	자작	1931.1.2	?	?	?	경술
이재면	공	1912.9.9	운현궁	김포 고란대	공덕리 아소당	경술

『매일신보』 1915년 3월 18일자에는 민영휘 자작(閔泳徽 子爵)의 처 평산 신씨(平山 申氏)에 관한 장례기사 한 토막이 수록되어 있는데, 여기에서 '수레마당'의 흔적을 확인할 수 있다.

경성부 경운동에 거하는 자작 민영휘 씨의 부인 정경부인 평산 신씨는 그간 황달(黃疸)의 숙환으로 여러 날 치료를 하다가 약석이 효험을 이루지 못하고 병세가 점점 위독하여 지난 15일 오후 7시에 필경 별세하였는데 향년이 65세요, 평일에 현숙한 이름이 높았던 부인이라. 오는 21일 이른 아침에 경운동 집에서 발인하여 강원도 춘천(春川) 읍내 묘지에 안장하고 25일 오후 4시 동대문밖 수레마당에서 반우의 예를 행한다더라.

『매일신보』 1915년 9월 25일자에 수록된 이왕직장관 민영기 남작의 장례식 광경이다. 그의 장지는 경기도 여주군 가남면 금당리였는데, 영결식은 '훈련원광장'에서 거행되었다.

뚝섬이나 살곶이다리 방향에 장지가 정해지는 경우라면, 훈련원 광장과 동묘(東廟) 앞 또는 왕십리역전과 같은 장소가 선호되었다. 또한 미아리나 우이동 방향이라면 동소문 밖 삼선평(三仙坪)과 같은 곳에서 영결식이 거행되었다. 서울의 서남쪽으로는 아현(阿峴, 애오개) 너머 늑교(勒橋, 굴레방다리)나 공덕리와 같은 공간이 사용되었고, 이태원공동묘지로 향하는 경우에는 후암동 두텁바위(蟾巖)에서 영결식이 곧잘 이뤄지기도

 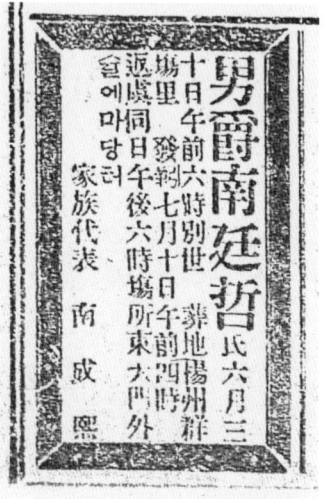

(왼쪽) 『매일신보』 1915년 7월 24일자에 수록된 조희연 남작 (작위반상)의 장의부고이다. 장지는 경기도 김포군이며, 그가 마포 서강에 거처하다 죽은 탓에 애오개 굴레방다리에서 영결식이 거행되었다.

(오른쪽) 『매일신보』 1916년 9월 25일자에 수록된 남정철 남작의 장의부고이다. 장지는 양주 군장리이며, 반우식은 '동대문밖 수레마당 터'에서 거행하는 것으로 표시되어 있다.

했다.

그리고 고양군 일대를 포함한 서울 서북 지역을 향해 나아가는 경우에는 새문밖 독립문(獨立門) 앞이나 무악재 너머 홍제원(弘濟院) 광장이 영결식장으로 선택되는 때가 많았다. 흔히 독립문 일대라고 하면 모화관과 영은문은 말할 것도 없고 독립협회의 독립관이나 일진회가 차지했던 국민연설대(國民演說臺)와 같은 것을 먼저 떠올리기 마련이지만, 이곳은 하루가 멀다 하고 막 이승을 하직한 서울 사람들의 장례 영결식이 무수하게 벌어지던 공간이기도 했던 것이다.

이곳에서 영결식이나 반우식이 거행된 사례를 찾아보니, 이건하(李乾夏, 남작, 1913년), 고영희(高永喜, 자작, 1916년), 민종묵(閔種默, 남작, 1916년), 최상돈(崔相敦, 중추원부찬의, 1916년), 백남신(白南信, 육군부령, 1920년), 홍충현(洪忠鉉, 대정친목회 이사, 1925년), 이하영(李夏榮, 자작, 1929년), 김종한(金宗漢, 남작, 1932년)

『매일신보』 1916년 2월 2일자에 수록된 고영희 자작의 영결식 광경이다. 그의 장지가 고양군 쪽에 정해진 탓에 영결식은 이곳으로 나가는 길목인 '독립문광장'에서 거행되었다.

과 같은 친일인사의 이름이 먼저 눈에 띈다. 여타의 인물로는 이봉래(李鳳來, 내부협판, 1916년), 김사준(金思濬, 찬정, 1917년), 박명환(朴明煥, 시종원부경, 1918년), 이병숙(李秉淑, 대정친목회 평의원, 1916년), 조석진(趙錫晋, 화가, 1920년), 이근홍(李根洪, 경기관찰사, 1922년), 이응선(李應善, 평화당약방, 1927년), 배동혁(裵東爀, 중추원의관, 1928년), 이용우(李龍雨, 동덕여자고보 이사, 1928년) 등이 있었던 것으로 드러난다.

『경성일보』1929년 3월 10일자에 수록된 이하영 자작의 장례식 광경이다. 대륙고무(大陸護謨)의 사장이기도 했던 그는 고양군 은평면 홍제외리에 묻혔고, 영결식은 독립문앞 공터에서 거행되었다.

특히, 이곳 독립문 지역은 1929년 7월 1일에 '경성부영장재장(京城府營葬齋場)'이라는 이름의 홍제내리화장장(弘濟內里火葬場)이 생겨난 이후로 무악재를 넘나드는 영구차 행렬이 더욱 빈번하게 오가던 곳으로 변하게 되었다. 더구나 독립문 바로 옆에는 사형수(死刑囚)에 대한 처형이 이뤄지던 악명 높은 서대문형무소가 자리하고 있었으므로 이래저래 죽음과는 무관한 공간이 아니었던 듯하다.

행여나 용산역전이거나 훈련원 터이거나 동대문 앞이거나 독립문 옆과 같은 장소를 스쳐 지날 일이 있거든, 바로 이런 공간이 죽어서까지 호사를 누린 친일귀족들이 이승과 하직한 곳이라는 사실과 더불어 그들이 저지른 생전의 악행을 함께 떠올려볼 필요가 있지 않을까 한다. 죽음은 누구에게나 평등한 것이라는 말 한마디로 덮어버리기에는 그들

『동아일보』 1922년 3월 10일자에 수록된 경성사진관 자동차부의 '영구차(靈柩車)' 관련 광고문안이다. 이러한 영구차의 등장은 며칠에 걸쳐 장지까지 이동해야 했던 종래의 장례풍경을 다시 한번 크게 바꾸어놓게 된다.

의 죄상이 너무도 크고 깊기에 하는 얘기이다.

● 이 글은 『민족사랑』 2017년 3월호에 게재하였던 것을 수정 보완하였다.

23

근대사의 현장마다 단골로 등장했던 어느 일본인 순사의 일생

『백범일지』에도 언급된 와타나베 타카지로(渡邊鷹次郎)의 행적

김구 선생이 남긴 『백범일지(白凡逸志)』에는 더러 실명(實名)으로 표시된 일본인들이 등장한다. 이를 테면 나가이 변호사, 쿠니토모 경시, 와타나베 순사가 곧 그들이다. 1911년 정초에 이른바 '안악사건(安岳事件)'으로 체포되어 법정에서 곤욕을 치를 때에 법률의뢰인이던 자신을 편들기는커녕 되레 일본인 검사의 끄나풀 역할을 했던 변호사가 나가이 도츄(永井道忠)이며, 회유와 겁박이 난무하던 경무총감부(警務總監部)의 취조실에서 없는 죄도 실토하도록 가혹한 신문을 담당했던 경찰관들이 바로 쿠니토모 쇼켄(國友尙謙)과 와타나베였던 것이다.

이 가운데 특히 와타나베라는 작자는 일찍이 일본인 츠치다 죠스케(土田讓亮)를 격살했던 치하포사건(鵄河浦事件, 1896년 3월)과 관련하여 인천경무청에서 재판을 받을 때에 참관인으로 입회 도중에 백범 김구에게서 크게 호통을 받은 일이 있고, 마치 전리품인양 죄수 차림의 사진을 함부로 찍어가겠다고 덤벼드는 통에 서로 공박을 벌이기도 했던 사이였다. 이 때문인지 『백범일지』의 전반에 걸쳐 그와 얽힌 여러 악연에 관한 얘기가 제법 길게 서술되어 있다.

김구 선생이 1911년 정초 '안악사건'으로 체포되어 고초를 겪은 경무총감부(지금의 남산골한옥마을)의 모습이다. 백범은 이곳에서 17년 만에 재회한 일본인 순사 와타나베의 존재를 통해 오히려 독립항쟁의 결심을 위한 큰 변화의 계기를 마련하기도 했다. (Bank of Chosen, 『Pictorial Chosen and Manchuria』, 1919)

그러나 어찌 된 영문인지 와타나베는 15년 만에 다시 자기 앞에 나타난 사람이 천하가 다 알던 치하포사건의 당사자인 것은 물론 그가 사형언도를 받은 탈옥수라는 사실을 전혀 알아채지 못하였다. 그러면서도 짐짓 자기는 모든 걸 다 알고 있으니 순순히 자백하라고 공연한 허풍을 떨기만 했다는데, 이 일은 백범 김구에게 여러 모로 큰 자극이 되었던 모양이었다. 어쩌면 와타나베는 김구 선생이 장차 일본을 대적하여 진정한 항일독립투사의 길로 나아가도록 이끌었던 숨은 공로자(?)였는지도 모를 일이다.

…… 그리고 보면 나의 변화는 경무총감부에서 신문받을 때 와타나베

놈이, 다시 마주앉은 오늘의 김구(金龜)가 17년 전 김창수(金昌洙)인 것도 모르고, 대담하게 자기 가슴에는 X광선을 붙이고 있어 출생 이후 나의 일체 행동을 투시하고 있으니 터럭만큼이라도 숨기면 당장 쳐 죽이겠다고 협박하던 때부터 시작되었던 것이다. 태산처럼 크게 보이던 왜놈이 그때부터 겨자씨와 같이 작아보였다. 무릇 일곱 차례나 매달려 질식된 후 냉수를 끼얹어 살아나곤 하였지만, 마음은 점점 강고해져 왜놈에게 국권을 빼앗긴 것은 일시적 국운쇠퇴요, 일본은 조선을 영구 통치할 자격이 없다는 것이 불 보듯 확연한 사실로 생각되었다. [인용출처는 『(도진순 주해본)백범일지』, 돌베개, 2002년 개정판, 238쪽]

그렇다면 이 와타나베의 정체는 무엇일까? 백범 김구는 이 와타나베의 인상착의에 대해 "…… 전과 같이 검은 수염을 길러 늘어뜨리고 얼굴에는 약간 노쇠한 빛을 띠고 총감부 기밀과장의 제복을 입고 ……"라고 묘사하였다.

이를 단서로 『병합기념 조선지경무기관(併合記念 朝鮮之警務機關)』(신반도사, 1911)[민족문제연구소 소장자료]에 수록된 경무총감부 직원록을 살펴보니, 고등경찰과(高等警察課) 아래에 기밀계(機密係)가 있고 거기에 수염발이 무성한 인물사진과 더불어 경시(警視) 계급을 지닌 것으로 표시된 와타나베 타카지로(渡邊鷹次郎, 1851~1934)라는 이름이 눈에 띈다. 그러나 그의 직책은 기밀과장이 아니고 기밀계에 소속된 통역관(通譯官)으로 적혀 있다.

그의 동료인 쿠니토모 쇼켄(國友尙謙, 1876~1951)도 기밀계에 속한 경시로 나타나 있는데, 그는 나중에 총독부 경무국 경무과장으로 장기 재임하였다. 이 둘은 단짝을 이뤄 중요사건에 엮인 조선인피의자들에 대한 취조를 전담하였으며, 실제로 '105인사건 신문조서'의 말미에는 신

『병합기념 조선사진첩』(1910)에 수록된 총독부 경시이자 통역관이던 와타나베 타카지로(세 번째 줄 표시 인물)의 모습이다. 1910년 가을 일본으로 떠난 조선귀족관광단 일행을 담아낸 기념사진에는 이 당시 특히 조선부인들의 통역을 겸한 안내자로 선발되어 이 행로에 동참한 그의 조선인 아내(앞 줄 표시 인물)도 포함되어 있었다. (민족문제연구소 소장자료)

문자와 통역자로서 이들의 이름이 빠짐없이 나란히 서명날인이 된 것을 확인할 수 있다.[115]

그런데 조금만 더 주의 깊게 살펴보면, 이 와타나베라는 이름은 전혀 엉뚱한 한국근대사의 현장 곳곳에서 두루 발견이 된다. 예를 들어,

---

115) '105인 사건'에 관한 자료는 국사편찬위원회에서 펴낸 『한민족독립운동사자료집 3(105인 사건 신문조서 I)』(1987)과 『한민족독립운동사자료집 4(105인 사건 신문조서 II)』(1987)에 집대성되어 있다. 이곳에 수록된 각 신문조서(訊問調書)의 말미에는 으레 "신문자(訊問者) 사법경찰관 조선총독부 경시 쿠니토모 쇼켄(司法警察官 朝鮮總督府 警視 國友尙謙)"과 "통역(通譯) 사법경찰관 조선총독부 통역관 와타나베 타카지로(司法警察官 朝鮮總督府 通譯官 渡邊鷹次郎)"라는 표시가 붙어 있는 것이 확연히 눈에 띈다.

일찍이 1884년 갑신정변(甲申政變) 때 사건의 동선마다 그가 출현한 흔적이 역력하고, 또한 1900년 5월 울릉도에 파견하여 불법벌목에 대한 합동산림조사를 벌인 기록에서도 동행자의 명단에 그의 이름이 나타난다.116)

그리고 1907년 1월 한국황태자의 가례축하를 위한 특파대사로 한국을 찾아왔던 일본궁내대신 타나카 미츠아키(田中光顯, 1843~1939)가 골동상 곤도 사고로(近藤佐五郎)를 시켜 경기도 풍덕군에 있던 경천사탑(敬天寺塔)을 일본으로 무단 반출하려 했던 사건이 있었다. 이때 이를 사찰한다는 명분으로 현장에 파견되었으나 오히려 석탑을 인천항구로 신속하게 해체하여 옮겨갈 수 있도록 조장했던 이가 경무고문부 소속 통역관(경부)인 와타나베였다.117)

하지만 와타나베의 존재가 가장 주목이 되는 대목은 역시 그가 1895년 을미사변(乙未事變)의 현장에 있었던 인물이라는 사실과 관련이 있다. 그는 이 당시 퇴한(退韓) 조치와 더불어 히로시마감옥에 '위장' 투옥된 48명의 사건가담자에 포함되어 있었고, 더구나 칼을 빼든 그가 왕비에게 달려가는 모습을 목격했다는 증언을 근거로 종종 명성황후를 살해

---

116) 『황성신문』 1900년 5월 24일자에 수록된 「울릉도 조사위원(鬱陵島 調査委員)」 제하의 기사에는 김면수(金冕秀), 우용정(禹用鼎), 와타나베(渡邊) 등의 이름이 등장하며, 국사편찬위원회가 펴낸 『주한일본공사관기록(駐韓日本公使館記錄)』 14권(1995) 및 15권(1996)에서도 울릉도 사건과 관련하여 '와타나베'의 이름이 언급된 여러 건의 공문서 자료를 확인할 수 있다.

117) 이와 관련하여 『대한매일신보』 1907년 3월 21일자에 수록된 「옥탑탈거(玉塔奪去)의 속문(續聞)」 제하의 기사 및 『대한매일신보』 1907년 6월 4일자에 수록된 「옥탑탈거(玉塔奪去)의 전말(顚末)」 제하의 기사에서 각각 '내부 경무고문부 통역관 와타나베 타카지로'의 흔적을 확인할 수 있다.

한 당사자로 지목되기도 한다.

이에 대한 구체적인 논증을 하기는 어려우나, 정작 그 자신은 『경성일보』 1928년 9월 29일자에 수록된 연재 회고담을 통해 이 당시 자기가 수행했던 역할에 대해 다음과 같이 짤막하게 얼버무리고 있다.

…… 그 당시는 이미 부산을 떠나 경성의 공사관부(公使館附)가 되어 있던 오카 경부(岡警部)가 "폭동이 일어났으니 급히 경성으로 출장오시오"라는 전명(電命)이 있었으므로 나는 가전(家傳)의 칼 한 자루를 힘차게 쥐고 경성으로 급항(急航)하였는데, 그때가 마침 1882년 한여름이었다. 나의 49년간에 걸친 경성생활은 이때가 시작으로, 1884년 갑신(甲申)의 변란에서부터 금일에 이르기까지 크고 작은 수십 번의 화란(禍亂) 중에 몸을 두어야 했지만, 특히 을미사변 때는 XX의 수실험(首實驗, 쿠비짓켄)을 행하고 그 사체(死體)의 시말까지 끝까지 지켜본 것도 있어, 이들 사건을 모조리 말하고자 하면 그야말로 일조일석(一朝一夕)으로는 매달리기 어렵고 ……(하략). [이 내용은 『한말을 말한다(韓末を語る)』, 조선연구사, 1930에도 재수록]

여기에서 숨김표로 처리된 'XX' 부분은 짐작컨대 '민비(閔妃)'인 듯하며, '수실험'이란 표현은 죽은 이의 얼굴로 누군지를 확인하는 행위를 말한다. 와타나베가 일찍이 한국어를 습득하여 통변(通辯)의 역할을 겸하였기 때문에 진즉에 명성황후와 대면할 기회가 있었을 가능성이 높고, 그로 인해 왕비의 신분을 확인하는 일이 그에게 주어진 것인지도 모를 일이다. 아무튼 와타나베는 을미사변의 진행과정에 있어서 최선두에 섰던 주범의 하나인 것은 분명한 사실이다.

그는 원래 1878년 이래 경시청(警視廳)에 들어가 도쿄(東京) 우에노경찰서와 나고야경찰서에서 근무하던 자로 1882년 초여름에 부산영사관부순사(釜山領事館附 巡査)로 발령을 받아 조선으로 처음 건너오게 되었다. 그러나 도착 직후 서울에서 임오군란(壬午軍亂)이 벌어지면서 다시 서울 지역으로 급파되었고 그 이후로는 줄곧 외무성 경관(外務省 警官)의 신분으로 조선주재 일본공사관에 소속되어 대부분의 시기를 조선에서 머물렀던 것으로 확인된다.[118] 와타나베는 1898년과 1907년에 각각 경부(警部)와 경시(警視)로 승진되었는데, 1905년 '을사조약'으로 인해 일본공사관이 폐지된 이후로는 주로 한국정부에 소속된 경무고문부 및 경시청의 번역관(繙譯官)으로 활동하는 한편 통감부통역관(統監府通譯官)의 역할도 겸하였다.

와타나베가 한국어를 습득하게 된 것은 워낙 개항 초기부터 우리나라에 오래 머물면서 저절로 익힌 결과이기도 하겠지만, 알고 본즉 그의 처 타니코(谷子)가 조선인 여자였던 것으로 드러난다. 그 부인은 박완양(朴完陽)이라는 사람의 딸로서 와타나베보다 무려 20살이나 어린 나이였으며, 일본공사관 뒷문 근처에 살다가 그와 안면을 트게 되어 결혼에 이르게 되었다고 전해진다.

이에 관해서는 『조선급만주(朝鮮及滿洲)』 1925년 1월호에 수록된 사노 레이(佐野れい)의 기고문 「결혼으로 본 내선융화(結婚から 觀た 內鮮融和)」라는 글, 158쪽에 다음과 같은 내용이 채록되어 있다.

---

[118] 이 당시 『한성순보(漢城旬報)』 제7호(1883년 12월 29일자)에 게재된 '일본관(日本館)' 관원의 명단을 보면, 여기에 '순사(巡査) 와타나베 타카지로(渡邊鷹次郎)'라는 표시가 남아 있는 것을 확인할 수 있다.

『매일신보』 1918년 12월 12일자에 수록된 와타나베 부부에 대한 가정방문 탐방기사이다. 이 당시 영친왕의 혼례발표와 관련하여 이른바 일선융화(日鮮融和)의 선각자로 부각할 만한 가정을 탐방하는 내용의 기사가 곧잘 신문지상에 등장하기도 했다.

[내선융화(內鮮融和)의 솔선자(率先者) 와타나베 타카지로 씨(渡邊鷹次郎氏)의 가정(家庭)]

…… 실례지만, 결혼(結婚)의 동기(動機)는? 이라고 여쭙자, 아주 비희극(悲喜劇)이 있었었다오, 라고 전제(前提)하더니, 딱 타니코 부인(谷子夫人) 부인이 13세였을 때, 모친과 단 둘이 지금의 총독관저(總督官邸) 뒷문 앞쪽에 살고 있었다고 하는데, 당시 와타나베 씨는 직무상 상투(チョンマゲ)를 틀고 조선복(朝鮮服)을 입었으며, 게다가 조선어(朝鮮語)를 실(實)로 유창(流暢)하게 말하였으므로 현 부인 타니코 상도 또 그 어머니도 조선인(朝鮮人)이라고만 생각하여 이런저런 일로 얘기를 하셨고, 그 중에 어느 상당(相當)한 분의 어세화(御世話, 도움)로 결혼하게 되었다고 합니다. 그랬더니 이내 단발령(斷髮令) 및 순사(巡査)의 제복(制服) 등도 제정(制定)되었으므로 어느 날 와타나베 씨는 상투를 자르고 제복을 입고 역소(役所)에서 돌아

와 집으로 들어가던 참에, 아, 이를 본 가인(家人, 집사람)이 깜짝 놀라서 낯선 일본인 순사(日本人 巡査)가 왔다고 하면서 문을 잠그고 자물쇠도 채웠으며 집안에서는 다들 부들부들 하고 있었습니다. 하여간 문을 밝히라고 하는 말에 주뼛주뼛 타니코 상이 문을 열어 보니 현재의 지아비(夫)가 정말 보면 볼수록 일본인(日本人) 같은지라 크게 놀라서 새파랗게 되어 오정(奧庭, 안뜰)에 걸터앉아 부들부들 떨고 있자, 이 모양을 보고서는 어머니가 역시 여장부(女丈夫)라 일컬어지는 분이기에 일시(一時)는 실색(失色)이 되었지만, 곧 타니코 상을 불러 엄(嚴)하게 언도(言渡)한 것이 이런 식이었는데, 놀란 것도 무리(無理)는 아니겠지만 한번 지아비로 정해진 이상 이부(二夫)를 섬기는 것은 가헌(家憲)으로 절대 허락할 수 없고, 만일(萬一) 지아비로서 모시는 것이 불가능하면 친자(親子)의 연(緣)은 끊겠다고. 이를 듣고 타니코 상은 역시 어머니의 의중(意中)을 깨닫고 안심(安心)하세요, 반드시 목숨을 걸고서라도 지아비로 지키겠습니다, 라고 굳게 맹서하였습니다. 이 사실(事實)이 차츰 세간(世間)에 알려지면서 몹시 소란스러운 소동, 일본인의 처(妻)가 된 것과 같은 여자는 죽여 없앤다고 하였고, 석우(石雨, 돌비)가 쏟아지고 불을 붙일 수도 있어서 도저히 한걸음도 외출(外出) 등이 불가능하였으며, 부득이 시간이 진야중(眞夜中, 한밤중)에 가장(假裝, 변장)하여 겨우 나가는 일도 있고 그랬습니다. 특히 민비사건(閔妃事件)의 뒤에는 수 개월 간이라고 하는 동안, 밤에도 베개를 붙이지 못하였으며 짚신(ワラジ)을 신고 아이를 끌어안은 채 자야 했다고 합니다. 어떤 때는 한국정부(韓國政府)로부터의 추수(追手) 탓에 신(薪, 섶) 사이에 몸을 피하여 겨우 목숨을 수습하였고 또는 도장(逃場, 도망 갈 곳)이 없어서 해적선(海賊船)에 올라타 위기일발(危機一發)이라고 하는 상황에서 구조되었고, 실로 모험소설(冒險小說) 이상을 마주치게 되었으

며, 가까스로 몸을 가로뉘고 베개를 높여 잠들게 된 것은 30세(歲) 때부터였다고 합니다. …… (하략)

타니코 상, 즉 와타나베 부인 역시 나중에 한국 황실에 출입하며 통역자의 역할을 한 적이 많았는데, 가령 『대한매일신보』 1908년 3월 29일자에는 태황제로 물러난 고종이 한성병원(漢城病院)의 일본인 병원장에게서 진료를 받을 때 어전통변(御前通辯)을 했다는 기록이 남아 있다.[119] 그리고 이보다 앞서 1906년 12월에 대한제국 내부대신 이지용(李址鎔)이 특파대사로 일본 동경에 갔을 때에 수행원으로 따라 간 고관부인들을 위한 통역자의 역할을 했으며, 또한 경술국치 직후에는 조선귀족관광단(朝鮮貴族觀光團)의 안내자로 선발되어 다시 일

『경성일보』 1929년 3월 12일자에 게재된 바이올린연주가 타나카 에이타로와 그의 부인 타나카 노부코의 음악회 관련 광고문안이다. 여기에 나오는 타나카 부인이 곧 와타나베의 딸로 소프라노로 제법 이름을 날린 인물이었다. 피아노반주자 와타나베 에이코 역시 와타나베의 딸이다.

---

119) 관련 내용은 『대한매일신보(국문판)』 1908년 3월 29일자, 「어전통변」 제하의 기사에 수록되어 있다.

본에 다녀오기도 했다.[120]

일본인 순사와 조선인 여자의 결합이라는 혼인의 특수성으로 인하여 일선동체(日鮮同體)의 대표적인 사례로 주목을 받아 이들 가정에 대한 탐방기사가 몇 차례 신문지상에 오르내린 흔적을 찾아낼 수 있다. 예를 들어『매일신보』1918년 12월 12일자에 수록된 「[왕세자 전하(王世子 殿下) 가례전(嘉禮前)에 일선동체(日鮮同體)의 가정방문(家庭訪問)] 화기(和氣)가 융융(融融)한 도변응차랑 씨의 가정, 내지인과 다름이 없는 박곡자 부인」제하의 기사에는 이들 내외에 대한 내용이 다음과 같이 길게 서술되어 있다.

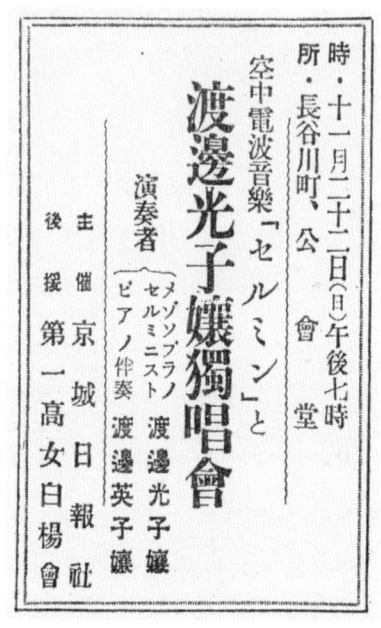

『경성일보』1931년 11월 14일자에 게재된 와타나베의 딸 미츠코의 향토방문 독창회 관련 광고문안이다. 미츠코 또한 1930년대 일본에서 빅히트곡을 여럿 만들어낸 유행가 가수로 성장하였는데, 여기에는 '메조소프라노'이자 '세루민(セルミン, 공중전파음악) 연주자'로 소개되어 있다.

반도 삼천리에 각국 풍조가 들여 밀 때 전후 30여 년 동안 조선 정해에서 산전수전을 다 겪은 지금 경시총감부 통역관으로 재직한 도변응차

---

120) 귀족관광단의 일본 방문과 관련하여 와타나베 통역관의 부인이 안내자로 동행한다는 내용은『매일신보』1910년 10월 21일자에 수록된 「관광단 출발기(觀光團 出發期)」제하의 기사에 포함되어 있다.

랑(渡邊鷹次郎, 와타나베 타카지로) 씨의 가정을 방문하였다. 남산 밑 욱정(旭町, 지금의 회현동) 막바지에 조선집을 일본식으로 꾸민 시의 주택 온돌방에서 반백이 된 수염을 어루만지고 태연히 앉은 씨를 만나 보았다.

◆ 청동화로 백탄 숯에 소상반죽은 아니지마는 긴 담뱃대가 놓인 것과 책 밑에 놓인 자개그릇은 조선 사람의 사랑에 일본 양념을 조금 뿌린 듯하다. 씨는 지금으로부터 30여 년 전에 경찰관의 직무를 띄고 조선에 나와서 당시 경성에서 거주하던 박완양(朴完陽) 씨의 영애 곡자(谷子, 타니코)를 취하여 항려를 삼은 후

◆ 30년 동안에 자녀를 10남매나 낳아서 온 집안에 가득한 화기는 사철에 봄바람이 일어나더라. 씨의 아들은 스물 여덟 살 먹은 백룡(白龍, 하쿠류) 군으로 시작하여 청룡(青龍, 세이류), 헌성(憲成, 켄세이), 성오(省吾, 세이고), 정문(正文, 세이분)이요, 딸은 스물 세 살 먹은 봉자(峯子, 미네코)로 시작하여 선자(宣子, 노부코), 화자(花子, 하나코), 광자(光子, 미츠코), 영자(英子, 에이코)러라. 기자가 처음 씨의 방에 들어갔을 때에 씨의 아내 곡자 부인이 어데 있는가 하고 여인이 조선말 하는 것을 들으려 하여도 모두 일어들로만 하는 고로 기자는 곡자 부인이 혹시 출입이나 하였나 하였더니 급기야

◆ 부인께 면회를 청하여 본즉 일본의복에 일본예법으로 사교에 한숙한 일본어로 인사하는 모양을 보았을 때까지도 역시 조선부인인 듯은 아니하여 의아한 생각이 난다. 그러하다가 기자가 돌연히 조선말로 물어본즉 그제야 부인도 유복한 낯의 웃음을 띄고 "네 우리 아버님은 박완양 씨시고 나는 곡자인데 지금 마흔 일곱 살이야요. 자초에 내가 우리 영감께로

◆ 시집을 왔을 때에는 그 때로 말하면 벌써 옛날이 아니야요. 그러하

니까 조선 측의 비평도 많이 들었고 또 우리 영감도 일본 사람들에게 여간 시비를 아니 들었어요. 나로 말하면 여자니까 시키는 대로 하였지마는 우리 영감은 남의 시비를 조금도 돌아보지 아니하고 끝끝내 변하지 아니하고 처음 뜻을 지킨 것을 볼 것 같으면 아마 앞일을 내다보시는 힘이 있었던가 봐요. 여태까지 살림은 호강으로 하였지마는 시절이 한참

◆ 소란할 때에는 고생도 적지 아니하고 핍박도 여간치 않게 받았어요. 비록 학식은 없었지마는 자랑 같습니다만 여자의 몸으로 한국 구시대 궁중부중에서 내면으로 돌아다니며 일도 적지 아니하고 애도 많이 썼어요. 이번 이왕세자의 가례로 말씀하면 더할 수 없는 경사이야요. 연전에 그때 정부의

◆ 특사를 따라서 들어서 일본에 갔다가 나올 때에 야마구치현(山口縣) 어떠한 정거장에서 고 이토공(故伊藤公)이 차창으로 철도연변에 있는 산천과 시가를 보고 가르치며 조선도 이와 같이만 되었으면 내가 조선 통감으로 더할 수 없는 공업이요 또 내 마음으로 한이 없겠노라 하며 그대가 조선에 나가거든 조선의 가정을 아무쪼록 개량하도록 하고 서로 혼인을 하도록 하쇼. 그러하여야만 조선이 속히 발달하리라고 하셨어요. 일선동화의 문제는

◆ 이토공이 살아계셨을 때로부터 발론이 되었었지요. 그 양반이 여태 살아계셨으면 얼마나 좋았을는지요" 라고 말을 하다가 "하나고—히 오다샹가" 하더니 "나의 평생에 보고 들은 것으로 말하면 참 별별 일이 다 많고 자미있는 일이 다 있지요. 내년 정초에 쫌 한가하거든 딸을 시키어서 책을 한 권 만들어 볼까 합니다"하고 말을 마치었다.

이 기사에서 보듯이 이들 사이에는 아들 다섯, 딸 다섯으로 모두 열

『경성일보』 1932년 1월 26일자에는 오랜 만에 경성으로 돌아온 와타나베 자매(미츠코와 에이코)의 동향이 소개되어 있다. 이들 자매의 뒤쪽에 보이는 남자는 형부가 되는 오바 유노스케(경성제일고등여학교의 음악담당 교유)이다. 조선침략에 앞장선 일본인 경찰관의 집안에서 다수의 음악가를 배출한 것은 참으로 의외다 싶은 인상을 준다.

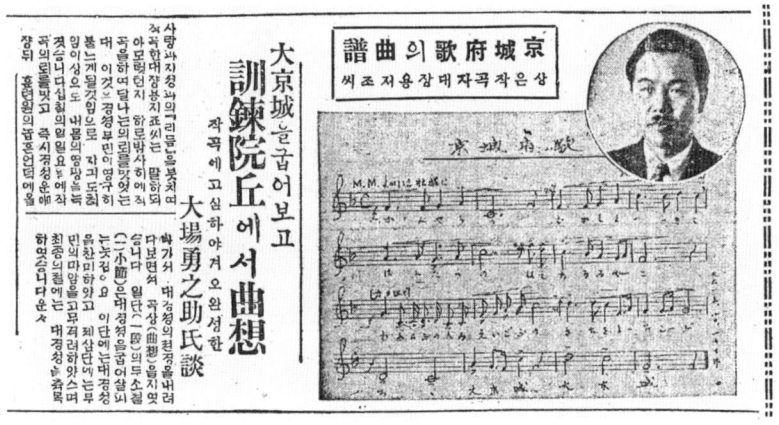

새로 짓는 '경성부가(京城府歌)'의 모집 당선작으로 오바 유노스케(경성제일고등여학교 교유)의 작품이 선정되었다는 소식을 알리고 있는 『매일신보』 1926년 10월 21일자의 보도내용이다. 그는 바로 와타나베 타카지로와는 옹서지간(翁壻之間, 장인과 사위)이었다.

명의 자식이 있었다. 그런데 특기할 만한 것은 딸들이 대개 성악가 또는 피아니스트와 같은 음악가로서 제법 이름을 남기고 있다는 사실이다.

우선 소프라노 전공인 둘째 딸 노부코(宣子)는 바이올리니스트로 유명했던 타나카 에이타로(田中英太郎)와 결혼하여 음악으로 일가를 이뤘고

『경성일보』1934년 7월 18일자에 게재된 와타나베 타카지로의 사망부고이다. 여기에는 그의 이름이 응치랑(鷹治郎)으로 되어 있지만 정확하게는 응차랑(鷹次郎)으로 표기하는 것이 맞다. 그는 평소 열렬한 법화경(法華經) 신자로 알려져 있는데, 그러한 탓인지 사망 당시의 직책과 부고주체가 본문불입강경성지부(本門佛立講京城支部)와 관련이 있는 것으로 기재되어 있다.

동경음악학교(東京音樂學校)의 교수(성악 담당)를 지냈다. 넷째 딸 미츠코(光子, 1906~2003)는 1930년대 레코드 발매를 통해 히트곡을 여럿 남긴 유행가 가수로 성공하였고, 결혼 이후 츠키무라(月村光子)로 이름을 바꿔 타카라즈카음악학교(寶塚音樂學校)의 성악교수로 재직하였다.

또한 경성제일고등여학교의 교유(敎諭, 음악 담당)이자 경성부가(京城府歌)의 작곡가로도 잘 알려진 오바 유노스케(大場勇之助)도 알고 보니 와타나베의 사위가 되는 관계였다. 그는 각종 학교의 교가 및 관변기관의 사가(社歌)와 같은 종류를 비롯하여 갖가지 행사용 노래를 다수 작곡하였고, 특히 전시체제로 접어든 이후에는 '황군전승의 노래', '미영격멸(米英擊滅)의 노래'와 같은 군국가요의 작곡과 보급에 주력했던 인물이기도 하다.

이밖에 『경성일보』 1923년 10월 26일자에는 관동대지진 발생으로 위기에 처한 조선인을 구한 에구치 세이류(江口靑龍)라는 자의 선행에 대한 기사가 수록된 것이 눈에 띤다. 그런데 그의 정체가 와타나베의 아들이라는 사실은 자못 흥미롭게 다가온다. 더구나 이 기사에는 '세이류(청룡)'라는 그의 이름이 다름 아닌 흥선대원군이 지어준 것이라는 내용도 포함되어 있다.[121]

이렇듯 한국근대사의 현장마다 얽히고 섥힌 모습으로 오랜 세월 한국침략의 제일선에 섰던 '왜놈 순사' 와타나베 타카지로는 1921년 3월 말, 70세의 고령에 이르자 조선총독부통역관의 자리에서 의원면직되었다.[122] 그리고 조선으로 건너온 지 50년이라는 세월을 훌쩍 넘긴 1934년 여름 여전히 이 땅에 머문 채로 숨을 거두었다.

• 이 글은 『민족사랑』 2016년 6월호에 게재하였던 것을 수정 보완하였다.

---

121) 『경성일보』 1923년 10월 26일자에 수록된 「위험(危險)을 무릅쓰고 선인(鮮人)을 구조(救助)했던 와타나베 타카지로 씨(渡邊鷹次郎氏)의 아들, 경시총감(警視總監)에 표창(表彰)을 신청(申請)」 제하의 기사에 관련내용이 자세히 서술되어 있다.

122) 조선총독부 통역관 와타나베 타카지로(渡邊鷹次郎)에 대한 의원면본관(依願免本官, 1921년 3월 31일부) 발령사항은 『조선총독부관보』 1921년 4월 6일자에 수록되어 있다. 이에 앞서 『조선총독부관보』 1921년 3월 7일자에는 '종육위 훈오등(從六位 勳五等)'이던 그에 대해 '정육위(正六位)'의 서임(敍任, 1921년 2월 28일부)이 있었고, 다시 『조선총독부관보』 1921년 5월 7일자에는 '특지(特旨)로써 위일급(位一級)이 피진(被進)'되어 그가 '종오위 훈오등(從六位 勳五等, 1921년 4월 30일부)'으로 승서(陞敍)된 내용을 확인할 수 있다.

24

왜곡된 시선으로
근대 한국을 담아낸 무라카미사진관

통감부의 어용사진사로 출세한
무라카미 텐신(村上天眞)의 행적

어용교수, 어용노조, 어용신문, 어용작가, 어용야당, 어용단체 ……. 이런 표현들은 정부권력에 빌붙어 줏대 없이 협조하거나 아부하는 이들을 힐난할 때에 곧잘 사용하는 것들이다. 지금이야 이런 소리를 듣고도 달가워 할 사람은 전혀 없을 테지만, 세월을 좀 더 거슬러 올라가면 어용(御用)이란 말 자체를 되려 대단한 광영이자 든든한 배경쯤으로 여기던 시절이 있었다.

예를 들어 『동아일보』 1922년 9월 16일자에 수록된 대륙호모공업(大陸護謨工業, 사장 이하영 자작)의 고무신 광고문안에는 "…… 이왕 전하(李王殿下)께서 어용(御用)하심에 황감함을 비롯하여 각 궁가(各宮家)의 용명(用命)하심을 몽(蒙)하며 ……"라는 구절이 등장한다. 여기에 나오는 '이왕 전하'는 창덕궁으

『조선명승기』(1910)에 수록된 무라카미 텐신(村上天眞)의 사진관 광고문안이다. 여기에서 보듯이 그는 스스로 '어용사진사'라는 사실을 영업전략으로 내세우고 있었다.

식민지 비망록 1

로 물러난 전직황제 순종을 말하는데, 요컨대 이 광고문안은 '어용'이라는 말로써 이른바 '셀레브러티 마케팅(celebrity marketing)'의 기법을 차용하고 있는 셈이다.

1910년에 발행된 『조선명승기(朝鮮名勝記)』라는 책에도 이와 흡사한 광고 하나가 소개되어 있다. 여길 보면 무라카미 텐신(村上天眞)이라는 일본인이 자신의 사진관을 알리는 구절 가운데 '총독부 창덕궁 제관아 어용(總督府 昌德宮 諸官衙 御用)'이라고 큼직하게 새겨 넣은 부분이 유독 눈에 띈다. 비록 전속사진사는 아니었지만, 그 자신이 총독부와 소속관서는 물론이요 한국 황실에서도 사진촬영 때마다 곧잘 부름을 받는 신분임을 과시하고 있는 내용이다.

이 무라카미가 특히 어용사진사라는 명성을 얻게 된 것은 1907년 10월 일본황태자 요시히토(嘉仁, 나중의 '대정천황')의 방한 때 이들 일행의 기념사진을 전담하여 촬영한 일이 직접적인 계기가 되었다. 그 가운데 경복궁 경회루 돌기둥 앞에서 한국황태자인 영친왕과 더불어 한일양국의 고관대신들이 나란히 선 모습이 담겨진 사진은 제법 유명하다. 무라카미 자신은 나중에 『경성과 인천』(1929)을 통해 이 역할을 자신이 수행하게 된 경위를 이렇게 설명한 바 있다.[123]

---

[123] 이 글은 하기모리 시게루(萩森茂) 편, 『경성과 인천(京城と仁川)』(대륙정보사, 1929)의 권두화보인 「대정천황어도한어기념사진(大正天皇御渡韓御記念寫眞; 명치 40년 10월 18일, 경회루에서)」의 뒷면에 「당시 어용명(御用命)을 받든 무라카미사진관주(村上寫眞館主)의 강화(講話)」라는 제목으로 수록되어 있다. 여기에는 사진촬영일자를 그해 10월 18일로 적고 있으나, 당시의 일정 및 행로 등에 대한 보도자료 등을 취합하면 '10월 19일'이라야 맞다고 보인다.

1907년 가을 경복궁 경회루에서 촬영한 일본 황태자 방한 기념사진이다. 말하자면 이것이 곧 어용사진사인 무라카미에게 있어서는 일생일대의 대표작인 셈이다. 대지(臺紙)의 위쪽에는 일본 황실의 국화(菊花) 문양이, 아래쪽에는 "K. Murakami, Seoul, Chosen, 朝鮮 京城 村上天眞"의 표시가 남아 있다. (민족문제연구소 소장자료)

사진 촬영의 전날 통감저(統監邸)로부터 부름을 받아 찾아뵈었더니 이토 통감(伊藤統監)으로부터 "내일 전하의 어도한어기념사진(御渡韓御記念寫眞)의 촬영을 명하노니 이에 불경(不敬)에 미치지 않도록 전심(專心)의 주의(注意) 로써 근사(謹寫)하도록 하라"는 하명(下命)을 받았습니다.

다음날 18일 오전 통감저에서 동궁 전하(東宮殿下; 선제 폐하), 이왕 전하(李王殿下; 돌아가신 전하), 세자 전하(世子殿下; 지금의 전하), 아리스가와노미야 전하(有栖川宮殿下), 기타 한국 각궁전하(其他 韓國 各宮殿下)의 어집합기념(御集合記念)을 근사(謹寫)했고, 이로부터 곧장 창덕궁(昌德宮)에 참전(參殿)하여, 어오정 육각당(御奧庭 六角堂; 존덕정) 앞에서 준비를 하고 대기하라는 말이 있더니, 전하께서는 아리스가와미야 전하와 더불어 세자전하의 손을 잡고 어도보(御徒步)로 각 중신(各重臣)을 거느리사 임어(臨御)하실 때, 이토공(伊藤公)으로부터 "삼전하(三殿下)의 본일(本日)의 어동정 어웅자(御動靜 御雄姿)를 이태왕 전하(李太王殿下)께 아뢰올 때에, 어사진(御寫眞)을 어람(御覽)에 올리고자" 근사(謹寫)의 어하명(御下命)이 있어 곧장 배사(拜寫)하였는데, 이 사이에 이토공을 위시하여 일한(日韓)의 각 대신(各大臣)은 주변 잔디 위에서 근사(謹寫)에 덧붙여 여러모로 주의하여 주셨습니다. 이로부터 경복궁(景福宮)에 어성(御成, 행차)을 하시었던 것인데, 나는 이도(裏道)를 통해 급히 경복궁에 먼저 도착하여 경회루(慶會樓) 앞에 준비를 갖춰 대기하고 있었더니, 창덕궁과 마찬가지로 어도보(御徒步)로 행차를 납시었고, 이때 이토공으로부터 "이에 기념어집합(記念御集合)을 근사(謹寫)하라"는 어하명이 있어, 곧바로 어통로(御通路)의 백견(白絹) 옆에 사진기(寫眞機)를 거치했던 바 사진에 대해서는 어취미(御趣味)가 깊으신 전하께서 "그 장소는 조금 옆에 있는 정면(正面)에서 사진을 찍어라"는 말씀에 공구(恐懼)하게도 백견(白絹)을 약간 감아서 위치를 바로 하고 일매(一枚)를 근사했는데, 전도(前途)의 어급(御急)을 걱정하여 배사를 마쳤다는 뜻을 이토공에게 고하자, 전하께서는 "이제 한 장을 만일을 위해 찍어두어라"는 어주의(御注意) 깊으신 말씀에 황송하여 재차 한 장을 근사했으며, 어통로(御通路)의 백견을 원래대로 바로 두고 편측(片側)에서 어봉송(御奉送)하였사온데, 전하께서는 "오늘은 많이 사진을 찍었구나, 빨리 보여 달라"는 말씀을 내리시매, 실로 두 세 번의 말씀을 받드는 명예로운 근사(謹寫)의 어하명을 받든 일은 공구(恐懼)하지 않을 수 없었습니다.

다른 사람도 아니고 장차 자기네 나라의 지존(至尊)이 될 황태자 모습

1909년 정초에 이뤄진 순종황제의 서북순행 때 개성 만월대에서 담아낸 장면이다. 이 당시 무라카미사진점에서도 2명의 점원이 사진사로 선발되어 이 행로에 동행하였다. (통감부, 『애뉴얼 리포트(Annual Report, 영문판)』, 1909)

을 직접 찍을 기회가 생겼으니 개인적으로 보자면 그야말로 일생일대의 영광이 아닐 수 없었을 듯도 하다. 이런 경력과 명성을 바탕으로 무라카미는 한국황실을 상대로도 곧잘 사진촬영자로 선발되기도 하였는데, 가령 1909년 1월 이토 히로부미(伊藤博文)가 주도했던 순종황제의 서북순행(西北巡幸) 때도 이를 수행하였다.

이 당시에는 통감부건 창덕궁이건 별도의 전속사진사를 두지 않고 서울 시내에서 개업중인 몇몇 일본인 사진사를 불러 인물사진제작이나 무슨 행사 때 기념촬영을 맡기는 것이 흔한 일이었다. 물론 이들 가운데는 무라카미가 가장 선두에 속했고, 그 밖에 후지타 쇼자부로(藤田庄三郎, 옥천당), 이와타 카나에(岩田鼎; 생영관, 암전사진관), 키쿠타 마코토(菊田眞, 국전사진관) 등도 다수의 어용작품을 남긴 바 있었다.

서울에서 개업한 일본인 사진사의 이름 표기 방법

이름 표기	해당 인물	상호명
K. Murakami	무라카미 코지로(村上幸次郎)	촌상사진점, 천진당
S. Fujita	후지타 쇼자부로(藤田庄三郞)	옥천당
K. Iwata	이와타 카나에(岩田鼎)	생영관, 암전사진관
M. Kikuta	키쿠타 마코토(菊田眞)	국전사진관

(*) 이 내용은 각 사진관에서 제작된 액자틀(대지)에 표기된 내용을 참조하여 정리

그런데 이 무라카미 사진사의 존재에 주목하는 까닭은 비단 이런 종류의 황실사진이나 역사기록물을 남겼다는 대목에 그치지 않는다. 실상 그는 알게 모르게 우리들의 머릿속에 입력되어 있는 근대 한국의 대표적인 이미지를 생성한 장본인이자 이를 널리 유포한 당사자라는 사실에도 유념할 필요가 있다. 그는 통감부 시기는 물론이고 총독부의 체제로 전환된 이후에도 여러 관제(官製) 사진첩의 제작에 관여한 흔적이 역력하고, 그 결과로 — 대개는 그들에 의한 시정 개혁 덕분에 조선의 형편이 날로 크게 개선되고 있다는 것에 주안점을 두는 방식으로 — 이러한 책자의 지면을 선점하여 그 자신의 시선으로 담아낸 한국관련 사진자료들로 채우는 효과를 누릴 수 있었다.[124]

한편, 『대한매일신보』 1904년 8월 9일자에 수록된 무라카미사진관

---

[124] 예를 들어, 영국 런던에서 개최된 '일영박람회(日英博覽會, 1910.5.14~8.31)' 당시 통감부(統監府)에서 제작 배포한 『일영박람회출품사진첩(日英博覽會出品寫眞帖)』(1910)은 전적으로 무라카미사진관에 의해 촬영한 사진으로 구성되었으며, 실제로 겉표지에는 "경성 촌상천진 근사(京城 村上天眞 謹寫)"라는 금박글씨가 새겨진 것을 확인할 수 있다. 참고로, 『황성신문』 1909년 6월 26일자에 수록된 「식민관 출품(殖民館 出品)」 제하의 기사에는 그 당시 농상공부에서 일영박람회의 일본식민관에 출품하기 위해 통감부와 협의한 결과 한국모형도(韓國模型圖, 20만분 1), 풍경풍속사진(風景風俗寫眞), 각종 통계표(各種 統計表), 고대미술품(古代美術品), 현대공예품(現代工藝品) 등을 제출하기로 했다는 내용이 남아 있다.

K. MuraKami.
Photograph Studio
Chinkokai, Seoul.

Printing, Developing and Enlargement
of Photographs always Undertaken.

Korean Views and Pictures Illustrating
Native Customs always on Sale.

Now is the season of Picnics and Garden
Parties. Get a Memento of them by
having them Photographed by

K. MURAKAMI,
Photographic Studio.

PATRONISED BY THE IMPERIAL HOUSEHOLD
OF KOREA.

122, 3-chome Nanzan-machi, Seoul.
(Tel. 42.)

Most Scientifically and Completely
Furnished Studio in Korea.
Development of Negatives and Printing Carefully
and Promptly Done to Order.

(왼쪽)『대한매일신보』 1904년 8월 9일자에 수록된 무라카미사진관의 영문광고이다. 그가 제작한 상업용 사진도판들이 서울탐방 외국인들에게도 널리 판매되고 있었음을 엿볼 수 있는 자료이다.
(오른쪽)『더 서울 프레스(The Seoul Press)』 1909년 5월 9일자에 수록된 무라카미 사진관의 영문광고이다. 여기에도 예외 없이 그 자신이 한국 황실의 어용사진가라는 점을 강조하는 문구가 포함되어 있다.

의 영문광고문안을 보면 사진의 현상, 인화, 확대 이외에 "한국의 풍경과 풍습에 관한 사진을 상시 판매중"이라는 구절이 포함되어 있다. 말하자면 그의 사진관은 단순히 고객의 요청에 따라 사진촬영을 하는 일에 머물지 않고, 이방인이건 내국인이건 간에 많은 사람들이 관심을 가질만한 사진자료들을 미리 준비해두고 이를 판매용으로 대량 유통시키는 창구의 역할을 하는 곳이었다는 얘기가 된다.

근대 시기 한국을 찾아왔거나 머물렀던 서양인들이 남긴 여행기 또는 회고록을 보면 동일한 사진자료가 여러 책에 반복적으로 등장하는 것을 발견할 수 있는데, 이것은 바로 무라카미사진관과 같은 공간을 통해 유리원판이나 사진엽서를 구입하여 자신들의 책에 재수록하기 때문에 벌어진 현상으로 풀이된다. 따라서 서양인들의 저작물에 수록된 사진들이라면 대개 해당 저자가 직접 촬영한 것이라고 착각하기 십상이지만, 실제로는 서울에서 사진관을 운영하던 일본인 사진가들에 의해 상업용으

한국관련 관제(官製) 사진첩에 곧잘 등장하는 장면의 하나이다. 종래 이뤄지던 구식 판결을 새로운 사법제도에 의한 재판광경과 대비함으로써 통감부 정치에 의해 한국의 전반적인 사정이 크게 개선되어 있다는 점을 홍보하려는 의도가 깔린 배치이다. (통감부, 『일영박람회출품사진첩』, 1910)

로 제작 유포되는 것들이 포함되는 경우가 심심찮게 많았던 것이다.

예를 들어 1902년 11월부터 7개월 가량 주한이탈리아영사를 지냈던 카를로 로세티(Carlo Rossetti, 1876~1948)는 이 당시의 체험을 바탕으로 『꼬레아 에 꼬레아니(Corea e Coreani)』(제1편 1904, 제2편 1905)를 펴낸 바 있었다. 특히 이 책에는 간단한 형태의 삽화 또는 인물사진과 같은 것을 포함하여 모두 415매에 달하는 방대한 사진도판이 수록되어 있다는 점이 크게 돋보인다. 이를 통해 그는 자신이 목격했던 이 땅의 풍경과 여느 사람들의 생활모습을 다양하게 그려내고 있다. 하지만 그 역시 예외는 아니었던지 여기에도 무라카미사진관을 통해 수집한 사진자료가 65매 가량이 포함된 사실을 확인할 수 있다.

서울 남산 아래 진고개에 자리하고 있던 무라카미사진관의 외경과 이곳의 주인 무라카미 텐신의 모습이다. 이 자료는 부산광역시립시민도서관 소장도서목록에 수록된 것이지만 겉표지가 탈락되어 망실된 탓에 이 사진첩의 정확한 제목이 무엇인지는 알 수 없는 상태이다. (ⓒ국사편찬위원회)

    일본 교토 출신인 어용사진사 무라카미는 흔히 텐신(天眞)이라는 호(號)로 통용되지만, 무라카미 코지로(村上幸次郎, 1867~1930)가 바로 그의 본명이다. 1894년 청일전쟁 때 종군하여 평양전투에 참가하였다가 이내 메자마시신문(メザマシ新聞)의 특파사진사로 활약하였으며, 이때 일본영사관에서 법무아문(法務衙門)으로 이송되려는 녹두장군(綠豆將軍) 전봉준(全琫準, 1855~1895)의 모습을 촬영했던 사실은 유명하다.

    그 이후 1897년에 재차 서울로 들어와 남산 아래에 생영관(生影館)이라는 사진관을 경영하다가 다시 무라카미사진관, 일명 천진당(天眞堂)을 꾸려 장차 어용사진사로 성장할 기반을 닦았다고 알려진다. 이로써 사진업계의 거물이자 선두주자로 부각된 이후 1919년에는 경성극장(京城劇場)의 설립과 더불어 이곳의 경영자로 전환하였고, 그 무렵 그의 아들 무라카미 겐지(村上元治)가 사진관의 일을 물려받게 되었다. 『경성일보』 1930년 4월 1일자에 수록된 사망기사를 보면 무라카미 코지로는 자기의 고향인 교토에 귀성(歸省) 도중 심장병으로 돌연사하였다고 기록되어 있다.

『경성일보』 1930년 4월 1일자에 수록된 무라카미 코지로의 사망기사 및 사망부고이다. 그는 경성극장의 전무취체역도 함께 맡고 있었으므로 이에 관한 부고도 함께 수록되어 있다.

그런데 간혹 일제강점기에 발행된 사진자료를 보면 무라카미 텐코(村上天紅, 1887~1958)[125]라는 이름의 사진사가 존재했던 사실도 눈에 띈다. 그가 사진촬영자 또는 사진제공자로 제작에 관여한 것으로는 『경성정거장신축기념사진첩』(1925), 『조선신궁사진도집』(1925), 『조선총독부신청사사진도집』(1926), 『한국건축도집』(1929), 『일본지리풍속대계(조선지방 편)』(1930), 『조선풍수해지』(1931) 등의 자료가 있다.

무라카미 코지로(村上幸次郎)와 무라카미 이사부로(村上亥三郎)의 인명록 자료

- **무라카미 코지로(村上幸次郎), 무라카미사진관(村上寫眞館)**
  - ▲ 원적지(原籍地) : 경도시 하경구 하하원 고대사 남문걸옥정(京都市 下京區 下河原 高臺寺 南門桀屋町)
  - ▲ 현주소(現住所) : 본정 2정목(本町 二丁目) 88, 본국(本局) 42번(番)

---

125) 무라카미 텐코의 사망연대에 대해서는 자세한 근거자료를 직접 확인한 바는 없으나, 서울역사박물관에서 펴낸 『미국의회도서관 소장 서울사진(학술총서 19)』(2023)의 말미에 수록된 석지훈과 권혁희의 논고에 모두 그의 생몰연대를 "1887~1958"로 정리하고 있으므로 이를 그대로 차용하였음을 밝혀두고자 한다.

▲ 생년월(生年月) : 경응 원년(慶應 元年, 1865년) 11월 7일

군(君)은 명치 19년(1886년) 경도 원산(京都 圓山)에서 사진업(寫眞業)을 개업했다가 일청전쟁(日淸戰爭) 때 동경메사마시신문(東京めさまし新聞)의 종군기자(從軍記者)가 되어 명치 27년(1894년) 10월 인천(仁川)에 상륙한 후 경성(京城)에 머물다 통신(通信) 외에 생영관사진장(生影館寫眞場)을 경영, 동29년(1896년) 봄에 현재 자리에 신축 이전하여 무라카미사진관(村上寫眞館, 촌상사진관) 이라 하고 경영함으로써 금일에 이르고 있다. 그간 주식회사 경성극장(株式會社 京城劇場) 설립과 더불어 전무취체역(專務取締役)이 되어 지금도 이를 맡고 있으며 또한 본정2정목 위생조합장(本町二丁目 衛生組合長) 청년회상담역(靑年會相談役)에 추대되고 있다.

● 무라카미 이사부로(村上亥三郎), 무라카미사진기점(村上寫眞機店)
▲ 원적지(原籍地) : 경도시 하경구 하하원 고대사 남문걸옥정(京都市 下京區 下河原 高臺寺 南門桀屋町)
▲ 현주소(現住所) : 본정 1정목(本町 一丁目) 51, 본국(本局) 1197번(番), 진체(振替) 2721번(番)
▲ 생년월(生年月) : 명치(明治) 20년(1887년) 10월 15일

군(君)은 명치 30년(1897년) 11월 도선(渡鮮) 경성 본정 2정목 아버지(父) 코지로(幸次郎) 씨가 경영하는 무라카미사진관(村上寫眞館)에서 사진업(寫眞業)을 습득한 이래 그 보조(補助)를 하여 오다가 대정(大正) 7년(1918년) 11월 현재 자리에 사진기 및 그 부속품상을 개업한 이래 그 경영과 더불어 사진촬영을 겸영(兼營)하는 것으로써 금일에 이르고 있다. 취미는 사진(寫眞), 요곡(謠曲), 당구(撞球) 등이다.

(*) 자료출처 : 나카무라 시로(中村資良), 『경성인천 직업명감(京城仁川 職業名鑑)』(동아경제시보사, 1926), 227~228쪽.

이에 관해 사실관계를 확인해 본즉 그의 정체는 1918년 이래로 서울에서 무라카미사진기점(村上寫眞機店)을 운영했던 무라카미 이사부로(村上亥三郎)인 것으로 드러난다. 더구나 『경성인천 직업명감』(1926)에 수록된 인명록 자료에는 흥미롭게도 그 역시 무라카미 코지로의 또 다른 아들이라고 표시되어 있다. 결과적으로 아버지와 아들이 대를 이어

무라카미 텐신(村上天眞)의 아들인 무라카미 텐코(村上天紅)가 장곡천정(長谷川町, 지금의 소공동) 112-24번지에 자신의 사진관 건물을 신축하여 이전 개업할 때에『조선신문』1931년 7월 19일자에 게재한 안내광고이다.

무라카미 텐신(村上天眞)의 아들인 무라카미 텐코(村上天紅)가 제작 배포한 박문사 엽서시리즈의 하나이다. 엽서의 뒷면에는 "경성 촌상천홍사진장 근제(京城 村上天紅寫眞場 謹製)"라고 표시가 또렷이 인쇄되어 있다. (민족문제연구소 소장자료)

식민지 조선에 대한 '틀에 박힌' 이미지를 창출하고 이를 확산하는 일에 앞장섰던 셈이었다.

어찌 보면 그들 덕분에 한국 근대의 온갖 풍속과 풍경, 그리고 역사적 사건에 관한 여러 장면들을 직접 엿볼 수 있는 기회가 생겼다는 점까지 부인하기는 어렵지 않나 싶다. 다만, 그렇더라도 그들이 남긴 사진 자료에는 애당초 그들만의 의도된 시선들이 잔뜩 배어있다는 점에 유의할 필요가 있고 또는 이 부분을 결코 망각해서는 안 되리라는 것을 새삼 강조해두고자 한다.

• 이 글은 『민족사랑』 2016년 7월호에 게재하였던 것을 수정 보완하였다.

• 각권별 수록목차 종합안내

그 시절을 까맣게 잊고 사는 사람들을 위한
식민지 비망록 1

제1부 여전히 우리 주변에 출몰하는 일제잔재들

01 서울 거리에 버젓이 남아 있는 조선총독들의 글씨 흔적들
　　식민통치자들의 휘호가 새겨진 정초석과 기념비의 잔존 상황

02 일제의 잔존 기념물 가운데 유독 사각뿔 모양이 많은 이유는?
　　사각주(四角柱)에 방추형(方錐形)인 일본군 묘비석 양식의 기원

03 일제잔재로 곧잘 오인되는 응원구호 '파이팅'의 어원 유래
　　투지(鬪志)의 유사어 투혼(鬪魂)이야말로 전형적인 군국주의식 용어

04 군부대 소재지를 일컬어 '○○대(臺)'라는 별칭이 생겨난 연유는?
　　1937년에 일본천황이 육군사관학교에 '상무대'로 하사한 것이 최초 용례

05 일제 때 '25주년' 단위의 기념행사가 유달리 성행했던 이유는?
　　사반세기(四半世紀)라는 표현을 남겨놓은 그들의 언어습성

06 한강리(漢江里)가 느닷없이 한남정(漢南町, 한남동)으로 둔갑한 까닭
　　일제가 이 땅에 남겨놓은 고질적인 지명 왜곡의 몇 가지 사례들

제2부 참으로 고단했던 식민지의 일상

07 일제의 폭압정치를 상징하는 총독부 관리의 패검(佩劍)
　　한때 제복은 폐지되었으나 전시체제기에 '국민복'으로 부활

08 경성소방서의 망루에서 울리는 싸이렌 소리의 의미는?
　　소방출초식(消防出初式)으로 시작되던 일제 치하의 새해 풍경

09 일제의 대륙침략과 조선인 강제동원의 연결 창구, 관부연락선(關釜連絡船)
　　'현해의 여왕'으로 일컫던 금강환(金剛丸)과 흥안환(興安丸)의 흔적

10 병합기념일을 제치고 시정기념일이 그 자리를 차지한 까닭
　　일제강점기의 공휴일에는 어떤 날들이 포함되어 있었나?

11 4년 새 4.5배의 살인적인 담배값 인상이 자행되던 시절
　　조선총독부의 연초 전매에 얽힌 생활풍속사의 이면

12 일본천황에게 바쳐진 헌상품 행렬은 또 다른 지배종속의 징표
　　성환참외와 충주담배에서 호피(虎皮)와 비원자기(秘苑磁器)까지

제3부 잊혀진 항일의 현장을 찾아서

13 아무런 흔적도 없는 '안국동' 이준 열사의 집터를 찾아서
　　헤이그특사의 출발지이자 최초의 부인상점이 있던 역사 공간

- 14 권총을 지닌 그는 왜 이완용을 칼로 찔렀을까?
  이재명 의사의 정확한 의거장소에 대한 재검토
- 15 이토 특파대사가 탄 열차를 향해 돌을 던진 한국인의 항거 장면
  술 취한 농민의 고약한 장난으로 치부된 원태우 투석 사건의 내막
- 16 단재 신채호 선생의 집터에 표석을 세우지 못하는 까닭은?
  '삼청동(三淸洞)' 집터의 실제 위치는 '팔판동(八判洞)'
- 17 통감부 판사였던 이시영 선생이 거소불명자가 된 까닭은?
  한국병합기념장을 끝까지 수령하지 않았던 사람들
- 18 항일의 터전을 더럽힌 홍파동 홍난파 가옥의 내력
  베델의 집터이자 신채호 선생의 조카딸이 살던 공간

제4부 결코 잊어서는 안 될 친일군상의 면면

- 19 이토 통감 일가족은 왜 한복을 입었을까?
  조선귀족 이지용과 그의 부인 홍옥경(洪鈺卿)의 친일행적
- 20 뼛속까지 친일로 오염된 애국옹(愛國翁)들의 전성시대
  일장기 밑에서 세상을 하직한 청주 노인 이원하(李元夏)의 추태
- 21 조선문화공로상(朝鮮文化功勞賞), 전시체제를 독려하는 교묘한 통치수단
  유일한 조선인 수상자는 '신바라 카츠헤이(眞原昇平, 신용욱)'
- 22 죽어서도 호사를 누린 친일귀족들의 장례식 풍경
  용산역전, 독립문 앞, 동대문 등은 영결식장으로 애용하던 공간
- 23 근대사의 현장마다 단골로 등장했던 어느 일본인 순사의 일생
  『백범일지』에도 언급된 와타나베 타카지로(渡邊鷹次郎)의 행적
- 24 왜곡된 시선으로 근대 한국을 담아낸 무라카미사진관
  통감부의 어용사진사로 출세한 무라카미 텐신(村上天眞)의 행적

그 시절을 까맣게 잊고 사는 사람들을 위한
식민지 비망록 2

제1부 혹독한 전시체제기의 나날들

- 01 대나무 철근과 콘크리트 선박을 아시나이까?
  총체적인 전쟁물자의 수탈이 빚어낸 대용품(代用品)의 전성시대
- 02 서울 거리에 오백 마리의 제주 조랑말이 무더기로 출현한 까닭은?
  전시체제기의 물자절약과 연료부족사태가 만들어낸 택시합승제도
- 03 총알도 막아낸다는 일제의 비밀병기, 센닌바리(千人針)
  천 명의 남자들에게 글자를 받는 센닌리키(千人力)도 함께 성행
- 04 미영격멸을 구호삼아 달린 부여신궁과 조선신궁 간 대역전경주
  징병제를 대비한 매일신보사의 조선청년 체력향상 프로젝트

05 일제패망기에 매달 8일이 특별한 의미를 지닌 까닭
　　이른바 '대조봉대일(大詔奉戴日)'은 전시체제를 다잡는 날
06 거물면장(巨物面長), 말단행정을 옥죄는 전시체제의 비상수단
　　전직 도지사와 참여관들이 잇달아 면장 자리에 오른 까닭은?

제2부 침략전쟁의 광풍이 휘몰아치던 시절

07 국세조사(國勢調査), 효율적인 식민통치와 전쟁수행을 위한 기초설계
　　전시체제제기에는 병역법 실시와 배급통제를 위한 인구조사도 빈발
08 "금을 나라에 팔자", 황금광 시대에도 금모으기 운동이 있었다
　　일제는 왜 금헌납과 금매각 독려에 그렇게 열을 올렸나?
09 총독부박물관이 오후 4시만 되면 문을 닫는 까닭은?
　　전쟁 따라 출렁이는 총독부 관리들의 출퇴근 시간 변천사
10 현수막(懸垂幕), 결전체제를 다잡는 또 하나의 전쟁무기
　　건물 외벽마다 시국표어들이 주렁주렁 매달렸던 시절
11 병참기지 조선반도를 관통하여 달린 성화(聖火) 계주행렬의 정체는?
　　이세신궁에서 조선신궁으로 옮겨진 기원 2600년 봉축 불꽃
12 일제가 독려했던 또 다른 전쟁, 인구전쟁(人口戰爭)
　　해마다 자복가정표창(子福家庭表彰)이 이뤄지던 시절의 풍경

제3부 곳곳에 남아 있는 그들만의 기념물

13 수원화성 방화수류정 언덕에 자리했던 순직경찰관초혼비
　　3.1만세운동 때 처단된 일본인 순사들을 위한 기념물
14 "덕은 봉의산만큼 높고, 은혜는 소양강만큼 깊도다"
　　세 곳에 남아 있는 '이범익 강원도지사 영세불망비' 탐방기
15 일제가 인천항 부두에 세운 대륙침략의 '거룩한 자취' 기념비
　　경성보도연맹 기관지에 수록된 '성적기념지주(聖蹟記念之柱)'의 건립과정
16 역대 조선총독과 정무총감이 잇달아 벽제관을 시찰한 까닭은?
　　사쿠라와 단풍나무 동산으로 구축한 그들만의 성지(聖地)
17 벽제관 후면 언덕에 솟아오른 '전적기념비'의 정체는?
　　침략전쟁의 길잡이가 되기를 바랐던 그들만의 기념물
18 내금강 만폭동 계곡에 아로새긴 친일귀족 민영휘 일가의 바위글씨
　　금강산 사진첩에 보이는 일제강점기 수난사의 몇 가지 흔적들

제4부 뒤틀어진 공간에 대한 해묵은 기억들

19 군대해산식이 거행된 옛 훈련원(訓鍊院) 일대의 공간해체과정
　　이 자리에 들어선 경성부민회장(京城府民會場)의 정체는?

20 일본 황태자의 결혼기념으로 세워진 경성운동장
　　하도감(下都監) 자리에 있던 정무사(靖武祠)의 건립 내력
21 의외의 공간에 출현한 저 비행기의 정체는 무엇인가?
　　조선일보사 옥상 위에 전용비행기를 올려놓았던 시절
22 식민지의 번화가를 밝히던 영란등(鈴蘭燈), 금속물 공출로 사라지다
　　파고다공원의 철대문과 조선총독부 청사의 철책도 그 대열에 포함
23 소설「자유부인」에도 등장하는 중화요리점 '아서원'의 내력
　　역관 홍순언의 일화가 얽힌 '곤당골' 지역의 공간변천사
24 '반민특위' 표석은 왜 아직도 제자리를 찾지 못하나?
　　반민특위 청사로 사용된 옛 제일은행 경성지점 자리의 공간 내력

그 시절을 까맣게 잊고 사는 사람들을 위한
식민지 비망록 3

제1부 그 시절에 횡행했던 식민통치기구의 면면

01 조선통치에 관한 사상 관측소, 총독부도서관의 건립 내력
　　도서관을 지어주고 광통관(廣通館)을 얻은 조선상업은행
02 인왕산 자락이 채석장으로 누더기가 된 까닭은?
　　쌈지공원으로 남은 총독부 착암공양성소와 발파연구소의 흔적
03 "일제에 끌려간 게 사람만이 아니었더라"
　　이출우검역소를 거쳐 일본으로 간 조선소는 160여만 마리
04 일제의 삼림수탈을 증언하는 영림창 제작 '압록강 재감(材鑑)'
　　지금도 경복궁 땅 밑에 고스란히 남아 있는 9,388개의 소나무 말뚝
05 식민통치기간에 이 땅에는 얼마나 많은 일제 신사가 만들어졌을까?
　　'1군 1신사(神社)'와 '1면 1신사(神祠)'의 건립을 강요하던 시절
06 흑석동 한강변 언덕 위에 한강신사가 건립된 까닭은?
　　서울 지역 곳곳에 포진한 일제 침략 신사들의 흔적

제2부 그 거리에 남겨진 식민지배의 흔적들

07 도로원표는 왜 칭경기념비전 앞에 놓여 있을까?
　　일제강점기에 모든 길은 '황토현광장'으로 통했다
08 독점기업 경성전기(京城電氣)의 마지못한 선물, 경성부민관
　　부민관폭파의거의 현장에 얽힌 근현대사의 굴곡 반세기
09 딱 100년 전 가을, 경복궁에서는 무슨 일이 벌어졌을까?
　　식민통치의 치적 자랑을 위해 벌인 난장판, '조선물산공진회'

10 기억해야 할 을사조약의 배후공간, 대관정(大觀亭)
　　호텔신축공사로 곧 사라질 위기에 놓인 근현대사의 현장
11 포방터시장으로 남은 홍제외리 조선보병대 사격장의 흔적
　　헌병보조원 출신 항일의병의 처형장소로도 사용된 공간
12 '천황즉위'기념으로 지은 일본인 사찰에 갇힌 명성황후의 위패
　　탁지부 청사와 화개동 감모비각을 옮겨 만든 묘심사(妙心寺)

제3부 낯선 풍경으로 남아 있는 근대역사의 공간들

13 일제가 경성(京城) 지역에만 두 곳의 감옥을 만든 까닭은?
　　장기수 전담감옥이었던 경성감옥 혹은 경성형무소의 건립 내력
14 '녹두장군' 전봉준은 왜 좌감옥(左監獄)에서 최후를 맞이했을까?
　　근대시기 이후 사형제도의 변경과 처형장의 공간 변천사
15 행주산성이 내선일체의 대표 유적으로 지목된 까닭
　　군국주의와 황국신민화의 도구로 전락한 역사왜곡의 현장들
16 경학원 명륜당이 1937년 이후 느닷없이 혼례식장으로 변신한 까닭은?
　　정신작흥과 사회교화의 광풍 속에 탄생한 '의례준칙(儀禮準則)'
17 소개공지(疎開空地), 미군 공습에 기겁한 일제의 방어수단
　　결국 패망 직전 서울의 도시공간을 할퀴어 놓다
18 종로경찰서(鍾路警察署), 반도 민심의 근원을 차단하는 억압기구
　　다른 경찰서에 비해 빈번하게 청사의 위치를 옮긴 까닭은?

제4부 결국 학교도 예외는 아니었다

19 위문대(慰問袋) 모집의 시초는 의병토벌 일본군대를 위한 것
　　친일귀족 이완용도 한몫 거든 위문품주머니의 제작 풍경
20 멀쩡했던 교가(校歌)와 교표(校標)가 무더기로 개정된 연유는?
　　조선어 가사는 금지되고 무궁화와 태극 문양은 지워지던 시절
21 군국주의에 짓밟혀 헝클어진 조선인 여학생들의 꿈
　　부산항공립고등여학교 졸업앨범, 1944년
22 마침내 조선인 학교에도 출현한 군사교련제도와 배속장교의 존재
　　미성년자 금주금연법과 삭발령도 학원통제의 수단으로 사용
23 일제패망기의 학교운동장이 고무공 천지로 변한 까닭은?
　　일본의 남방군(南方軍)이 보내온 침략전쟁의 전첩기념선물
24 학교이름에 도(道), 방위, 숫자 명칭의 흔적이 성행했던 시절
　　내선일체 완성을 위한 식민교육제도의 변경이 빚어낸 부산물

그 시절을 까맣게 잊고 사는 사람들을 위한
식민지 비망록 1

1판 1쇄 발행 2024년 9월 27일

지은이   이순우

펴낸곳   민연주식회사
편　집   손기순 유연영
등　록   제2018-000004호
주　소   서울시 용산구 청파로47다길 27(청파동2가 서현빌딩)
전　화   02-969-0226
팩　스   02-965-8879
홈페이지   www.historybank.kr
인　쇄   신우디앤피

정　가   18,000원

ISBN   978-89-93741-43-8
          978-89-93741-42-1(세트)

이 책은 저작권법에 의해 보호받는 저작물이므로 무단 전재와 복제를 금합니다.
잘못된 책은 바꿔 드립니다.